Jacob Burckhardt

Rubens

SEVERUS

Burckhardt, Jacob: Rubens
Hamburg, SEVERUS Verlag 2013
Nachdruck der Originalausgabe von 1937

ISBN: 978-3-86347-454-6
Druck: SEVERUS Verlag, Hamburg, 2013

Der SEVERUS Verlag ist ein Imprint der Diplomica Verlag GmbH.

Bibliografische Information der Deutschen Nationalbibliothek:
Die Deutsche Nationalbibliothek verzeichnet diese Publikation in der Deutschen Nationalbibliografie; detaillierte bibliografische Daten sind im Internet über http://dnb.d-nb.de abrufbar.

SEVERUS

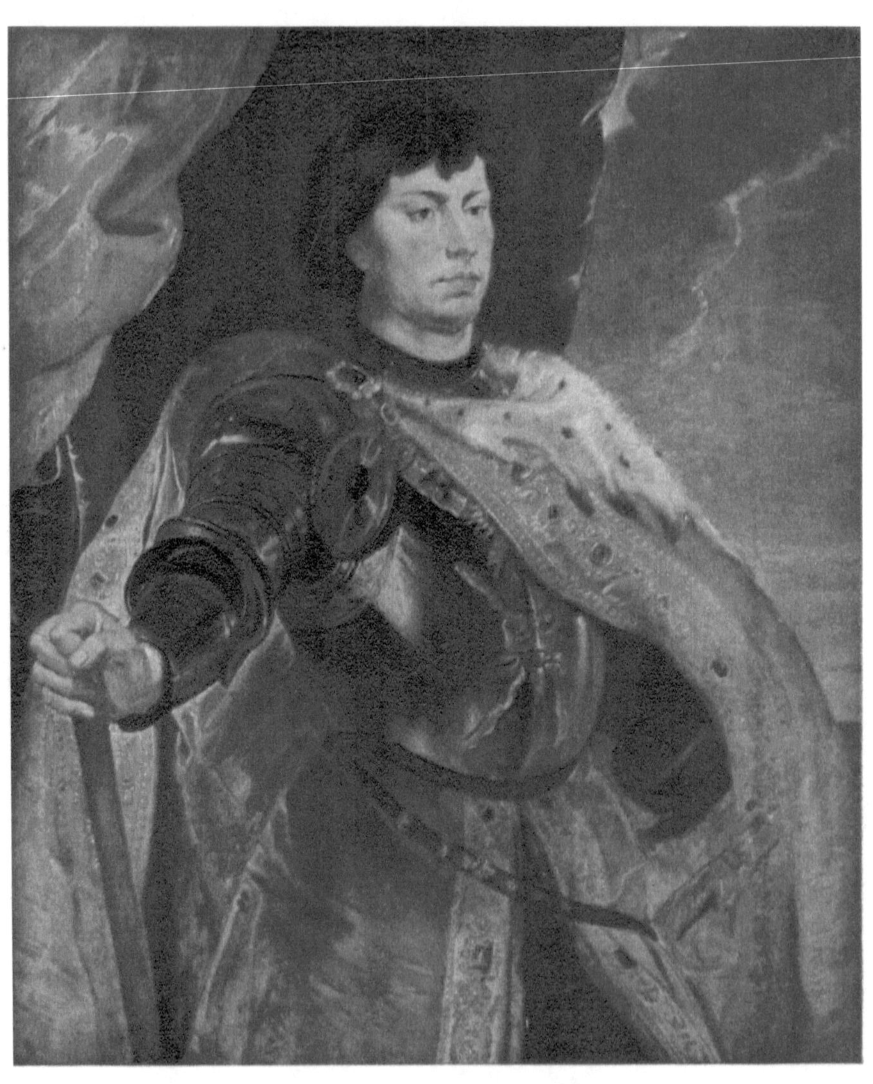

Karl der Kühne von Burgund
Wien, Kunsthistorisches Museum

JACOB BURCKHARDT

RUBENS

Mit 100 zum Teil farbigen
Abbildungen auf Kunstdruckpapier

I.

Es ist ein höchst angenehmes Gefühl, sich Persönlichkeit und Lebenslauf des Rubens zu vergegenwärtigen; man trifft schon an so vielen Stellen auf Glück und Güte wie kaum bei einem anderen von den großen Meistern, und er ist genau genug bekannt, um ein sicheres Urteil zu ermöglichen. Im Bewußtsein seines eigenen, edlen und mächtigen Wesens muß er einer der höchst bevorzugten Sterblichen gewesen sein. Unzulänglich ist alles Irdische, und Prüfungen sind auch über ihn ergangen; allein das große Gesamtergebnis seines Lebens strahlt derart auf alles einzelne zurück, daß die Laufbahn wie eine völlig normale erscheint. Sie hat nicht frühe abgebrochen wie bei Masaccio, Giorgione und Raffael, und anderseits ist ihr das schwache Alter erspart geblieben, und einiges vom Allergrößten gehört gerade den letzten Jahren an. Wohl haben Fördernisse aller Art diese Laufbahn von früh an begleitet, allein nicht jeder hätte sie zu benützen, Menschen und Umstände sich dienlich zu machen gewußt, wie Rubens, wahrscheinlich in aller Ruhe, getan hat.

Geboren war er (1577, zu Siegen) von einer vortrefflichen Mutter, an welcher er auch in der Folge offenbar sehr gehangen hat. Seine früheste Erziehung, jedenfalls jahrelang in Köln, muß eine günstige und wesentlich in den Händen dieser Mutter gewesen sein; der Pagendienst zu Antwerpen im vierzehnten, der Eintritt in eine Künstlerwerkstatt um das fünfzehnte, vielleicht erst um das siebzehnte Jahr sind Tatsachen, deren Wirkung nicht genauer zu beurteilen ist. Seinen definitiven Lehrer Otto Venius lernt man persönlich kennen aus dem etwas stark angefüllten Familienbilde des Louvre, welches denselben, an der Staffelei sitzend, von den Seinigen umgeben, vorstellt; als Schüler Italiens, und zwar als einen Verehrer Correggios, bezeichnet ihn das wichtige Bild einer Vermählung der hl. Katharina in der Galerie von Brüssel; einen ernsten religiösen Sinn, aber zugleich eine gewisse Kraftlosigkeit der Formen und Charaktere offenbaren dann besonders die Bilder im Museum von Antwerpen (Berufung des Matthäus, Zacchäus auf dem Baume usw.). Auf den Schüler aber wird Otto Venius auch als der ernste, achtbare, feingesittete Mann, der er war, Eindruck gemacht haben.

Er war Hofmaler des Bezwingers der südlichen Niederlande, des Alessandro Farnese, gewesen und in der Folge in den Dienst desjenigen Fürstenpaares gekommen, welches hier die Statthalterschaft führte: der Infantin Isabella Clara Eugenia (Tochter Philipps II.) und des Erzherzogs Albert (Sohn Maximilians II.). Und nun liest es sich so einfach: wie Otto Venius den Schüler den „Erzherzogen" vorstellte und diese den glänzenden jungen Mann dem Herzog von Mantua, Vincenzo Gonzaga, empfahlen (1600). In den acht Jahren aber, welche seither Rubens im mantuanischen Dienste zubrachte, konnte er nicht nur mit Aufträgen des Herzogs sich in Italien umsehen — besonders in Venedig und Rom, bei wiederholten und wahrscheinlich frei verlängerten Aufenthalten —, sondern er hat sogar (1603) als Kavalier eine Sendung an den spanischen Hof begleitet. Wenn auch dieser in jenen Jahren zu Valladolid residierte, so hat Rubens gewiß schon die Malereien von Madrid und dem Eskorial vollständig sehen können, darunter Machtschöpfungen Tizians, wie sie Italien nicht besaß.

In diesen acht Jahren ist Rubens wenigstens soweit Italiener geworden, daß das Italienische auf Lebenszeit für ihn die bevorzugte Briefsprache blieb. In der Kunst aber, so unermeßlich er zugelernt haben muß, tritt er sofort als innerlich unabhängiger Meister auf und wird eine aktive Kraft in Italien weit über alle anderen damaligen Fiamminghi hinaus. Er setzt sich sofort mit allen anderen namhaften Malern zu Tische, als wäre selbstverständlich auch für ihn gedeckt, und malt dieselben Aufgaben wie sie. Er hätte ganz wohl im Süden bleiben und der dortige Malerkönig werden können, wenn man ihm das Leben gelassen hätte. Mit Ausnahme des Fresko hat er alle Gattungen gepflegt, welche dem damaligen Italien geläufig waren. Neben den für Herzog Vincenzo gemalten Kopien nach anderen Meistern schuf er Altarwerke, auch große und gewaltige, z. B. für S. Croce in Gerusalemme zu Rom, und dieses noch im Auftrag des Erzherzogs Albert; dann das noch in imposanten Resten vorhandene Dreieinigkeitsbild mit der Familie Gonzaga (Bibliothek zu Mantua); die drei Bilder des Hochaltares der Chiesa nuova in Rom, frühe Machterklärungen seines grandiosen Heiligentypus, samt einer ebenfalls für diese Kirche bestimmten, nach Grenoble gelangten Glorie Gregors des Großen; für S. Ambrogio in Genua eine kolossale Beschneidung — und schon (um 1606) empfing er hier auch eine Bestellung für ein Altarbild der Wundertaten des hl. Ignatius, von welchem bei Anlaß der viel späteren Nachlieferung von Antwerpen aus die Rede sein wird. In Mailand[1]), wo er unter anderem das Abendmahl des Lionardo zeichnete, schuf er selber für einen Altar das jetzt in der Brera vorhandene Abendmahl in lebensgroßen Gestalten, welches nicht wie jenes das „Unus vestrum", sondern die Einsetzung des Sakramentes, und zwar bereits mit der vollendeten Macht seiner Komposition, schildert. Den Einzeldarstellungen des S. Sebastian, in welchen längst ganz Italien wetteiferte, stellte er denjenigen schön zusammensinkenden Sterbenden zwischen Engeln entgegen, den man in der Galerie Corsini sieht, vor allem aber den großen, einsamen, leuchtkräftigen Heiligen des Museums von Berlin. Den in einer Schlucht knienden S. Hieronymus, ein „eigenhändiges Prachtwerk", besitzt die Galerie von Dresden (wo sich dasselbe in so merkwürdiger Weise zusammenfindet mit dem S. Hieronymus des van Dyck, einem ebenfalls frühen Bilde dieses erlauchten Schülers aus der Zeit, da er seinem Meister am stärksten glich, und dieses Bild stammt sogar aus dem Besitz des Meisters). — In der Büßerandacht hat Rubens schon während des Aufenthaltes in Italien ein Höchstes erreicht, als er den betenden S. Franziscus (Pal. Pitti) schuf. Unter seinen damaligen Mythologien findet sich bereits (Uffizien, einfarbig) eine Gruppe der drei Grazien, welches Thema er später so glänzend in mehreren Bildern variiert hat, dann aber jenes so überaus anmutige Gemälde der Galerie des Kapitols: Romulus und Remus mit der Wölfin, wo die letzten Töne der Palette von Antwerpen Abschied zu nehmen scheinen, um einem völlig freien Reiche von Licht und Farbe und einer rein beglückenden neuen Phantasie Raum zu geben. Der Allegorik seiner Zeit huldigt Rubens einstweilen in jenen Gegenständen (Dresden) des von einer Viktoria gekrönten Helden und des trunkenen Herkules: „Dort der Held, der über Wollust und Trunkenheit gesiegt hat, hier der Held, welcher beiden erliegt", und mit den späteren Varianten, zumal des ersteren Themas, werden wir uns noch weiter zu beschäftigen haben. Endlich aber hätte Rubens sehr leicht eine besondere große Machtstellung einnehmen können durch seine Porträts, mit denen er in Genua einen so glänzenden Anfang machte. Nachdem noch die Manieristenzeit viele und tüchtige Bildnismaler hervorgebracht hatte, waren die nunmehrigen berühmten Italiener von einem merkwürdigen idealistischen Hochmut gegen die ganze Porträtmalerei befangen, trotz dem ernsten und dauernden Wunsch der angesehensten Leute, sich dargestellt zu sehen, und wie später van Dyck und Sustermans, so war jetzt Rubens in die Lücke getreten.

Da aber überhaupt Malgeräte um ihn waren, wo er ging und stand, so hat auch das große europäische Reiterbildnis des 17. Jahrhunderts beginnen müssen bei jener ersten Reise des Rubens nach Spanien: er malte den Herzog von Lerma zu Roß, in einer Zeit, da vielleicht noch im ganzen Lande kein Maler lebte, der in dieser Gattung etwas Leidliches würde zustande gebracht haben. Außerdem entstand damals die

Kopie nach Tizians Adam und Eva und die Reihe von Apostelköpfen, deren Kopien oder Wiederholungen man im Palazzo Rospigliosi zu Rom kennenlernt, und hier wenigstens konkurrierte Rubens in Charakter und Ausdruck mit einem sehr lebendigen Vermögen der spanischen Malerei.

Mantua jedoch, wohin er immer wieder zurückzukehren hatte, war vielleicht für ihn ein günstigeres Medium, als selbst Rom, Venedig oder Florenz gewesen sein würden, nicht erdrückend, aber weckend. Dort fand sich damals noch unberührt die weltberühmte Galerie des Hauses Gonzaga mit Hauptwerken der verschiedenen italienischen Schulen der goldenen Zeit; dort schaute noch frisch erhalten von Wänden und Gewölben des Palazzo di Corte und des Palazzo del Tè die Freskenwelt des Giulio Romano und seiner Gehilfen nieder, und in Gegenwart des phantasiereichen, schrankenlosen Schülers des Raffael mag Rubens darüber ins klare gekommen sein, wie weit seine Ziele und Mittel in der großen bewegten Erzählung von denjenigen des Giulio abwichen oder dereinst abweichen würden, denn noch hatte sich Rubens nach dieser Seite hin nicht geoffenbart. Immerhin war vielleicht Giulio — mit seiner enormen erzählenden Produktion weit über Mantua hinaus —, in allem genommen, sein wichtigster Vorgänger, und in seinen Schönheitsformen der Köpfe und der Leiber lebte noch Raffaelisches genug, um einen jüngeren fremden Meister irrezumachen. Allein eine innere Stimme mochte diesem schon deutlich sagen, daß er der reichere, der mächtigere, der Verwalter eines höheren Gleichgewichtes der Darstellung sein könne und werde. Diese materiell unerschöpfliche, künstlerisch so wenig gereinigte Erfindungsgabe des Giulio, dieser in monumentaler Malerei so besonders empfindliche Mangel an Ökonomie, diese gehäuften Figuren oft in ganz sichtbaren Parallelen, diese Wiederholungen in Körpermotiven und Gebärden, diese heftige und doch oft so hölzerne und gespreizte Bewegung, dies steife Sitzen und Lehnen, diese stillos gedrängten Wolkenschichten mit den Oberleibern von Gottheiten, ja auch das Konventionelle der olympischen und anderer Rossegespanne, so wild auch ihr Sprengen zu sein vorgibt — dies alles war Rubens gewiß von Anfang an zu beurteilen imstande, und schon das erste beste friesartig erzählende Fresko des Giulio verriet ihm dessen Gleichgültigkeit gegen alle reinere Harmonie.

Wie viele solche Abrechnungen mit der vergangenen italienischen Kunst mögen sich damals noch in seinem Innern vollzogen haben. So vor allem diejenige mit der Kunstwelt von Venedig, deren Kenntnis anderen damaligen Nordländern so wenig half. Von Tizian findet sich später bei Rubens kaum eine direkte, auf Sachen und Einzelformen bezügliche Reminiszenz, allein er hatte mit Tizians Augen sehen gelernt[2]). Die Werke des Tintoretto fand er noch in ihrer ganzen Masse vor und vielleicht viele davon noch ohne die Nachschwärzung in den Schatten, die sie jetzt teilweise ungenießbar macht; aber der unwahre zudringliche Zug und die Roheit vieler Kompositionen mögen ihm lästig erschienen sein. Weit die nächste Verwandschaft hat er offenbar mit Paolo Veronese empfunden; hier näherten sich zwei Gemüter, und es hat schon Bilder gegeben, die zwischen beiden streitig sein konnten, wie z. B. eine nur kleine, aber reiche Anbetung der Könige, die der Verfasser in frühen kritiklosen Jahren gesehen und nie mehr ganz hat vergessen können.

Wenn dann Rubens nicht für den Herzog von Mantua, sondern für sich kopierte, in Farben oder in Zeichnung, geschah es auf die allerfreieste Weise und bisweilen so, als hätte er den vergangenen Meistern zu zeigen gewünscht, wie sie es eigentlich hätten anfangen sollen. Von den neun großen Bildern Mantegnas (damals in Mantua), die den Triumph Cäsars darstellen, wählte Rubens zwei Stücke und verschmolz sie zu einem ganzen (National Gallery); er setzte den Zug ins Sonnenlicht und gab ihm einen neuen Hintergrund von Ruinen und Landschaft mit einem ganzen Volk von Zuschauern; die Komposition aber mischte er mehrfach neu: den jugendlichen Kornak auf dem vordersten Elefanten machte er zu einem Mohren, und statt der mitgehenden Schafe vorn gab er einen Löwen und eine Löwin, die den Elefanten anknurren, wobei dieser zornig den Rüssel erhebt. Neben solchen Freiheiten wird man darüber zweifelhaft, wieweit seine berühmte Rotstiftzeichnung des „Kampfes um die Standarte" (Louvre) — unsere einzige Urkunde über jene Hauptgruppe aus Lionardos florentinischem Schlachtkarton — noch irgend genau zu nehmen sei. Über die Zwiesprache, die Rubens in der Sixtinischen Kapelle mit Michelangelo, zumal wegen des Weltgerichtes, geführt haben könnte, wird bei seiner Behandlung der „Letzten Dinge" zu reden sein. Den falschen Nachklang Michelangelos bei seinen Antwerpener Vorgängern hatte er schon vollständig überwunden.

Seine Zeitgenossen, die italienischen Maler, traf er in mächtiger Ausübung ihrer Kunst und mitten in einer großen Krisis an: dem Kampfe zwischen den weiterlebenden und zum Teil noch sehr hoch postierten Manieristen und den Eklektikern und Naturalisten. Von persönlichen Begegnungen erfährt man soviel als nichts, und wenn auch von den Carracci und ihrer eigentümlichen Verdolmetschung des Correggio unleugbar einiges auf Rubens übergegangen ist (eher als von ihrer Formenbehandlung), so wissen wir nicht einmal, ob er ihr damals in der Vollendung begriffenes römisches Hauptwerk, die Galeria Farnese, gesehen hat. Von Guido, dessen Lebenszeit (1575—1642) die seinige am Anfang und am Ende genau um zwei Jahre überragt, kannte er ohne Zweifel das große Fresko in der Cappella di S. Andrea bei S. Gregorio in Rom, mit dem Todesgang des Heiligen, während von all dem vielen, was jetzt für uns den Guido Reni kennzeichnet, ihm wenigstens in Italien noch nichts wird zu Gesichte gekommen sein, und ebenso verhält es sich mit Domenichino, von dem Rubens kaum mehr als das Fresko mit der Marter des hl. Andreas (ebendort) möchte gekannt haben.

Von ganz anderer Wucht war für ihn die Begegnung mit den Werken und dem Stil des Caravaggio (1569—1609), der in Rom schon die große Gärung gestiftet hatte, bevor Rubens hinkam, und nun während des ganzen italienischen Aufenthaltes des letzteren im Lande und auf den Inseln herumstrich, eine saturnische Natur:

— — — — — — Dir stieg der Jupiter
Hinab bei der Geburt, der helle Gott

während Rubens ganz gewiß zu den „hellgeborenen, heiteren Joviskindern“ gehörte. Allein derselbe Rubens, der den Caravaggio vermutlich nie gesehen, hat sich zeitlebens und bei sehr entscheidenden Anlässen zur Hochachtung für ihn bekannt, und dies gehört sogar zu den merkwürdigsten Zügen seines Wesens. Seine kleine Kopie nach der berühmten (jetzt vatikanischen) Grabtragung des Caravaggio (Galerie Liechtenstein, ohne Zweifel in Rom gemalt) ändert zwar einige Farben in den Gewändern, möchte aber noch immer eine der genauesten Reproduktionen des Rubens nach fremdem Vorbilde sein. Und nun folgt, so bald nach der Heimkehr, die große Kreuzabnahme des Domes von Antwerpen, die wenigstens in den Kunstmitteln, schon in der Skala von bloßem Schwarzgrün, Schwarz, dumpfem Rot, hellem Weiß und Karnation auf dunkler Wolkennacht so deutlich an Caravaggio mahnt! Aber auch Seele und Ausdruck des mächtigen Lombarden sind hier dem Rubens nicht völlig fremd geblieben. Es lebt eine stille Verwandtschaft zwischen dieser Kreuzabnahme und dem großen Bilde des Caravaggio im Louvre: Die Apostel bei der Leiche der Maria, und Rubens kann dasselbe gesehen haben, sowohl als es noch auf einem Altar von Madonna della Scala in Rom stand, als auch nachdem es der Herzog von Mantua von dort gekauft hatte. Wer den Caravaggio nur von seinen wilden Seiten kennt, wird jeden Anklang dieser Art ablehnen, und ein strenger Beweis dafür ist natürlich nicht zu führen, allein es gibt weitere Proben der Sympathie. In der Galerie von Wien sieht man eines der mächtigsten Bilder Caravaggios, eine große reiche, stark bewegte Madonna del Rosario. Dieses wahrscheinlich für ein Dominikanerkloster in Italien bestimmt gewesene Werk war unter irgendwelchen uns unbekannten Umständen nach den Niederlanden gelangt und hier geschah nun das sonst Unerhörte, daß Maler einer Stadt sich zum Ankauf eines landesfremden Altargemäldes zusammentaten und dasselbe um 1800 Gulden erwarben, worauf sie es nach Sankt Paul in Antwerpen zu den dortigen Dominikanern stifteten, und dort ist es bis zum Ankauf unter Joseph II. geblieben. An der Spitze dieser Maler aber, neben Sammetbreughel, van Baalen, Coosemans u. a. m., stand Rubens, dem der Hauptantrieb zu diesem Entschluß ohne weiteres zuzuschreiben sein wird, und diesem Entschluß kann man eine gewisse Größe wohl nicht absprechen. So besaß nun die Andacht und die Kunst von Antwerpen an öffentlicher Stätte ein italienisches Werk, dem im Sinne jener Zeiten, die große Meisterhaftigkeit allgemein zuerkannt wurde, weniger wohl wegen der Madonna als wegen der grandiosen Heiligen Dominicus und Petrus Martyr, welche die vom andringenden Volk flehentlich begehrten Rosenkränze halten und auf die Mutter Gottes hinweisen. Oben geht schräg durch das Bild der bei Caravaggio auch sonst vorkommende große rote Vorhang, und nicht nur diesen hat Rubens öfter von ihm entlehnt, auch gewisse Züge der Anordnung in Gruppen scheinen hie und da bei ihm nachzuklingen. Und als er in seiner letzten Zeit für das von ihm verlangte Hochaltarbild von St. Peter in Köln die Kreuzigung des Apostels wählte, kehrte in ihm der frühe Eindruck wieder, den ein Hauptbild desselben Inhalts von Caravaggio wohl dreißig Jahre zuvor, im Besitz Giustiniani zu Rom, auf ihn gemacht hatte. (Letzteres Bild jetzt Ermitage, Petersburg.)

Auf die Rückkehr aus Italien (1609) folgte in Antwerpen zunächst tiefer Schmerz und längere Zurückgezogenheit; Rubens hatte die Mutter, um deren Krankheit willen er heimgeeilt war, nicht mehr lebend angetroffen. Sofort aber verketteten sich dann Glück und Verdienst, und er galt, was er wert war. Nicht von Protektionsstimmungen des Augenblickes, nicht vom Privatgeschmack der Reichen aus wurde er gehoben, sondern von mächtigen Korporationen aus ergingen an ihn die größten und feierlichsten Aufträge: diejenigen der Kreuzaufrichtung, der Kreuzabnahme, des majestätischen Altares des hl. Ildefons[3]), und für den Ratssaal der Stadt Antwerpen malte er eine Anbetung der Könige, die unter all seinen Bildern dieses Inhaltes als das schönste gilt (Museum von Madrid). Die Erzherzoge, die ihn zum

Hofmaler und Kämmerer ernannten, erließen ihm doch die Übersiedlung nach Brüssel, und nun fesselte sich der weit größte Herd der belgischen Malerei dauernd an Antwerpen. Sofort sammelten sich auch in großer Anzahl Schüler um ihn, und er erkannte die vorzüglichsten darunter und bildete daraus die unentbehrlichen Gehilfen. Gegen andere Kunstgenossen, die er alle so weit überschattete, hielt er das beste kollegiale Verhältnis inne, soweit ihm dieselben dies möglich machten. Der Reichtum, klug gehegt, begann sein Haus zu füllen; dazu kam eine glückliche Ehe mit Elisabeth Brant und anmutiger Kindersegen; eine neuerbaute, künstlerisch schöne Wohnung und reiche, schon von Italien her angesammelte Kunstschätze.

Es war die Stellung eines Königs, nur ohne Land und Leute, aber von großem gesellschaftlichem Glanz, und nun fehlte auch das Attentat, wenigstens die Absicht nicht: „Im Jahre 1622 suchte ein Mensch, der von einigen für irrsinnig gehalten wurde, den Rubens zu ermorden, so daß die Freunde des Meisters für nötig hielten, sich mit der Bitte um besondere Schutzmaßregeln an die Infantin zu wenden.“ Von späteren Gefahren solcher Art, denen er in Italien schwerlich entgangen wäre, erfährt man nichts mehr.

Welchen Weg aber sowohl der inneren Entwicklung als der Macht nach außen, hatte Rubens innerhalb dieser Jahre schon zurückgelegt. Es war ein Ehrenziel frommer Stiftungen geworden, daß Hochaltäre, auch von Bettelordenskirchen und schon auch außerhalb von Antwerpen, einen leuchtenden Schmuck aus der Werkstatt des Rubens erhielten, und für die Jesuiten von Gent hatte er noch das furchtbare Martyrium des hl. Lievin und für Unser Frauen zu Mecheln den wunderbaren Fischzug ganz eigenhändig gemalt, sodann 1620 das Golgatha, das „Le coup de lance“ heißt, mit van Dycks Hilfe für die Barfüßer von Antwerpen (im dortigen Museum). Für dieselbe Kirche entstand schon 1619 sein ergreifendstes Legendenbild: Die letzte Kommunion des hl. Franz; auf dem Hochaltar der Barfüßer von Brüssel aber prangte bereits seine erste große Himmelfahrt der Maria. Von Werkstatt und Kunstsammlung aus verbreitete sich ein Zauber bis in ferne Lande; bereitgehaltene Bilder des verschiedensten Inhaltes, auch teilweise Schülerwiederholungen, lockten die Kunstfreunde an, und schon 1616 unternahm Rubens für das ferne Neuburg an der Donau unter anderem das Große Jüngste Gericht und für Herzog Maximilian von Bayern die herrlichste von seinen Löwenjagden. (Beides in der Pinakothek zu München.) Auch die Teppichwirkerei jener Zeiten tat ihren größten Griff, indem sie ihn für ganze Zyklen mächtiger Kompositionen in ihren Dienst zog; für genuesische Edelleute entwarf er die sechs Geschichten des Decius, und schon 1618 befanden sich dieselben bei den Wirkern zu Brüssel in Arbeit. — Endlich läßt sich spätestens auf 1619 die Entstehung desjenigen Gemäldes feststellen, dem schon so manche den Vorzug vor allen Werken des Meisters überhaupt zuerkannt haben, weil es dessen wesentlichste Kräfte mit der herrlichsten Erscheinung verbunden zeigt: es ist die Perle der Pinakothek von München, die Amazonenschlacht.

Während aber mit dieser Tafel ein bewährter Hausfreund aus des Malers nächstem Umgang, van Geest, ein Werk erhielt, „wie kein Fürst ein solches von Rubens bekommen hat", war das Zutrauen zu dessen unbedingter Schöpfungskraft schon nahe und ferne, man darf sagen, ins Fabelhafte gestiegen. Im damaligen Italien war es nichts Ungewohntes, daß die Ausmalung ganzer Kirchen des herrschenden Barockstiles, Gewölbe, Kuppeln, Wände, in Fresko, sogar samt der ganzen Dekoration, in irgendeinen großen Verding gegeben wurden; aber beträchtlich geht über dies hinaus der Vertrag, den Rubens am 20. März 1620 mit dem Jesuitenkollegium von Antwerpen abschloß. Er selber hatte schon beim Bau der betreffenden Kirche, Saint-Charles, Einfluß gehabt und bereits große Altargemälde für dieselbe übernommen und auch vollendet; jetzt verpflichtete er sich, zu 39 Gemälden des Gewölbes die Skizzen zu liefern und deren Ausführung durch seine Schüler zu leiten; dazu kamen 36 Gemälde an den Decken der Seitenschiffe und den darüber befindlichen Emporen[4]). (Das meiste im vorigen Jahrhundert durch einen Brand zerstört und nur teilweise in Zeichnungen und Stichen erhalten.) — Im Jahre 1621 aber erschien Rubens in Paris bei der Königinwitwe Maria de' Medici und entwarf für einen großen Saal im Luxembourg die Skizzen zu einundzwanzig mächtigen Bildern, die in allegorisch-historischer Weise den Lebenslauf der Königin enthielten und bis 1625 zu Antwerpen in voller Größe ausgeführt wurden. Der Botschafter der Erzherzoge, de Vicq, hatte für dies Vorhaben den Rubens vorgeschlagen, und über die Häupter aller französischen und anderweitigen Maler hinaus hatten die Florentinerin und der gewaltige Niederländer ihr Bündnis geschlossen. Fortan gab es für den Ruhm dieser Werkstatt im Abendlande keine Grenzen mehr und für den Meister nur noch diejenigen inneren Schranken, welche er für gut fand, sich selber zu setzen.

Abgesehen von der Gicht seiner letzten Jahre, erscheint Rubens in seiner Kunst fortan nur noch beeinträchtigt durch seine diplomatische Tätigkeit. Erzherzog Albert, 1621 dem Tode nahe, hatte ihn der Gemahlin besonders empfohlen als den treuesten und einsichtigsten Diener, und Ambrogio Spinola, der als Feldherr in den Niederlanden etwas wissen konnte, sagte einst: Die Malerei sei noch das mindeste von den Verdiensten des Rubens. Nun findet sich, daß ein guter Teil dieser kostbaren späteren Lebenszeit, schon seit 1623, an politische Verhandlungen mit Agenten und Staatsmännern von Holland und England dahingegangen ist; zuerst geheim, dann mehr öffentlich; zum Teil im Auftrage der Infantin, später auch ausdrücklich im Namen der Krone Spaniens und des Ministers Olivarez; das beharrliche Ziel aber: Frieden für die südlichen Niederlande — war doch in der Tat ein solches, wozu der Sohn von Antwerpen sich vor Gott und der Welt bekennen konnte. Ortswechsel haben nun, wie bereits bemerkt worden, seine Tätigkeit als Maler nie gehindert, und diese mußte ja möglichst die diplomatische Verhandlung maskieren; es kommen indes lange Abwesenheiten vor: eine scheinbare Kunstreise nach Holland (1627), während der sogar sein junger Begleiter Sandrart nichts von der Diplomatie innewurde; ein achtmonatiger Aufenthalt in Madrid (Sommer 1628 bis Frühling 1629); eine daran geknüpfte Reise an den Hof Karls I. von England (5. Juni 1629 Ankunft in London; Rückkehr nach Antwerpen Anfang April 1630). Dies alles aber war nicht nur mit Standeserhöhungen, sondern mit künstlerischen Arbeiten an Ort und Stelle[5]) und zum Teil kolossalen weiteren Aufträgen verbunden, die bald nachher eine gesteigerte Tätigkeit der Antwerpener Werkstatt nach sich zogen. Die letzten diplomatischen Bemühungen (1631—1632), darunter wichtige persönliche Konferenzen mit Friedrich Heinrich von Oranien, später auch mit einem dänischen Abgesandten, zogen dem Rubens die Gehässigkeit einer Clique von belgischen Großen zu, und mit dem Tode seiner Herrin, der Infantin (29. November 1633), wird er gerne auf alle weitere politische Tätigkeit verzichtet haben. Die Kunstgeschichte aber hat sich darein zu fügen, daß einer ihrer Allergrößten zugleich ein völlig luminöser Mensch gewesen ist, der schon durch sein bloßes Erscheinen Zutrauen und Verständnis hervorrief und dessen Bildung eine ganz universelle, zur Anknüpfung mit allen bedeutenden Leuten geeignete war. Auch sehr namhafte Diplomaten könnten sich ängstlich und feierlich vorgekommen sein neben diesem Maler. Von Begegnungen mit Künstlern auf diesen Reisen wird man immer den Verkehr mit dem noch jungen Velasquez in Madrid zu erwähnen haben, auch wenn vom Stile des Rubens, unter anderem in jener ganzen Reihe der Bildnisse des königlichen Hauses, wirklich so gar nichts auf den großen Spanier sollte übergegangen sein, wie man zu sagen pflegt. (Siehe unten!)

In seiner Werkstatt (1630) wiederum angelangt, genügte jetzt Rubens allmählich jenen ungeheuren übernommenen Verpflichtungen.

Für Maria Medici begann er wenigstens einen neuen, in größtem Maßstab gemeinten Zyklus zur Verherrlichung ihres Gemahls Henri IV., bis der Sturz der Königin ihn hiervon entband; dagegen für die Decke des Festsaales von Whitehall — für die Folge von neun großen Allegorien, eine anfängliche Bestellung Don Philipps IV., die dann nach Loeches kam —, für den ganzen Schmuck des königlichen Jagdschlosses Torre de la Parada wurde, wie es scheint, vollständig Wort gehalten. Dazwischen aber entstanden noch herrliche Altarbilder, wie (1631) das überwiegend eigenhändige St.-Rochus-Bild für S. Martin zu Alost, von der Kirchengemeinde infolge einer überstandenen Pestilenz als Dankgelübde gestiftet, nach allgemeiner Aussage von rührender Macht, denn dem flandrischen Städtchen hatte der Meister hier etwas aus seiner tiefsten Empfindung gegönnt. Damals, beim Beginn seines letzten Jahrzehntes, war hohes Glück bei ihm eingekehrt: nach dem 1626 erfolgten Tode der Elisabeth Brant, nach einem vierjährigen Witwerstande, hatte er sich am 6. Dezember 1630 mit der noch nicht siebzehnjährigen Helena Fourment vermählt, deren reiche Schönheit und holden Ausdruck er in neunzehn bis jetzt bekannten Bildnissen (bisweilen im Geleite von Kindern beider Ehen) verewigt hat; diese Porträts aber allein schon würden einen Künstler hochberühmt machen, ungerechnet diejenigen Malereien für Kirchen und Paläste, in welchen den Hauptgestalten Helenens Züge verliehen sind. Diese erkennt man unter anderem auch in jenen mehreren Varianten des wunderbarsten Genrebildes, das von Rubens ausgegangen ist: des Liebesgartens, und ebenso in der prächtigen hl. Cäcilia des Museums von Berlin. Dazu gedenke man nachträglich noch des köstlich naiven Bildes der beiden Söhne aus erster Ehe (Galerie Liechtenstein in Wien, Wiederholung in Dresden), wahrscheinlich schon bald nach dem Tode ihrer Mutter gemalt, und sehe sich dann in der ganzen damaligen Künstlerwelt nach etwas Ähnlichem um.

Eine einzige, wenn auch sehr freie und ferne Parallele hat, vielleicht um dieselbe Zeit, Francesco Albani dargeboten[6]), und zwar, ebenfalls in zweiter Ehe, mit der bildschönen Doralice Fioravanti, die ihm eine Anzahl ebenso schöner Kinder gebar. Mit ihnen lebte er in der guten Jahreszeit auf seinen kleinen Landhäusern bei Bologna, auf der Medola und der Querciola, die er nach römischen Erinnerungen scherzhaft sein Belvedere, sein Mondagone, seine Delizie Tiburtine nannte; er hatte Wasser herbeigeleitet und Fontänen und Becken angelegt, und dies und das reiche Grün, die prächtigen Bäume und die lichte Ferne wurden dann die Szenerie für seine Venus mit Amorinen, seine Diana mit Nymphen, seine bacchantischen Gelage usw., und hier dienten ihm Gattin und Kinder als lebendiges Studium. Es wollten nicht nennbare Porträts sein, wie bei Rubens, sondern nur freie Wiederklänge einer geliebten Wirklichkeit in einem neuen Sinne.

Rubens aber wurde, neben jenen intimen Schöpfungen, noch der wesentliche Urheber und Leiter einer riesigen Arbeit, gemischt aus barockem Prachtbau, Skulptur und Malerei: nämlich der durch Hauptstraßen und Plätze von Antwerpen verteilten Dekorationen des Introitus Ferdinandi, beim feierlichen Einzug des Kardinal-Infanten Ferdinand, Bruders Philipps IV. (17. April 1635), und diese vergänglichen Herrlichkeiten sind wenigstens dem Sachinhalt und allgemeinen Anblick nach gesichert durch eine Anzahl Ölskizzen von der Hand des Rubens und seines Schülers van Thulden und durch ein großes Kupferwerk. In den wichtigsten Partien half der bereits von Gicht heimgesuchte Meister noch gewaltig mit eigener Hand nach, und aus diesem Jahre stammt auch noch sein letztes Selbstporträt (Galerie von Wien). Damals kaufte er Schloß und Herrschaft Steen unweit Mecheln, und mit dem fortan häufigen Aufenthalt auf diesem Landsitz stimmt dann zusammen seine jetzige Vorliebe für das Landschaftsmalen, ja seine weit meisten Landschaften sind erst seither entstanden. Sollte hierbei etwa auch eine nunmehrige Vorliebe für Staffeleibilder mäßigen Umfanges mitgewirkt haben, so darf unsere Selbstsucht sogar seiner Gicht dankbar sein; denn eine ganz große aufgesparte Seite seiner Kraft ist nunmehr erst recht zur Äußerung gekommen, und welcher Maler würde uns den geheimnisvollen Klang der Rubens-Landschaft ersetzen? Ob schon früher oder erst jetzt, nicht ohne Eindrücke brabantischen Dorflebens, auch die berühmte Kermesse (Louvre) entstand, mag dahingestellt bleiben.

Außerdem aber brachten die letzten fünf Lebensjahre hochernste und herrliche Bilder, die wie eigentliche Kunstvermächtnisse anzuschauen sind. Das gewaltigste dramatische Vermögen sammelte sich noch einmal im „Kindermord" der Pinakothek von München und ganz besonders in der erschütternden „Kreuztragung" der Galerie von Brüssel (vollendet 1637); in dem Bild der „Wundmale des hl. Franciscus" (Museum von Köln) fand der Meister noch einmal einen höchsten Ausdruck der Mendikantenandacht; für den Hochaltar von St. Peter in Köln wählte er selbst, wie oben erwähnt, die Kreuzigung des Apostels und malte das ganze Bild noch eigenhändig. Daß er jedoch auch an seiner großen allegorisch-symbolischen Dichtungsweise noch nicht irre geworden war und daß ihm auch dabei noch die höchste Pracht und Fülle seiner Palette gehorchte, zeigt das wunderbare Bild des „Krieges" (1638, Pal. Pitti).

Endlich hat man, wenngleich nicht ohne Einwendungen, diesen letzten Jahren auch den Altar in der Schlußkapelle des Chorumganges von St. Jacques zu Antwerpen zugeteilt, jene Muttergottes mit Heiligen über der Grabstätte des großen Meisters. Nicht nur die Glut des Kolorits und die Pracht der Behandlung, sondern ein ganz persönliches Feuer gibt diesem letzten Gnadenbild eine höchste Weihe.

Rubens starb dreiundsechzigjährig am 30. Mai 1640. Wir übergehen, was sich in allen Büchern findet: sein kluges Testament, seinen Kunstnachlaß und dessen weitere Schicksale.

In seinem Leben gab es unendlich viel Beglückendes, vor allem die unabhängige Stellung, die viele Selbstbestimmung in seinem Schaffen, aber auch viel Glück für uns Spätgeborene. Man darf ohne Schrecken nicht daran denken, was geworden wäre, wenn Rubens unter dem Hochdruck Ludwig XIV. hätte aufwachsen und dessen Le Brun hätte werden müssen. Er konnte ja auch in Frankreich und ein paar Jahrzehnte später geboren werden, er, der Größte seit den großen Italienern und der einzige ganz Große, der Einzige, den die Natur vorrätig hatte.

Für die allgemeinen Tatsachen seines Wesens als Mensch verweisen wir gerne auf das, was durch andere längst ermittelt und zusammengestellt worden ist, vor allem auf die schönen Worte bei Waagen, über seinen heiteren lebensfrohen Sinn, den Adel der Gesinnung, das warme und innige Gefühl bei großen und kleinen Angelegenheiten, auch seine schon mit dem größten Unrecht bestrittene Uneigennützigkeit, seine hilfreiche Güte gegen andere Künstler.

Bei allem Reichtum führte er das mäßigste Leben, und dies und die beständige Weiterpflege seiner hohen Bildung und des dazu stimmenden edlen Umganges ist es, was Fromentin[7]) vortrefflich zusammenfaßt mit dem Ausdruck: L'hygiène fortifiante et saine de son génie. Und weiter, wie nichts ihn zu blenden vermochte: La fortune ne l'a pas plus gâté que les honneurs. Les femmes ne l'ont pas plus entamé que les princes ... C'était une âme sans orage, sans langueur, ni tourment, ni chimères. Endlich über seine Arbeit: er malte ruhig und zugleich begeistert, en combinant bien, en se décidant vite.

Am Pavillon seines Gartens sind jene berühmten Sprüche aus Juvenal (X, Vers 347 ff.) eingemeißelt, die zum Wohltuendsten aus der ganzen römischen Poesie gehören, von der Mens sana in corpore sano, von der wünschbaren Seelenstärke ohne Todesfurcht, Zornmut und Begierde und von den Göttern, die unser Heil besser ermessen, als wir es vermögen, und welchen der Mensch lieber ist als sich selbst.

Für das Verhältnis des großen Meisters zur Architektur kann hier wesentlich auf diejenige Forschung und Charakteristik verwiesen werden, die demselben durch C. Gurlitt[8]) zuteil geworden ist. Hier nur einige Bemerkungen und, aus erst seither bekannter Quelle, ein sachlicher Nachtrag, Dinge, die später kaum mehr passend würden einzufügen sein.

Der lange Aufenthalt des Rubens in fürstlichen Umgebungen, wo vom Bauwesen beständig die Rede sein mochte, seine unvermeidliche Kenntnisnahme von dem in mächtigem neuem Aufschwung begriffenen Kirchenbau Italiens, sein naher Umgang mit vornehmen genuesischen Herren, die berühmte vollendete Paläste bereits besaßen, waren Férdernisse besonderer Art für einen Geist, dem alle Kunst der Formen schon ohnehin verwandt und verständlich war. Als er 1609 wieder in Antwerpen anlangte, gab es wohl in ganz Niederland niemanden, der so wie er als großer Herold der italienischen Baukunst hätte auftreten können und vielleicht wollen, nur daß jetzt auf ihm noch nähere Obliegenheiten ruhten. Immerhin wird er mannigfach zu Rate gezogen worden sein, und ohne seinen Beistand ist z. B. die Jesuitenkirche zu Antwerpen wohl nicht zustande gekommen; für die Überreste seiner Wohnung samt Garten ist auf Text und Illustrationen bei Gurlitt zu verweisen.

Auf einmal offenbart sich dann ein ganz unmittelbarer Wille der Einwirkung im großen: derselbe Mann, der für Antwerpen jenes mächtige Altarbild des Caravaggio sichert (S. 13), veröffentlicht 1622 seine „Palazzi de Genova", Pläne, Durchschnitte und Aufrisse von einem Dutzend genuesischer Paläste ersten Ranges, meist von Strada nuova, darunter Meisterwerke des Galeazzo Alessi, aus dessen Nachlaß die betreffenden Zeichnungen stammen mochten. Das Werk erschien ohne allen Text, aber mit einer Folioseite Vorwort, aus dem die Absicht des Rubens völlig klar wird. Er will nicht Anregung geben für Bauten der Ausnahme, für Höfe und fürstliche Großresidenzen, sondern Typen mitteilen, als Vorbilder für das reiche moderne Europa des Nordens überhaupt, una opera meritoria verso il ben publico di tutte le Provincie oltramontane. Ob er damit irgendwo direkte Nachachtung gefunden hat, ist uns nicht bekannt; aber er war mit der Publikation als großer Herr aufgetreten, der die Mittel hat, das, was ihm das Schönste und Passendste scheint, laut zu proklamieren, und sein Zensor, ein Domherr von Antwerpen, nennt ihn nicht nur Belgicae nostrae Apelles, sondern betont auch noch das Vorbildliche, indem das Werk als „Paradigma" erscheine für alle Pfleger und Bewunderer der Baukunst ad nova et illustria operum miracula patranda.

Als Szenerie in seinen Gemälden gibt Rubens nicht mehr Bauliches mit, als der Gegenstand verlangt oder verträgt, zum Unterschied von Paolo Veronese, der die Erzählungen mit großen, meist symmetrischen Prachtarchitekturen einzufassen liebte. Was Rubens aber darstellt, hat die gehörige Opulenz und Macht der Erscheinung und wirkt in Licht und Farbe vortrefflich mit.

Wahrhaft vorherbestimmt erscheint es dann, daß an Rubens eine Aufgabe höchsten Ranges aus dem Gebiet der Augenblicksdekoration gelangte, für welch letztere der ganze Barocco so besonders geeignet und begeistert war. Architektur, improvisierte Skulptur und Malerei vereinigten sich damals in unbedenklichstem Eifer für die reichsten Anblicke von Katafalken (sogenannte Castra doloris), Triumphbogen, Phantasiehallen, Prachtbauten zur Ausstellung des Sakramentes bei der Vierzigstundenandacht, Theaterszenen usw. Alles oft wichtig genug, um die Abbildung im Kupferstich zu veranlassen, so daß wir über diese bald verschwundenen Dinge doch ziemlich gut unterrichtet sind. An Rubens fiel nun jene schon oben erwähnte und noch öfter zu erwähnende Ausschmückung der Stadt Antwerpen beim Einzug des Kardinal-Infanten, 1635, der Introitus Ferdinandi. Angeordnet, irgendwie künstlerisch angegeben ist hier alles von ihm, und selbst bei der Ausführung hat er noch an vielen Stellen selber Hand angelegt, und von den noch vorhandenen Ölskizzen zu mehreren einzelnen Anblicken, zumal zu Triumphbögen, sind einige anerkannt eigenhändig, auch war der Hauptgehilfe Theodor van Thulden sein sehr naher Schüler. Was nun die angewandte Bauformensprache betrifft, die vom Üppigsten und Glänzendsten der Spätrenaissance bis zur verwegensten Rustika reicht, so kann man ja darüber streiten, ob dies wirklich immer Architektur sei; wichtiger aber wäre es wohl, den Meister nochmals glücklich zu preisen, weil er innerhalb eines Stiles, in dem er doch geboren war, den prächtigsten Träumen ihren Aufflug ins Freie hat gönnen dürfen. Und so mochten denn auch die meisten sehr bewegten Statuen und Gruppen von Stukko vor und neben diese Architekturen hintreten oder oben frei in die Luft gestikulieren, so gehörten sie zum Ganzen; in den gemalten Historien und Allegorien der großen Hauptfelder aber (welche sonst bei solchen Anlässen oft leichtfertig behandelt wurden) glänzt Rubens hie und da in seiner vollsten Macht, und mehrerer dieser Bilder wird noch umständlicher zu gedenken sein. Das Ganze, wie man es aus dem Kupferstichwerk und den Skizzen kennenlernt, bleibt doch wohl die erstaunlichste Festdekoration des 17. Jahrhunderts.

Durch einen glücklichen Zufall ist uns noch eine weitere Kunde über den Baumeister und Dekorator zuteil geworden: es sind architektonische und ornamentale Skizzenblätter — neben wenigen Aufnahmen oder Erinnerungen aus Italien lauter eigene Ideen des Rubens, an dessen Urheberschaft wir ganz unmöglich zweifeln können; ein noch früher, wenn auch nicht mehr ganz gleichzeitiger Besitzer hat sie sorgsam in einen Folianten gesammelt, der gegenwärtig für Rußland, glücklicherweise für ein öffentliches Institut, angekauft ist. In der Ausführung reichen dieselben vom flüchtigsten Bleistiftblättchen bis zur ziemlich genauen, getuschten Federzeichnung; es ist, als ob noch in der Nähe des Rubens jemand dafür gesorgt hätte, daß auch die leichteste Improvisation dieser Wunderhand nicht verlorengehe. Grundrisse fehlen gänzlich; das Mitgeteilte sind lauter Motive des Anblickes: Pforten, Fenster, reiche Lukarnen, Wandbekleidungen verschiedener Art, Altäre, Kanzeln; von feineren Prachtarbeiten besonders Monstranzen; als große Architektur Halbansichten, auch bloße Teilansichten von Kirchenfassaden, Türmen und vorzüglich von Kuppeln. In Stil und Ausdrucksweise ist einiges wenige noch gotisch, z. B. durchsichtige obere Turmausgänge, sonst aber gehört alles, alle Füllung, Einfassung, Profilierung, Festonbildung usw., einer sehr besonderen Auffassung des Barocco an. Der Meister hat auch von gebrochenen und geschwungenen Giebeln und von Voluten aller Art den freiesten Gebrauch gemacht und die Bereicherung der Architektur mit plastischen Zutaten auf keine Weise gescheut. Das höchste Interesse erregen die Kuppelskizzen schon durch die reiche Verschiedenheit ihrer Bekleidungsformen, hauptsächlich jedoch durch diejenigen Züge, die ihnen gemeinsam erscheinen. Dies sind die äußerst schlanken Bildungen der Kalotten sowie die konkav eingezogenen Attiken, über welche die Kalotte noch vorragen kann, endlich das Vortreten der reich gebildeten Lanternen in die Luft, wobei man z. B. an die Lanterna über der Kuppel von S. Maria di Loreto zu Rom von Giacomo del Duca erinnert wird. Diesseits der Alpen war sonst in den ersten Jahrzehnten des 17. Jahrhunderts der Kuppelbau noch selten und blieb Italienern überlassen (Dom von Salzburg, Mausoleum von Graz usw.), die ihn keineswegs weit in die Höhe trieben. Rubens dagegen verrät eine höchste Ambition des Schlanken und seine oberen Ausgänge mahnen an die reichsten Formen von Schiffsmasten.

Die Altarskizzen, vom verschiedensten Grade des Reichtums, sind schon merkwürdig, insofern sie zeigen, wie Rubens seine eigenen Altargemälde eingefaßt und umgeben zu sehen wünschte.

Wie gerne möchte man sich die künstlerische Anlage und die künstlerische Bildung des Rubens nach ihren einzelnen Seiten zerlegen. Es ist aber dafür gesorgt, daß der Beschauer in der Regel auf einer

Gesamtwoge dahingenommen und des Analysierens überhoben wird. Schon bei seiner frühen Jugend meldet sich umsonst, wie bei anderen großen Meistern der Vergangenheit, unsere beständige Frage, wo dieselben sich ihre Bildung und selbst ihre Gelehrsamkeit geholt haben mochten? Und nur das eine ist gewiß, daß es nicht beim jetzigen System von Schulen und Prüfungen geschehen ist. Frägt man aber nach dem Künstler, so bleibt die Überlieferung, z. B. über die Lehrmethode in der Werkstatt des Otto Venius, völlig aus, und während der acht Jahre in Italien wird man nur die freieste Aneignung aus Vergangenheit und Gegenwart der dortigen Malerei inne, ohne erweislichen Verkehr mit den italienischen Zeitgenossen. Vergebens frägt man auch, aus welcher Lehre bei ihm die Perspektivik der Darstellung stamme, sowohl die des Räumlichen als die des oft so gewaltig kühn bewegten Figürlichen. Und woher hat er noch später die Muster genommen zu so manchen schriftlichen Äußerungen lehrhafter Art? — Erweislich ist aus vorhandenen Studienblättern der verschiedensten Gattungen, daß er die Natur nie aus dem Gesichte verlor, wenn ihm gleich ein enormes Formengedächtnis zu Gebote stand, das seiner Phantasie gestattete, auch in flüchtigeren Bildern wahr und wirklich zu erscheinen. Auch im täglichen Leben müssen sich Augenblicke, die an anderen wirkungslos vorübergehen, ihm ungesucht eingeprägt haben, auf der Straße, an der Schelde, im Hause, in der feinen Gesellschaft, unter Geistlichen jeden Ranges, unter Großen.

Durch ihn wird nun der zweite große Welttag der Kunst von Niederland am Horizont emporgeführt. Dieses „Italien des Nordens" erhebt sich aus der manieristischen Verdunkelung und ergreift sein früheres Prinzipat wieder, und er war der Bannerträger. Sogleich von seiner Heimkehr aus Italien an, mit jenen großen und feierlichen Aufgaben, weiten sich seine gewaltigen Fähigkeiten wie selbstverständlich aus, und es war nicht mehr genau zu ahnen, was man fortan noch von ihm erwarten und verlangen könne. Von Schwankungen, von unsicheren Versuchen ist nirgends mehr die Rede; was er vermag — gleichviel, ob es unserem Geschmack entspreche oder nicht —, das vermag er sogleich vollständig. In ihm durchdringen sich der lebendige Erfinder ohnegleichen und der leuchtende Kolorist, und das sonnige Tageslicht, das er bevorzugt, entspricht ganz offenbar und glorreich seinem sonnigen Naturell. Daß er auch anderes konnte, zeigt die Alte mit dem Kohlenbecken in ihrer Grotte (Dresden), und wie schauerlich die düstere Glut des Höllenabgrundes gegeben werden könne, erfahren wir aus dem „Sturze der Verdammten" (München, Pinakothek) und aus dem „Kleinen Jüngsten Gericht" (ebenda), und zwar nur hier.

Wie oft hat man schon die wesentlichste Größe des Meisters zusammenfassend zu bezeichnen gesucht und ist über beteuernde Worte nicht weit hinausgekommen. Unter dem Einfluß einer gewaltigen Kraft fühlt sich jedermann, und die meisten empfinden sie als eine sympathische und ahnen dabei eine Persönlichkeit, deren Adel und Würde mit dieser Kraft eins war. Auch das Derbe und Wilde wird man einer solchen nicht bloß nachsehen, sondern es von ihr im ersten Augenblick erwarten, damit die Erscheinung eine vollständige sei. Der Umkreis dieser vollständigen Erscheinung aber ist hier ein ungeheurer und rührt an die äußersten Grenzen der Malerei. Der gewaltige Historienmaler würde erweislich von sich aus auch das Genre haben erledigen können, statt siebzehn Bilder der Brouwer für sein eigenes Vergnügen anzukaufen, und der vornehmen wie der volkstümlichen Welt hat er im „Liebesgarten" und in der „Kermesse" deutlich jeder das Ihrige gegeben; alle Tiermalerei gelangt durch ihn erst zur wahren, großartigen Freiheit; sein wunderbarer Verkehr mit der elementaren Natur redet aus etwa fünfzig Landschaften eine eigene Sprache, die sich auch neben Tizian noch hören läßt. In längst vorhandenen Aufgaben macht Rubens den Eindruck eines Gattungsgründers, weil für ihn alles vom Boden auf neu darstellbar ist, und wo er etwas von seinem eigensten Leben mitzugeben hat, ist er innerlich sehr ergriffen und über alle bloße Berechnung weit hinaus.

In der Darstellung des Ruhigen, des Seienden, hat er neben den sonstigen Großen nur sein eigenes gutes Recht und wird den Beschauer je nach Anlage und Stimmung hinreißen oder auch abstoßen; nur gleichgültig läßt er keinen. Delikate Leute nehmen an dem Blutreichtum seiner so glänzend gesunden Gestalten Anstoß, und sein Ideal braucht sonst niemandes Ideal zu sein und wir besitzen Edleres, Feineres, Seligeres, im Himmel und im Olymp und in der Erdenwelt einzelner anderer Meister. Daneben aber hat er seine eigene Weise der „Verherrlichung des Menschen in all seinen Kräften und Trieben", sobald er an sein großes Hauptthema, das Momentane, kommt: hier rufen, und zwar in zahllosen Bildern, „das Feuer und die Wahrheit der leiblichen und geistigen Bewegung" jenes stets neue Erstaunen hervor, das man bei gar keinem Maler von ferne so empfindet. Seine Begeisterung und sein gewaltiges Vermögen für das „Geschehen", im Gesamtmoment sowohl als in den Einzelgestalten, läßt ihn unbedenklich zugreifen, da wo die meisten übrigen sich würden besonnen und bedacht haben. War er allzu dienstfertig und nachgiebig? In allen Aufträgen und Wünschen, namentlich sobald sie ein Bewegtes voraussetzten, sah er sogleich das Darstellungsfähige, und dann war es ihm auch darstellungswürdig. Er brauchte nicht lange bei einem Thema auf eine mitklingende „Stimmung" zu warten, denn in seinem Innern ist ohnehin schon eine dauernde Stimmung vorhanden für jede, wenn auch noch so große religiöse oder profane Aufgabe, die seine Zeit und Bildungswelt ihm vorlegte. „Jeder nach seiner Begabung! Mein Talent ist derart, daß noch nie ein Werk, wie groß auch nach Quantität und Verschiedenheit des Darzustellenden, meinen Mut überstiegen hat" — so schrieb er 1621, als er im Begriffe stand, die Malereien für den großen Saal im Luxembourg zu übernehmen. Auch an dem scheinbar Unzugänglichsten ahnt er die darstellbare Seite und antwortet: Gebt es her! — Er will alles und muß alles, weil er alles kann. Das Pathos aber, das diese oft stürmisch bewegte Malerei begleitet, ist fast immer rein und tiefempfunden. Es wird indes heute von niemand verlangt, daß man die furchtbaren Visionen des Meisters von den „Letzten Dingen" teile oder mit ihm hinausjage in den Kampf mit den schrecklichsten Tieren der Wildnis.

Dazu diese Mittel und diese aufgesammelten Studien; diese Beweglichkeit seiner Gestalten, die der Beschauer einen Augenblick später verändert anzutreffen erwartet; diese untrügliche Mitherrschaft von Farbe, Ton und Licht; endlich diese ungeheure Arbeitskraft! — Das Schnellmalen, la furia del pennello, wie Bellori sagt, bei geringeren Meistern einer der sicheren Wege zum Verderben, hing bei ihm nicht an Flüchtigkeit, sondern an der gleichmäßigen Stärke und Reife der vorausgegangenen Gesamtvision. Man könnte auch einen Hauptunterschied zwischen ihm und allen anderen großen Malern darin finden, daß er am leichtesten Feuer zu fangen imstande war für jedes Thema, d. h. daß er die Fertigkeit hatte, viel mehr Themata gern zu malen, als dies andere gekonnt haben. Will man ihm diesen Vorteil mißgönnen, so sage man es; Mit- und Nachwelt möchten dabei nicht übel gefahren sein.

An persönlicher Machtstellung, an weiter Herrschaft über die Kunst, ist ihm im 17. Jahrhundert nur Bernini zu vergleichen. In Rom konnte ein Arpino nur möglichst alles andere, Eklektiker wie Naturalisten, durch gemeine Mittel unten halten, wobei er auch auf das Ausland zu drücken sich anschickte. Es muß dem vermeintlich so großen Kunstfreund Kardinal Richelieu beständig wieder aufgedeckt werden, daß er bei der letzten Bestellung der Königin Maria Medici, dem Zyklus der Taten Heinrichs IV., den „Rebens" durch diesen Arpino verdrängen wollte[9]); freilich konvenierte es ihm inzwischen, die Königin zu stürzen und aus dem Lande zu treiben, womit die Unternehmung dahinfiel. Die späteren französischen Künstler aber, diejenigen

Ludwigs XIV., sind ja bei aller Begabung nur dadurch in der Welt so hoch angesehen gewesen, daß der König und sein Colbert sie als eines der mannigfachsten Mittel von Druck und Blendung verwerteten, und am Ende hat es den größten Hofarchitekten doch nahe genug gestanden, beim Weiterbau des Louvre durch Bernini verdrängt zu werden. Diejenige Macht jedoch, wie sie Rubens ausübte, hat schon die echte Evidenz für sich und kann sich auch von den größten Höfen suchen lassen. Ihre Reklame liegt einzig nur in den Werken und braucht keine Literatur — auch keinen Aretino.

Die weitesttönenden Heroldsrufe, die den Ruhm des Rubens in die Lande trugen, waren schon die großen, gewaltig wirksamen Stiche nach seinen Kompositionen, neben denen jahrzehntelang keine andere Stecherwerkstatt in ganz Europa aufkommen konnte.

II.

Die äußere Lage der abendländischen Malerei, so wie auch Rubens sie vorfand, ist eine bekannte. Immer von neuem aber wird man sich, bis ins einzelne hinein, die damalige Welt der Besteller und Bestellungen in ihrem Gegensatz zur heutigen zu vergegenwärtigen haben. Vor allem ist der Boden, auf dem die Kunst wächst, nicht der von modernen Großstädten, von beweglichem und damit auch sehr wandelbarem Reichtum. Keine öffentliche Meinung, die von beständiger Neuerung ihre Nahrung zöge; keine Presse, die als Organ einer solchen Meinung diente und auch die Kunst des Ortes in ihren Bereich, ja sogar die Künstler in ihre Abhängigkeit zu bringen imstande wäre. Daneben kein Roman mit dem Programm beständiger Neuerfindung aus der Tageswelt, mit vorherrschender Verbildlichung der umgebenden Menschen und Hergänge, wie sie auch sein mögen. Kein plötzliches Pathos, welches über die von der sogenannten Bildung bewegten großstädtischen Schichten käme, um in Kürze einem anderen Platz zu machen. Mit einem Worte: kein Publikum, von welchem alles und jegliches und also auch die Malerei abhinge, und keine Ausstellungen der heutigen Art[10]).

Was Rubens als Objekt seiner Kunst antraf, war noch eine feste Einheit der idealen und eines anerkannten Kreises der realen Welt, vorherrschend im Sinne der romanischen Völker. Biblische, visionäre, legendarische, mythologische, allegorische, pastorale, historische und sogar einige alltägliche Welt, Gestalten sowohl als Szenen, bilden noch ein Ganzes, und ein mächtiger, von seiner eigenen Lebensfülle inspirierter Naturalismus getraut sich nun, dies alles in der richtigen Temperatur zu halten. Diesen Horizont, wie er ihn teilweise von früh an in Antwerpen und dann besonders in Italien in sich aufgenommen, hat Rubens im Grunde nicht durchbrochen; er ist kein Phantast auf eigene Hand geworden, sondern nur der weitmächtigste Herold und Zeuge dieses Gegebenen. Seine ungeheure Erfindungskraft ging im wesentlichen damit dahin, dieses Gegebene jedesmal neu zu empfinden und neu zu geben. Es ist, als hätten sich Religion, Fürstenmacht, Sage, Mythus und Poesie aller Zeiten, dazu der Kreis der Seinigen und seines vertrauten Umganges, ja die elementare Natur als mächtige Tierwelt und Landschaft vertrauensvoll an ihn gewandt, er möge sie auf seine Adlerschwingen nehmen.

Zunächst war es ein außerordentliches Glück für den Katholizismus des ganzen Nordens, einen so großen, glücklichen, freiwilligen Dolmetscher zu finden, der sich für alles Dasein der religiösen Gestaltenwelt so von selber begeistern konnte. Für Rubens aber war es von Vorteil, daß in seiner Nähe kein Thron stand, daß nur die höchst andächtigen Erzherzoge, Albert und Isabel, walteten, daß Antwerpen nicht der Sitz der Papsttums war, ja nicht einmal der Sitz der mächtigsten niederländischen Theologen, denn dieser befand sich in Löwen. Für jede Auskunft kirchlicher Art werden ihm die Jesuiten von Antwerpen und ganz besonders die dortigen Dominikaner von St. Paul genügt haben, für deren Kirche er die berühmte Geißelung Christi malte und das Rosenkranzbild des Caravaggio stiften half[11]). Und so wie diese Ordensleute dachten ohne Zweifel auch die reichen Innungen und geistlichen Bruderschaften, welche die großen Kirchenbilder bestellten, und ebenso auch die einzelnen Stifter, wie z. B. der Bürgermeister Nikolaus Rocox, einer der eifrigsten Freunde des Rubens, der für denselben eine ganze Reihe von Bildern malte. Die Kirchenbilder des Rubens sind aber auch der große Gipfelpunkt des Ersatzes für das, was der furchtbare niederländische Bildersturm des Jahres 1566 vernichtet hatte. Zunächst hatten die niederländischen Manieristen, die damals schon in voller Tätigkeit waren, die Kirchen wieder mit Altären versehen, vielleicht schon Floris in seinen letzten Jahren, dann Martin de Vos, die Werkstatt der Familie Franck u. a. m. Rubens aber, schon unmittelbar nach der Rückkehr aus Italien, schuf sofort die allergroßartigsten Altarwerke, und sein Ruhm hierfür verbreitete sich, wie oben erwähnt, bald weit in das katholische Süddeutschland[12]). Bis an sein Lebensende hat er es mit der Verherrlichung des Altares sehr ernst genommen und dabei auch den niederländischen Volksheiligen (St. Bavo, St. Amandus,

St. Lievin usw.) seine besten Darstellungskräfte gegönnt. Große Klosterkreuzgänge mit legendarischen Freskenzyklen zu schmücken, wie z. B. die damaligen Bologneser mit dem achteckigen Hallenhof von St. Michele in Bosco taten, lag außerhalb der niederländischen Sitte; statt dessen wurden die wichtigeren Kirchen von ganz Brabant und Flandern mit Altarbildern der Schüler, Gehilfen und Nachfolger des großen Meisters versehen, in einem ähnlichen Verhältnisse der Zahl und des Wertes wie die damaligen Kirchen von Italien und Spanien. — Bilder für die Hausandacht hat Rubens wenige, wenn auch dieses und jenes sehr vorzügliche, geschaffen. Es scheint, daß die noch heute in so großer Menge vorhandenen älteren Hausaltäre in Antwerpen von jenem Bildersturm wenig oder gar nicht betroffen worden waren und in den Familien weiter verehrt wurden.

Für die Verhandlung mit den Großen dieser Welt wird dem Rubens schon in Italien vieles klar geworden sein: vor allem ihre Ungeduld, der nur mit Schnellarbeit zu genügen war; der Kreis ihrer Vorstellungen und ihrer Bildung; dazu das Familienprunkgefühl und die große Vollmacht, welche die Allegorie in jeglichem Sinne genoß und deren längst gebräuchliche Einmischung in erzählende Szenen, schon seit Vasaris Sala de' cento giorni und sogar früher. Und wenn der Maler unbezahlt blieb oder warten sollte, weil bereitliegende Summen mit irgendeinem Pomp des Augenblickes oder mit politischen Bedürfnissen dahingegangen waren, und wenn ein Haus Farnese selbst einen Annibale Carracci mit elender Knauserei abfertigte, so verstand es Rubens in der Folge, sich, wenn auch nicht vollständig, doch annähernd zu decken, alles übrige aber möchte für ihn wohl nur ein Reiz mehr gewesen sein. Was er suchte und fand, war ja bei weitem nicht bloß das massenhafte Geschäft, wie bei Federigo Zucchero und den späteren Ereignismalern des Dogenpalastes von Venedig, sondern es waren Anlässe, da auf vielleicht sehr flüchtige und unklare vorläufige Andeutungen hin sofort das Feuer möglicher bewegter Szenen in ihm emporflammte. Mit Vorgängen, die anderen kaum darstellbar geschienen hätten, ging er nun wohl in seinem Innern schon die kühnsten Wetten ein, und während die Könige oder ihre Vertrauten noch zu ihm sprachen, war etwa bereits durch den hurtigen Stift eine erste Skizze entstanden. Dabei mochten die hohen Besteller auf das angenehmste über sich selbst erstaunen, daß ihnen so schöne Dinge eingefallen seien, und der Künstler wird sie im weiteren Verkehr hierüber gewiß nicht enttäuscht haben. Die Galerie des Luxembourg — das auch der sonstige gelehrte Beirat sein mochte — ist nicht entstanden zu denken ohne die lebhaftesten italienische

Gespräche zwischen der Königin und dem mit aller mediceischen Familienverherrlichung längst bekannten Meister. Und wenn der schweigsame Don Philipp IV. sonst das ganze Jahr hindurch kaum einige Worte sprach, so hat er doch notorisch mit Künstlern eine Ausnahme gemacht; selbst zu seinen bolognesischen Gewölbedekoratoren stieg er öfter auf das Gerüst und redete mit ihnen auf das vertraulichste[13]), und so mochte er auch an der Porträtstaffelei des Rubens nicht stumm geblieben sein, vielmehr über die großen Zyklen geistlicher und profaner Art, die man von diesem wünschte, sich einigermaßen ausgesprochen haben. Hierbei wird man weniger an die acht umfangreichen (zum Teil wenigstens römischen) Historien für den Hauptsaal des Palastes von Madrid zu denken haben[14]) als an die neun mächtigen Allegorien vom Triumph des Glaubens, von dem unten näher die Rede sein muß, denn an dieser Stelle wird eine ganz persönliche Denkweise des Königs in Betracht gekommen sein.

Außerdem ist hier auch am besten eine königliche Bestellung zu erwähnen, die ein ganz unermeßliches Kraftgefühl des Meisters voraussetzt. Es handelt sich um den neuerbauten Jagdpalast Torre de la Parada unweit von Madrid, und hier hätte es naheliegen können, in Ermangelung damaliger einheimischer Profanmaler der gewünschten Richtung ausgezeichnete italienische Freskanten kommen zu lassen; allein der Hof besaß von Tizian her die Tradition gemalter Tuchflächen, und nun hätte nach der einen Aussage Rubens selbst die Maße genommen für einen Zyklus von Szenen aus Ovids Metamorphosen, während man ihm, laut anderen, erst später (1636?) diese Maße, ja die Tuchflächen selbst nach Antwerpen übersandt hätte. Und zwar sollte[15]) Bild an Bild stoßen; nicht bloß die Flächen über Türen und Fenstern (sopraporte e soprafenestre), sondern auch die übrigen Wandflächen, sogar die der Korridore und Treppenpodeste sollten mit Malerei angefüllt sein, und in einige Zwischenräume kamen Tierdarstellungen, scherzi d'animali, die der große Gehilfe des Rubens in diesen Dingen, Frans Snyders, auszuführen hatte. Was nun als Ganzes wirklich entstand (zum wohl weitgrößten Teil von Schülerhänden) und 1638 tatsächlich nach Spanien übersandt wurde, beschränkte sich auf Ovid; es war „ein Zyklus mythologischer, realistischer und höfisch-allegorischer Wald- und Jagdbilder". Frägt man nach dem seitherigen Verbleib dieses großen Depositums — indem ja für Jagdschlösser die Gunst eine ganz besonders unbeständige ist —, so werden manche Bilder, und vermutlich die besten, in andere königliche Residenzen hinübergenommen worden sein, und wenn Palomino von mehreren Metamorphosenbildern des Rubens berichtet, die nach

Madrid in die Zimmer des Königs verbracht worden seien, so stammten diese wohl gewiß aus der Parada; wie vieles aber in der jetzigen Galerie von Madrid denselben Ursprung haben mag, wissen wir nicht anzugeben. (Merkur und Argus sowie die Entführung der Hippodamia, die in der Galerie von Brüssel samt einem Gigantensturz des Eskorial durch drei Skizzen repräsentiert sind? — Die Entführung der Proserpina? Die Säugung des Herkules? — Ja vielleicht das Madrider Urteil des Paris?) Wenn das köstlich gedachte Bild der Latona mit den lykischen Bauern in der Pinakothek zu München etwa aus der Parada stammt oder wenigstens für dieselbe bestimmt war, so ist es vielleicht nicht die einzige von der humoristischen Seite gegebene Metamorphose gewesen. In Dresden läßt sich mit ziemlicher Wahrscheinlichkeit aus jener Quelle ableiten eine Diana mit Nymphen auf der Jagd, und da die Jungfrauen zum Teil Porträts sind, darf man in diesem Ganzen „eine vornehme Gesellschaft unter mythologischer Maske" vermuten.

Vielleicht aber war noch eine weitere große Unternehmung zwischen dem Urenkel Karls V. und dem Maler von Antwerpen wenigstens flüchtig zur Sprache gekommen. Das Museum von Berlin besitzt eine wundervoll feurige Schlachtskizze, wo Bewegung und Licht von der Mitte aus magisch auszustrahlen scheinen, etwa wie in dem großen angefangenen Bilde der Schlacht von Ivry (Uffizien); der dargestellte Moment aber ist der entscheidende Sieg Karls V. vor Tunis (20. Juli 1535) über das Heer des Hayraddin Barbarossa. Ist es etwa nur eine von vielen Szenen aus einer Geschichte des großen Ahns, mit welcher sich die träumerische Seele Don Philipps IV. könnte beschäftigt haben[16])?

Das Haus Stuart endlich konnte, wenn es sich in ganz Europa umsah, die niederländische Kunst und den Rubens für seine monumentale Verherrlichung einfach nicht entbehren. Karl I. hatte schon als Prinz von Wales nachgesonnen über eine große Malerei in Whitehall, als dasselbe noch im Bau begriffen war; jetzt, als König, wurde er mit dem als Diplomat anwesenden Rubens einig über eine allegorisch-historische Verklärung seines Vaters Jakob I. in neun großen Feldern der Decke des dortigen Festsaales. Außer den betreffenden Skizzen malte Rubens in London auch mehrere andere Bilder und schuf, ebenfalls für den König, die Entwürfe zu acht Wandteppichen mit der Geschichte des Achill. Die letztere Arbeit geriet, nach den uns aus Stichen bekannten einzelnen Szenen, allerdings sehr flüchtig, während die Decke von Whitehall wenigstens der vollen Erfindungskraft des Meisters entsprechen soll. (Vollendet und nach London abgeliefert 1635.) Wie sehr der Hof noch weiter nach ihm verlangte, erhellt daraus, daß kurz vor seinem Tode mit ihm verhandelt wurde über drei Bilder mit Geschichten der Psyche für die Decke des Schlafgemaches der Königin Henriette im Palast zu Greenwich.

Das Geschäftliche an dieser Art des Schaffens, prosaisch zusammengefaßt, war wohl in Kürze das Folgende: Ein gewaltiger Meister der historisch-allegorischen Kunst — niedergelassen an einer tatsächlich soviel als neutralen Stätte de Okzidents — in einer Zeit, da der maleriche Ruhm von Venedig verdunkelt war — und deutsche und französische Maler nicht in Betracht kamen — der Sendungen in die Ferne bereits gewohnt — wird (durch Vermittlung eines Geschäftsträgers der Erzherzoge am französischen Hofe) mit der mediceischen Ambition der Königinwitwe von Frankreich in Verbindung gebracht und erreicht durch einen großen Gemäldezyklus einen höchsten Ruhm an einer Stelle, wo geraume Zeit das vornehme Europa aus und ein ging; — weiterhin veranlaßt der Eindruck seiner Persönlichkeit eine sonst unerhörte Verbindung von Malerei und Diplomatie und einen persönlichen Austausch mit den Mächtigen, die sich von ihm (so scheint es) ihr Pathos ausdeuten ließen; — nebenher aber geht wie selbstverständlich die Komposition für große Teppichfolgen. Es ist möglich, daß in diesen Kreisen eine Ahnung auftauchte, man möchte es mit dem größten Erzähler aller Zeiten zu tun haben. Die ausführende Arbeit aber bleibt der Werkstatt zu Antwerpen vorbehalten, wo der Meister eine Auswahl von Gehilfen um sich hat wie kein anderer der damaligen Zeit; und von hier gehen dann die vollendeten Malereien zusammengerollt in alle Lande, wobei ihnen bisweilen die Sorge folgt, sie möchten nicht unverletzt anlangen. Es ist eine ganz andere Welt als die der von Kirche zu Kirche, von Palast zu Palast wandernder Freskomaler.

Diese Werkstatt war nun zunächst in Antwerpen bei weitem nicht die einzige angesehene, und auch andere fanden daneben ihr reichliches Gedeihen; ja das Haupt einer derselben, Jan Breughel (der sogenannte Sammetbreughel, 1626), war der vertraute Freund des Rubens, der sich sogar für wichtige Bilder zur gemeinsamen Arbeit mit ihm zusammentat; sodann aber diente die Werkstatt dem Meister lange nicht bloß bei jenen massenhaften Aufträgen des Auslandes, sondern zu einer täglichen Mitarbeit überhaupt. Rubens stand schon früher sicher und hoch genug, um Werke zu schaffen und schaffen zu lassen, die verkauft werden oder auch in seinem Besitz bleiben konnten; die gleichmäßige Beschäftigung der jeweilen bei ihm arbeitenden Schüler aber führte wohl von selbst dazu, Wiederholungen des schon Geschaffenen im Vorrat malen zu lassen, die er dann mit mehr oder weniger Teilnahme vollendete. Auf diese Weise bildete sich jene Stufenreihe vom völlig Eigenhändigen zum eigenhändig in wesentlichen Teilen Vollendeten, zum bloß Übergangenen, zum Atelierbild des verschiedensten Ranges, zum Schülerbild nach bloßer Zeichnung des Meisters, zur Kopie, welche vielleicht schon der Werkstatt fremd war, endlich zur bloßen auch auswärtigen Nachahmung. In dem Briefwechsel mit Carleton, dem englischen Geschäftsträger im Haag, vom Jahre 1618, wo der damalige Vorrat, wenigstens soweit es dem Meister dienlich schien, verzeichnet ist, kommen mehrere dieser Nuancen samt dem Grade der Schülerbeteiligung deutlich vor.

In drei Jahrzehnten hat sich das Personal dieser berühmten Schülerschaft natürlich stark erneuert. Als „Kronprinz", wie ihn Fromentin nennt, ragte neben dem Herrscher Anton von Dyck hervor, der laut der neueren Forschung sogar zeitweise einen sehr starken Einfluß auf Rubens selbst gewann und dann, wie dieser, eine weit über die Niederlande hinausgehende Wirkung zu üben bestimmt war. Der Nächstkräftige nach diesen beiden, Jakob Jordaens, wird, obwohl Freund des Rubens und in seinem Können völlig von ihm abhängig, doch jetzt aus der Zahl der Schüler und auch der Mitarbeiter ausgeschlossen. Für einzelne Partien der Bilder spezialisierte sich diese Gehilfenschaft: für Tierbilder und auch für Tiere in den übrigen Bildern sowie für Akzessorien war weit der mächtigste Frans Snyders, nur zwei Jahre jünger als Rubens und durch seine edle und anziehende Persönlichkeit, wie man sie im Wiener Bildnis von van Dycks Hand kennenlernt, würdig, auch der Freund des Rubens zu sein; für das Landschaftliche werden besonders Lucas van Uden und Jan Wildens genannt. Wie Rubens die übrigen je nach ihrer besonderen Fähigkeit verwandte, glaubt man noch heute in manchen einzelnen Bestandteilen seiner Bilder ausmitteln zu können. Für die Galerie des Luxembourg werden außer den bereits Genannten namhaft gemacht Justus van Egmond (geb. 1601), Peter van Mol (geb. schon 1580), Kornelius Schut (geb. 1597), Jan van den Hoecke (geb. 1611, und somit doch wohl zu jung?), Simon de Vos, Deodat Delmont und andere, und mit mehr oder weniger Sicherheit weist man noch partienweise deren Tätigkeit nach. Unter den späteren Exekutanten des Rubens ist in erster Linie Theodor van Thulden (geb. 1606) zu nennen und auch Abraham von Diepenbeck ist jedenfalls ein Hauptschüler gewesen, und die schöne Komposition des großen Bildes der Clölia (Dresden) ist sogar zwischen ihm und dem Lehrer streitig.

Soweit wir nun zu urteilen imstande sind, war es vielleicht eines der glücklichsten Ateliers, von welchen wir Kunde haben. Neben den sonstigen menschlichen und künstlerischen Eigenschaften des Meisters kann man sich ihn schon nicht anders denn als einen höchst vollkommenen Lehrer vorstellen, und auf diesen scheinen all diese Kräfte ringsum nur eben gewartet zu haben. Unter seinen Augen entwickeln sie nun — nicht eine knechtische Nachfolge, sondern ihre höchst achtbare Selbständigkeit; sie werden keine Manieristen, weil sie nicht die Empfindungsweise des Meisters nachahmen, sondern seinen Grundsätzen und Kunstmitteln nachfolgen. Und ganz freiwillig lebt ja der Geist des Rubens weiter in auserwählten Werken von solchen, die überhaupt nie seine unmittelbare Lehre genossen haben, wie de Craeyer und van Oost, ja in seinem Gegner Janssens und dessen Schüler Rombouts, anderer nicht zu gedenken. Auch in der ganzen belgischen Genremalerei, nicht in Teniers allein, ist auf das glücklichste eine von Rubens ausgegangene Kraft sichtbar.

Kehrt man jedoch wieder in die eigentliche Werkstatt zurück, so ist es nicht so ganz leicht, sich das normale, vorherrschende Zusammenarbeiten von Meister und Gehilfen vorstellig zu machen. Laut Waagens Annahme zeichnete Rubens die Bilder auf, ließ sie hierauf nach Farbenskizzen von den Schülern sehr fleißig untermalen und vollendete sie dann mehr oder weniger[17]). Nun ist aber nicht zu verkennen, daß von den heute in Galerien befindlichen Farbenskizzen des Rubens weit die meisten nur wie sogenannte erste Ideen wirken; sie sind oft nur in einem rötlichen oder grünlichen Ton gegebene Pinselzeichnungen und äußerst flüchtig hingeworfen. Und auch die beträchtlich mehr ausgeführten, die über diese Stenographie in zwei Farben weit hinausgehen und Raum- und Lichtverteilung des künftigen Gemäldes mitgeben, setzen noch eine nachfolgende starke Dazwischenkunft des Meisters voraus. Es genügt z. B., in der Pinakothek von München unter den Skizzen zur Galerie des Luxembourg selbst die ausgeführtesten zu betrachten, und man wird überzeugt werden, daß die Schüler damit, für die Ausführung im großen, noch ganz ungenügend beraten gewesen wären. Erraten wird man es nun freilich nicht mehr, wie Rubens von Fall zu Fall seine näheren Anweisungen gab, schon über das definitive Kolorit und den allgemeinen Ton, und wie er dann bei dem einzelnen Gehilfen rechnete auf den Grad des Verständnisses und des Empfindens, allgemeiner gesagt: des Eingehens auf das, was er meinte und wie er es meinte.

Das große Erbe, das Rubens seiner Schule hinterließ, ist, wie gesagt, von dem Gesamterbe der sämtlichen Malerwerkstätten der südlichen Niederlande (bis Lüttich) nicht genau auszuscheiden, und doch wird eine zusammenfassende Wahrnehmung über das Wirken des

Rubens gestattet sein. In der Industrie können durch große Anhäufung von Kräften (Kapitalien) alle kleineren und kleinsten Konkurrenten lahmgelegt und vernichtet werden, ja schon ein großer Laden kann die Schließung vieler kleineren erzwingen; in der Kunst war dies, Gott sei Dank, damals anders. Um einen Großen herum, auch wenn er mit seiner Werkstatt vierzehnhundert Bilder liefert, steigert sich Tätigkeit und Absatz für sein ganzes Land; es bildet sich ein allgemeines Vorurteil, ein allgemeines Steigen des Maßstabes, weil durch den Großen eine allgemeine Kunsthöhe herbeigeführt worden ist, und diese dauerte hier das Jahrhundert aus, etwa wie in Holland. Beide Kunstländer, in ihrer Verwandtschaft wie in ihrem Gegensatz, machen zusammen diejenige große Position jener Zeiten aus, die heute noch anerkannt wird, denn die Maler Ludwigs XIV. sind längst auf ihrem eigenen Boden nicht mehr als Herren betrachtet worden, und Italien, das mit Pietro da Cortona, Luca Giordano und den von ihrer Manier ausgegangenen Kirchenmalern das europäische Prinzipat noch einmal an sich zu nehmen schien, hat dasselbe wieder völlig verloren; Spanien aber, mit all seiner künstlerischen Kraft, war nie geeignet, dasselbe zu besitzen.

III.

Ein zweites Gefolge des königlichen Meisters waren seine Kupferstecher und auch mit ihnen muß sein Verhältnis künstlerisch und geschäftlich ein vortreffliches gewesen sein, und zwar ein völlig freies, denn daneben arbeiteten sie auch nach den übrigen namhaften Malern. Lukas Vorsterman, Paul Pontius, der besondere Vertraute Schelte van Bolswert, auch P. Soutman, Snyderhof haben dabei einen unvergänglichen Namen erreicht, der zahlreichen übrigen nicht zu gedenken. — Niederland, wo vielleicht die Stecherkunst ihren ersten Ursprung genommen, hatte dieselbe seit hundert Jahren auf das reichste gepflegt und nach Lukas von Leyden Kräfte wie Heinrich Goltzius und die Sadeler zu den Seinigen gezählt; Antwerpen aber war längst die Hauptstätte und der größte Verlag geworden für alle Arbeiten, vom großen Prachtstich bis auf die massenhafte Bücherillustration. Gerade die Maler des dortigen Manierismus hatten die weiteste Verbreitung in Stichen gefunden, deren Behandlung zum Teil auf der vollen Höhe des damaligen Könnens stand, auch gegenüber den italienischen Stechern, und so traf Rubens mit den Seinigen schon einen großen gebahnten Weg, eine große geschäftliche Tradition an.

Allerdings begann nun unter seiner Leitung ein neues Wollen

und Vollbringen. Von welchen verschiedenen Provenienzen und Bildungsgraden aus die Stecher zu ihm kamen, sie mußten vor allem in seinem Sinne neu zeichnen lernen; ihr Grabstichel, ihre Radiernadel mußte weit auch über Goltzius hinaus, diejenige Welt von Modellierung der Formen, von Darstellung der Stoffe, von Abtönung der Lichter und der Schatten, der Nähe und der Ferne, endlich diejenige Haltung eines Ganzen wiedergeben lernen, welche die des Meisters in einer Welt von Szenen, und oft sehr reichen Szenen, war. Ohne eine beständige Aufsicht und Teilnahme von seiner Seite sind sie überhaupt nicht zu denken; dann aber hatten sie auch die volle Gewißheit, daß sie unter seiner Obhut weiter kamen, als sonst irgendwo möglich gewesen wäre, und auch einen genau gesicherten äußeren Vorteil an diesen zum Teil mächtig großen Blättern müssen sie gehabt haben. Gegen Nachstiche deckte Rubens selbst, als eigentlicher Unternehmer[18]), die einzelnen Blätter durch königlich spanische, königlich französische, auch holländisch-staatische Privilegien, und dies lohnte sich der Mühe. Während nämlich die damaligen Stiche italienischer Maler den Eindruck machen, als wären sie wesentlich nur für andere Maler geschaffen, richtet sich Rubens an ein großes kaufendes Publikum im Okzident überhaupt, das für die Andacht und auch für das weltliche Kunstvergnügen lebhaft zugreift und aus dieser einen Quelle schon zum Beispiel mehr Altarbilder beziehen kann als aus ganz Italien zusammengenommen. Französische Nachstecher eilen bereits auf die niedlichste Weise dem späteren Geist der industriellen Protektion ihres Landes voran, indem sie vor der Behörde geltend zu machen suchen: bei der großen vorhandenen Kauflust für Stiche des Rubens (solange deren Nachbildung verboten sei) gehe sehr viel Geld aus dem Lande. Nun erhebt sich sogar die Frage: wer die größere Eile gehabt habe, ob die Käufer weit und breit oder Rubens selbst? Große und wichtige Stiche nämlich, trotz der Unterschrift „Rubens pinxit", sind nicht nach den gemalten Bildern, sondern nach frühen anfänglichen Entwürfen gestochen, denen beim Malen noch sehr bedeutende und segensreiche Veränderungen, namentlich wichtige Vereinfachungen, bevorstanden, wovon z. B. die Auferweckung des Lazarus im Museum von Berlin, verglichen mit Bolswerts Stichen, ein sprechendes Beispiel statt aller sein mag. Jene Entwürfe können Farbenskizzen, aber auch Kartons gewesen sein, und in mehreren Fällen waren es erweislich Grisaillen, einfarbig in grauem oder braunem Ton von Rubens in Öl gemalt, deren noch eine Anzahl vorhanden ist. Außerdem ging Rubens auch mit längst vollendeten Gemälden, wenn es sich um den Stich handelte, öfter sehr frei um: von der Vierge au perroquet entstand ein Stich, der nur Mutter und Kind ohne Joseph, ohne den landschaftlichen Grund und den Papagei, mit bloß angedeuteter Architektur enthält, und hiermit entstand ein Muttergottesbild für jedes Haus, ohne die spezielle Intimität, die dem berühmten (1614 entstandenen) Gemälde des Museums von Antwerpen innewohnt.

In den Stichen tritt nun der große Kolorist ohne die Farben vor das Volk und gewinnt schon durch Komposition, Formen und Licht einen glänzenden und eigenen Ruhm. Und für diesen durfte er doch wahrlich eine lebendige Empfindung haben und namentlich den großen, stark belebten Szenen schon in ihrer frühen, vielleicht noch überreichen Gestalt die weiteste Verbreitung gönnen. Kenner seiner Malerei mochten ohnehin schon aus den Stichen oft Farben und ganze Farbenfolge erraten, wie er sie beabsichtigte oder bereits angewandt hatte. Daß er auch etwa an den Jahrmarkt dachte, zeigen die Holzschnitte des aus Deutschland nach Antwerpen eingewanderten Christoph Jegher, für den er unter anderem die köstliche „Ruhe auf der Flucht“ eigens komponierte und noch in seinen spätesten Jahren eine besonders angeordnete Redaktion des „Liebesgartens“ zeichnete, als der Ruhm — dieser ursprünglich sehr vertraut gemeinten — Szene durch alle Mauern gedrungen war. Sonst aber gingen die Großstiche ihren mächtigen Gang weiter, und für die Kenntnis der Gesamtschöpfung des Rubens sind sie in mehr als einer Beziehung nicht zu entbehren. Einzelne gewaltige Tierkämpfe z. B. möchten nur in den betreffenden Stichen vorhanden sein; die furchtbarste Eberjagd kennt man, soviel wir wissen, nur aus Soutmans Stiche; welche Höhe des Verständnisses aber die Schule auch in diesen Gegenständen erreicht hatte, zeigt vor allem das glorreiche Beispiel der Löwenjagd von München, da man Bolswerts herrlichen Stich mit dem altberühmten Original vergleichen kann. Landschaften waren längst eine der weltbekanntesten Äußerungen des Antwerpener Kunstgeistes in Malerei und Stich, und nun trat auch hier Rubens auf den Plan, und in ganz besonderen Stunden seiner Laufbahn, schon von Italien an, schuf er jene jetzt über Europa zerstreuten Bilder, vom einfachsten Anblick der Natur bis zum Hochphantastischen und zur meteorischen Katastrophe, deren weiter zu gedenken sein wird, und wiederum war es hauptsächlich Bolswert, der vieles von diesem Unvergänglichen durch eine Reihe von Meisterstichen der Welt verdolmetscht hat. Ohne eigene und tiefe Studien, namentlich des Waldes, unter der Leitung des Meisters, würde er dies nicht vermocht haben.

Endlich konnten unter besonderen Umständen sogar Stiche entstehen, welche die ihnen entsprechenden gemalten Bilder in der Wirkung übertreffen. Jene neun Allegorien vom Triumph des Glaubens für Don Philipp IV., so viele davon wir in der Grosvenor Gallery zu London und im Louvre gesehen haben, sehr groß in Öl, auf Tuch, von geringeren Schülern ausgeführt und zum Teil sehr mangelhaft erhalten, können neben den Stichen des Bolswert (wovon uns vier zu Gebote stehen) nicht aufkommen, denn diese erwecken geradezu ein höheres Gefühl der Darstellung. Rubens hatte in diese Kompositionen mehr von seinen besten Kräften hineingelegt, als der heutige Geschmack gerne zugeben wird; an der Ausführung in Teppichen, wozu sie bestimmt waren, mochte ihm wenig gelegen und die Aussicht darauf eine zweifelhafte sein, und indem nun statt der Teppiche die großen gemalten Tuchflächen nach dem fernen Spanien gingen, rettete er sich deren Andenken offenbar durch sorgfältige Zeichnungen oder Grisaillen, die seinem großen Stecher als Vorlage dienten, und diese Zeichnungen waren wohl eigenhändig.

Jene Franzosen aber, von welchen die Rede gewesen ist, waren einer richtigen Ahnung gefolgt, als sie sich rechtzeitig und reichlich mit Stichen nach feurigen Schöpfungen des Rubens versahen. Die Zeiten waren ja nicht so ferne, da sie in Stichen von weit höherer Vollendung und Eleganz, als diese Blätter von Antwerpen sind, nämlich in denjenigen eines Edelinck, Nanteuil, Audran usw., die kalten Gerichte eines Lebrun und Genossen, samt Poussin, vorgesetzt bekommen sollten.

IV.

Das Urteil über Formenbildung und Kolorit bei Rubens bleibt wesentlich Sache der Künstler, und was der Laie sich etwa vorbehalten kann, sind nur Einzelbeobachtungen, welche die Stellung eines Werkes innerhalb der Gesamtproduktion des Meisters betreffen. Gerade Rubens aber macht hier die Konstatierung des Tatsächlichen nicht leicht, weil bei ihm alles einzelne in so hohem Grade als Teil und Wirkungsmittel eines höchst belebten Ganzen, also in seiner Relativität, in Erscheinung zu treten pflegt.

In betreff seines persönlichen Geschmackes bekennt er sich selbst (1618) als „vernarrt in Antiken“. Allein er wußte sehr wohl, daß Farbe nicht Stein sei, und die gewaltige Reihe der Wesen „vom Himmel durch die Welt zur Hölle“, die er lebendig vorzuführen hatte, mußten ganz seine eigenen Gebilde werden, wenn sie ihn freuen sollten: es ist seine Persönlichkeit in geheimnisvoller Verbindung mit einem überaus reichen Bildungsgang und mit denjenigen Traditionen der großen damaligen Kulturwelt, die auch allen anderen Malern zugute kommen konnten. Womit sich dann Bewunderung oder Mißbilligung späterer Zeiten auseinanderzusetzen hat, sobald der Zauber so groß ist, daß das Ignorieren ganz unmöglich wird. Ob nun Rubens wesentlich als Naturalist, ob er im großen als Nachfolger der Venetianer zu gelten habe, ob seine Macht und Originalität hiervon irgendwie bedingt gewesen sei, mag hier außer Frage bleiben. Zugegebenermaßen wird nun im Bau seiner Gestalten vom Skelett an oft die Idealität, die Auswahl der Typen nach der Vollkommenheit vermißt, und schon der bisweilen unschöne und derbe Schritt seiner männlichen Figuren hängt hiermit zusammen. Freilich, bevor man weitergeht, tritt hiergegen, zumal in eigenhändigen und wohlerhaltenen Bildern, bis zur Betörung in den Vordergrund die anerkannte Pracht seiner Behandlung des Fleisches als solches, die berühmte Schönheit des Nackten und seine Erscheinung im Licht und im Helldunkel, samt seiner Verwertung im Gemälde überhaupt, wo seine Töne zusammengestimmt sein können mit einer nur hier erreichten Skala von ganzen und gebrochenen, von tiefleuchtenden oder sanft schimmernden Farben der Gewänder und der Umgebung. Auch hat ja diese Karnation ihre eigene Entwicklungsgeschichte von dem noch lichtgelblichen Ton der italienischen Zeit bis zu den Zinnobertönen und Ultramarintönen und bis zum Ersatz der Schatten jugendlicher Leiber durch den Karmin; ja, schon ziemlich frühe Bilder, wie z. B. (in Kassel) Jupiter in Gestalt der Diana mit Calisto, genießen den Ruhm einer vollständigen Modellierung fast ohne Schatten. Außerdem hat Rubens die nach Geschlecht, Alter und Lebensstellung so sehr verschiedene Haut seiner Gestalten mit der größten Wahrheit zu charakterisieren gewußt.

Einstimmig ist nun, was den männlichen Akt betrifft, die Bewunderung für die Christusleiche in der großen Kreuzabnahme des Domes von Antwerpen, sowohl wegen der Vollkommenheit der Formen als wegen der in keiner anderen Kreuzabnahme übertroffenen, ja auch nur erreichten schönen Schiebung. Sehr verschieden dagegen lauten die Künstlerurteile über den Christ à la paille des Museums von Antwerpen über die mehreren Darstellungen der Pietà, über die liegende, stark verkürzte Christusleiche der Trinitätsbilder, endlich über die Darstellungen des Gekreuzigten, sei es des einsamen auf dunklem Wolkengrund, sei es der Mittelfigur eines Golgatha oder derjenigen einer Kreuzaufrichtung, wie die berühmte des Domes von Antwerpen; in einigen der genannten Fälle aber ist die Eigenhändigkeit zweifelhaft oder wird preisgegeben. Eine besondere Würde und Schönheit hat die Christusleiche in der großen Pietà vor der Grotte, einem noch frühen Bilde des Museums von Brüssel. Unter den belebten Christusgestalten wird derjenigen der Geißelung in St. Paul zu Antwerpen (zwar nur teilweise eigenhändig) die höchste Meisterschaft zuerkannt, nur ist die Wirkung zweifelhaft, indem Christus, obwohl an der Säule angebunden, seinen vier Peinigern scheint entweichen zu wollen; der Christus mit den großen Sündern in dem prächtigen Bilde der Pinakothek von München hat nur eine mittlere Idealität des Leibes, und derjenige in der Fürbitte der St. Theresia (Museum von Antwerpen) ist eher ein geringer Leibestypus, während der Kopf einen hohen venezianischen Adel offenbart. Über den Christus mit St. Thomas (ebendort) kann man sogar wegwerfende Urteile lesen. Derselbe große (und allen Lesern sonst sehr werte) Kenner, Fromentin, der sich hier in diesem Sinne äußert, erteilt ein höchstes Lob dem vollen Leben des Nackten in zwei Fischern des Bildes vom wunderbaren Fischzug (in Unser Frauen zu Mecheln). Andere nackte heroische Gestalten haben schon von der italienischen Zeit an ein vollendetes Leben, wie es wenigstens kein italienischer Zeitgenosse übertroffen hat, und dabei sind es lauter spontane, frei dem Studium abgewonnene Schöpfungen. Es genügt z. B. zu sehen, wie seine mächtigen Wassergötter zwar in der Körperlichkeit den betreffenden römischen Statuen vom vatikanischen Nilgott an das Beste, in den Motiven aber nichts verdanken, denn diese hat der Meister stets neu geschaffen. Die jugendlichen Akte beginnen ebenfalls noch in Italien mit dem plebejisch großartigen St. Sebastian des Museums von Berlin, in jener damals noch gewohnten gelblichen und schon wundersam leuchtenden Karnation; streitig bleibt zwischen Rubens und van Dyck, in der Galerie Corsini zu Rom, die schöne, an einen Baumstamm gelehnte Leiche desselben Märtyrers, dem ein ebenfalls jugendlicher Engel das Band von dem einen Fuße löst. Andere bedeutendere, teilweise bekleidete Engelsgestalten finden sich z. B. in der Flucht des Loth (Louvre) sowie in der Münchner Anbetung der Hirten, als Racheengel oben in den Lüften beim Martyrium des St. Lievin (Brüssel) usw. Der klassische Ignudo idealer Art, sonst bei Rubens auch in den Mythologien nicht häufig, ist stattlich repräsentiert in der Galerie des Luxembourg, z. B. in dem Genius bei der „Geburt Ludwigs XIII.“, und mit dem Apoll des dortigen Olymp (des sogenannten „Gouvernement de la Reine“) hat Rubens offenbar den Apoll vom Belvedere in eine rasche Bewegung versetzt.

Der weibliche Akt war sehnlich gewünscht, und es gibt Beweise dafür, daß Rubens ihn gerne und freiwillig gewährte. Wo stand es in den alten Mythographen geschrieben oder auf antiken Reliefs oder Vasen ausgesprochen, daß die drei Töchter des Kekrops, Herse, Aglauros und Pandrosos, als sie das schlangenfüßige Kind Erichthonios in dem geöffneten Korbe vorfanden, nackt gewesen seien? Rubens aber in dem superben Bilde der Galerie Liechtenstein malte sie so, in hellem Licht vor einem feuchtdunklen Quellwinkel, in wundersamem Kontrast der Anblicke und gab ihnen noch bei: eine bekleidete Amme, einen eifrig mitbeteiligten Putto und ein Hündchen, ferner in Skulptur eine Nymphe als Brunnenfigur und draußen im sonnigen Waldraum eine gehörnte Panherme. Auch die Susanna im Bade, damals von allen Malern und Bestellern als Exhibition des Nackten aufgefaßt, hat doch in dem Bilde der Pinakothek von München in der Art des Rückenanblickes eine gern betonte Absichtlichkeit besonderer Art, und Rubens hat ganz unbefangen das nämliche Motiv in einer Antiope des Museums von Antwerpen wieder benützt (auch töricht als Vénus refroidie benannt); immerhin läßt sich in beiden Bildern eine komische Absicht nicht verkennen, zumal in den beiden Alten des ersteren Bildes, deren einer wie außer sich zwischen den Baumästen durchguckt, während der andere über eine Balustrade voltigieren will, und so ist auch der Jupiter als Satyr bei der Antiope possenhaft gemeint.

Beim Bau der weiblichen Gestalt unterschied Rubens zunächst ganz sichtbar zwischen den Gewandfiguren und den Nackten und bevorzugte die ersteren durch hohen schlanken Wuchs, wie ihn die heiligen Frauen des Altars des hl. Ildefons, diejenigen der Außenflügel der Kreuzaufrichtung und schon die hl. Domitilla auf dem Hochaltar der Chiesa nuova in Rom aufweisen. Unter diesen Gebilden findet sich auch das wohl einzige Beispiel einer unmittelbaren Anleihe des Rubens aus einem Motiv des Altertums, demjenigen der sogenannten Pudicitia. Es ist die in einigen auch vorzüglichen Marmorausführungen erhaltene stehende Gewandfigur mit ausgeladener rechter Hüfte, die oben mit der rechten Hand den vom Haupt niederfallenden Schleier faßt, wobei die Linke auf den linken Schenkel sinken oder sich nach der rechten Hüfte hinüber wenden kann. Sie kommt in mehreren der bereits genannten Gemälde vor, ganz besonders schön und passend dem Moment eingefügt in dem eigenhändigen Bilde der „Frauen am Grabe“ (Galerie Czernin in Wien); außerdem aber hat Rubens sie im sogenannten „Bild der Ceres“ (Ermitage) sogar als Statue abgebildet, umgeben von lebendigen Putten, die emsig damit beschäftigt sind, die Nische der Figur mit einem prachtvollen Fruchtkranze zu schmücken. Sonst ist ja Rubens an Bewegungsmotiven in bekleideten weiblichen Gestalten von Haus aus unermeßlich reich, wie z. B. schon der flüchtigste Überblick der Galerie des Luxembourg zeigt, und für die Ge-

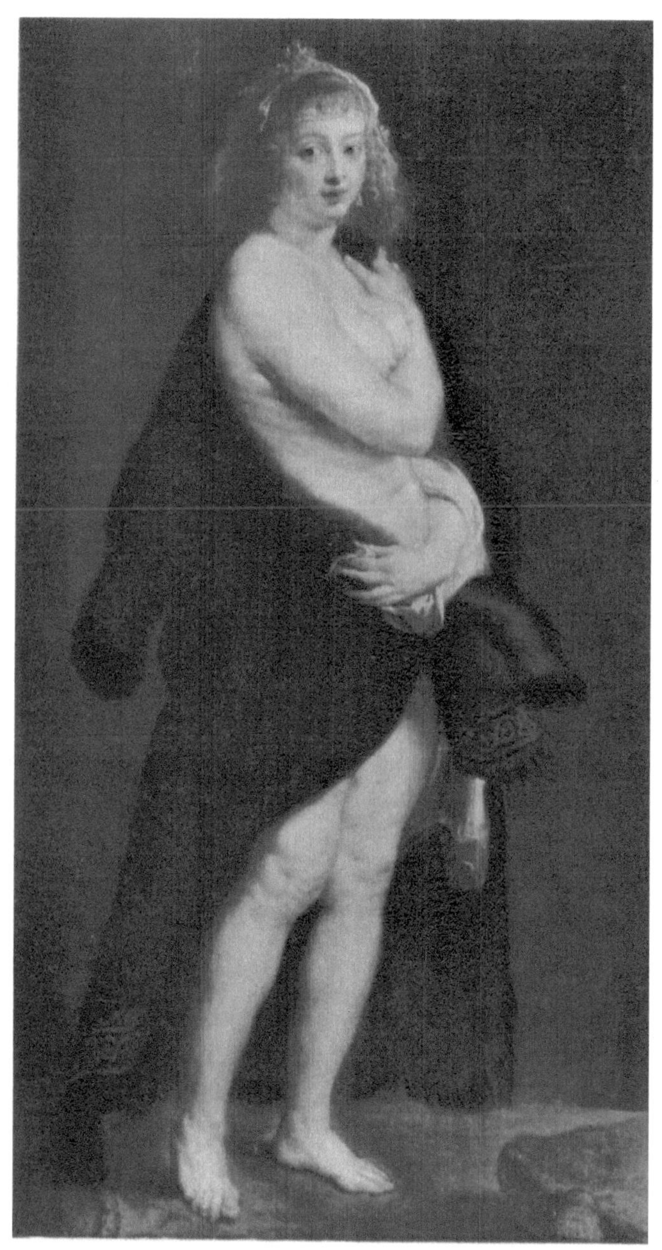

Helene Fourment im Pelzmantel (Het Pelsken)
Wien, Kunsthistorisches Museum

wandung als solche, sowohl für die ideale und sogenannte antike als für die elegante und prächtige seiner Zeit und Umgebung, bleibt er die wichtigste Quelle. Freilich ist die große malerische Gesamtwirkung, der er dies alles unterordnet, in der Regel derart, daß man dieser kostbaren Einzelaussagen erst allmählich innewird. Dazu seine völlige Unbefangenheit überhaupt, insofern all seinen männlichen wie weiblichen Gestalten ihre Tracht, welche es auch sei, so selbstverständlich vollkommen sitzt, als hätten sie nie etwas anderes getragen; so schon der heroische Kriegshabit, wie man ihn ziemlich obenhin von römischen Denkmälern abstrahiert hatte; so all die funkelnde Pracht von Samt, Seide und Schmuck, die das Auge ohne sonderliches Nachdenken mitnimmt, als könnte es gar nicht anders sein.

Das Nackte der weiblichen Gestalt aber kann, wie schon oben angedeutet, durch die bloße Schönheit der Epidermis im Bündnis mit Licht und Helldunkel einen Zauber üben, der allem poetischen Sachinhalt und aller Formenreinheit vorausgeht und das Urteil gefangennimmt. Wer sich hiervon auf das bündigste überzeugen will, betrachte z. B. in dem Berliner Bilde der durch Perseus befreiten Andromeda diese an sich so gleichgültige fette Person in ihrer blonden leuchtenden Fülle vom Haupt bis zu den Füßen. Auch gibt es ja ein sehr eigentümliches individuelles Geständnis des Rubens über die bei ihm so weitgehenden Grenzen der Möglichkeit des Schönen in dem als „het pelsken“ berühmten Bilde der Galerie von Wien, das seine Helena Fourment darstellt, wie sie zum Bade schreitet. (Offenbar aus der letzten Zeit.) Der nur leicht herumgelegte Samtmantel mit Pelz und einiges zarte Linnen, der neutrale Grund, der rote Bodenteppich heben hier, bei völlig eigenhändiger Ausführung einen ganz wunderbaren Leib und das reizvollste Haupt bis zu einer unvergleichlichen Wirkung empor, und der Beschauer wird zunächst völlig vergessen, daß Richtung und Formen der Beine und die balgartigen Hautverschiebungen an den Knien nichts weniger als vollkommen sind[19]).

Nun bleiben die weiblichen Formen je nach der allgemeinen Intension und der Umgebung außerordentlich verschieden an Schönheitswert, und der Grad der Eigenhändigkeit und guten Erhaltung fügt noch besondere Unterschiede hinzu. Auch in Schülerausführungen gibt es durchsichtige, lachende, glühende Karnationen und leuchtendes blondes Haar. In den zahlreichen Szenen, welche die Gesellschaft des Bacchus und der Jagdgöttin verherrlichen, können Nymphen und Mänaden von prachtvollem Vortrag und dabei von jeglichem Adel weit entfernt sein, und das dargestellte Medium wird öfter durch Zutat von Mohrinnen und Pansweibern vervollständigt. Den Gattinnen oder Geliebten der Wassergötter wäre wohl eine nicht gar zu zarte Bildung zuzutrauen, und doch ist die Geliebte des Poseidon in dem berühmten Schönbornschen Bilde (Museum von Berlin) edler gestaltet und schon durch das Helldunkel einem vornehmeren Dasein zugewiesen. Im Abschied des Adonis, einem nur kleinen, herrlich zart durchgeführten Bilde der Uffizien, sind die drei links kommenden Grazien sehr schön gebildet und bewegt, und in den drei schlafenden Nymphen im Walde, die von Satyrn bedroht werden (Pinakothek von München, mit Landschaft von Jan Breughel), wird man zwar wohl die minder edlen Stellungen tadeln, so höchst wahr auch darin das jagdmüde Hingesunkensein verbildlicht ist, die Formen aber sind von den reinsten und feinsten.

Sein Höchstes in nackten Göttinnen bei mäßiger Bewegung hat Rubens wohl erreicht im Urteil des Paris, und zwar in dem spätesten, vollkommensten Exemplar (National Gallery); für Heftigkeit des Momentanen und voll entwickelte leibliche Pracht dagegen, da zwei Körper vom wundervollsten Umriß einander genau durch die Gegensätze ergänzen, sind die von den Söhnen des Boreas entführten Töchter des Leukippos (Pinakothek von München) wohl nie mehr erreicht worden. Von diesem Bilde strahlt das riesige Kunstvermögen des Rubens nach verschiedenen Seiten aus, und es wird von demselben noch weiterhin die Rede sein; alle anderen Entführungen treten ja daneben in bescheidenes Dunkel zurück, und die Vehemenz allein vollbringt solche Wunder nicht.

Die liegende — schlafende oder kaum erwachte — Nackte der großen Venezianer seit Giorgione (meist als Venus benannt) hat Rubens gewiß in den vorzüglichsten Beispielen gekannt, auch von ähnlichen Gestalten der seitherigen Italiener wohl Kunde gehabt, aber sein Geschmack oder derjenige seiner Besteller ging nicht nach dieser Seite, und es gab überhaupt von ihm wohl keine Bilder, die man hinter Vorhängen hielt. Die unseres Wissens einzige Ausnahme ist stark ins Momentane gerückt und der Schlummer kein freiwilliger: es ist das eigenhändige Bildchen der Galerie von Wien, das die Angelika des Ariosto (Orlando, Ges. VIII, Str. 28) in der Gewalt des Eremiten darstellt, der sie durch Zauber eingeschläfert hat; bei gänzlichem Mangel jeder Idealität und unschöner Verkürzung doch einer der wunderbarsten Leiber, die der Meister je geschaffen, mit Licht völlig erfüllt (Variante im Haag).

In denjenigen Allegorien, die mit mehreren Varianten die Gefährdung des Erdenglückes durch den Krieg darstellen (unter anderem in der Pinakothek von München), hat die nackte Gestalt der Mitte, die man als Venus, auch als Familienliebe deutet, hie und da unleugbar Bildniszüge. So in dem Bilde der Uffizien, das irrig als Herkules am Scheidewege erklärt wird, während, in der Mitte zwischen Liebe und Kampfespflicht, ein Held dargestellt ist, der trotz des Löwenfelles keineswegs Herkules zu sein braucht. Dagegen ist die Nackte in dem spätesten und herrlichsten dieser Bilder, der Allegorie des Krieges im Pal. Pitti (1638), eines der schönsten Idealwesen des Rubens, und er selbst spricht in einem Briefe davon als von einer Venus.

Zum Schlusse dieser Aufzählung mögen seine Darstellungen der drei Grazien oder, wie man will, der drei Horen erwähnt werden, die diese Gestalten in stets neuen Formen und stets neuen Verbindungen untereinander zur Anschauung bringen (Museum von Madrid, Uffizien, Akademie von Wien usw.). Man müßte alle diese so stark voneinander abweichenden Motive aus sehr verschiedenen Zeiten der großen Laufbahn einer parallelen Betrachtung unterziehen, um dem Phantasiereichtum des Meisters in einer scheinbaren unvermeidlich identischen Gruppierung nahezukommen; man fände alle denkbaren Anblicke des ruhig stehenden nackten Leibes vom beinahe völligen Profil bis zur Vorderansicht und Rückenansicht, jede schöne Wendung des Hauptes, jede anmutige und unbefangene Verschlingung der Arme und Bewegung der Hände. Von den betreffenden Antiken, der Gruppe von Siena und den Reliefs, bleibt Rubens formal unabhängig, und die pompejanischen Grazienmalereien ruhten noch unter der Erde.

Eine kleine Episode über die Hände bei Rubens im allgemeinen möchte hier wohl an ihrer Stelle sein. Er war hierin nicht bloß ein Künstler, auch nicht bloß ein Mann von Erziehung, sondern auch ein delikat empfindender Mensch, und die langjährige Kenntnis des italienischen Volkes und seiner Gebärdensprache war nicht wirkungslos geblieben. Er hatte gar nirgends die schreiend ausgespreizten Finger wie die römische Schule, wie Caravaggio und später namentlich die Franzosen, seine Finger nähern sich immer einander und sind gelinge gebogen und zur Ausdeutung jedes edlen und kräftigen Gefühls geeignet. Alles Anfassen ist anmutig und selbst bei den heftigen und geringen Leuten nie plump, obwohl er auch die mächtige Kriegerfaust deutlich genug zu bilden vermag. Für spezielle Zwecke weiß er auch speziell zu reden; eine im Erstaunen vorgestreckte Hand gibt er, von vorn gesehen, in glücklichster Verkürzung, die Hände eines Blinden vorwärts schwebend oder tastend. Weibliche Hände sind im Gestus, welcher es auch sei, von einer vornehmen Süßigkeit, und die sechs Hände und sechs Füße eines Horenbildes wie desjenigen der Akademie von Wien (wo die Horen den Blumenkorb tragen) wird man ohne stetes wachsendes Erstaunen nicht wiedersehen. Vor allem aber findet das Weihevolle und Heilige hier einen höchsten Ausdruck. In den Bildern von Marien Himmelfahrt reiht sich Schönes an Schönes von den segnend waltenden Händen der Jungfrau bis zu den entzückt aufgehobenen der Jünger, und weit über die bloße Vielartigkeit einer unvergleichlichen Kunst hinaus redet hier ein tiefes Gefühl. Betende Hände, ob sie bloß gegeneinander geneigt oder gefaltet seien, haben neben allem Guido Reni und Sassoferrato ihre ganz eigene Schönheit, und die gerungenen Hände der büßenden Magdalena (Galerie von Wien) werden kaum mehr zu übertreffen sein. Und wenn (in derselben Galerie) St. Ambrosius den Kaiser Theodosius vor der Kirchenpforte abweist, so möge der Beschauer, der von dem dramatisch so wunderbaren Ganzen ergriffen worden, sich doch auch noch Rechenschaft davon geben, wie die Hände und die mächtigen Arme des Kaisers und seiner Adjutanten aufgewogen werden durch die gelind ablehnende Hand des großen Erzbischofs. Und nun erst die Hand des Wundertäters, die dessen Weihespruch begleitet, jene unvergeßliche Rechte des hl. Ignatius mit den Besessenen (ebenda), die genau die obere Mitte des gewaltigen Bildes bezeichnet! Und wie diese gegen einen dunklen Grund, so ist jene gegen helle Wolkenluft gesetzt (ebenda), die des Leben und Genesung spendenden St. Franz Xaver, während seine Linke nach dem Himmel deutet. — Das Emmaus des Rubens, das uns nur im Stiche bekannt ist, erzählt schon in den acht sichtbaren Händen den großen Moment des Erkennens, man möchte sagen vollständig. — Vorzügliche Hände von Schlafenden, eine aufgestützte, eine hängende und zwei liegende, findet man in einem sehr weltlichen Bilde der Galerie von Wien, der Novelle des Cimone aus Boccaccio, und zum Schluß mag (ebendort) das späteste Selbstporträt des Rubens erwähnt werden, wo die Linke nobel auf den Degengriff gelehnt, die Rechte (die Malerhand, jetzt vielleicht als Andeutung der Gicht) im Handschuh gegeben ist.

Seine Stecher, deren Hände fast immer vortrefflich sind, wurden wohl von ihm hierfür ganz eigens in Schule und Pflicht genommen.

V.

Der Putto, das nackte Kind, das mit dem 17. Jahrhundert die Zeit seines größten Verbrauches in Malerei und Skulptur antrat, hatte schon eine lange Vorgeschichte durchlebt. Die niederländische Tradition der letzten manieristischen Zeit wollte hier für Rubens wenig oder nichts besagen, und für ihn begann die Aufgabe in Italien als eine neue. Hier fand er in der religiösen, mythologischen und dekorativen Kunst den Putto bereits in großer Profusion vor, wobei man doch nicht übersehen darf, daß durch die beiden heiligen Kinder, den Bambino und den kleinen Johannes, der Typus und das Studium immer in einer beträchtlichen Höhe waren gehalten worden. Unter den Meistern der vergangenen Kunst, die hier den größten Eindruck auf Rubens gemacht haben können, wird man auf Andrea del Sarto raten dürfen und vor allem auf Tizian mit den Putten der Assunta, der Madonna Pesaro, des S. Pietro martire, während es ungewiß bleibt, ob Rubens schon damals das sogenannte Venusfest oder Kinderfest aus dem ehemaligen Besitz des Hauses Este zu sehen bekam, denn dies nebst anderen tizianischen Bildern war in jenen Jahren untergetaucht und erst viel später, in königlich spanischem Besitz, hat er es nebst den anderen kopiert. Von vielen marmornen Kinderfiguren des Altertums in Relief und Freiskulpturen war er gewiß entzückt, wußte aber von allem Anfang an, daß dies eine von der seinigen geschiedene Welt sei.

Und nun entsteht in völlig unabhängiger, wenn man will naturalistischer Begeisterung sein frühestes bekanntes, weltliches Puttenbild: Romulus und Remus mit der Wölfin (Galerie des Kapitols), beruhend auf gänzlich eigenen Studien, unbehelligt zumal von all den künstlich bewegten Bambini und Eroten des Giulio, die in Mantua den Beschauer umdrängten. Willkürlichkeiten der Formengebung, die auch in späteren Putten des Rubens wiederkehren, sind nicht ganz zu leugnen, aber der Maler hat wenigstens dem ersten nackten Kinde, das er darstellte, den Ausdruck des Entzückens gegeben: während Remus saugt, jubelt Romulus laut auf, offenbar wegen der gefundenen Pflege, die Wölfin aber wendet, wie erstaunt, den Kopf gegen die beiden Kleinen; still und ungesehen ruhen dabei im hohen Schilf der Tibergott und seine holde Geliebte; das Erdenleben endlich sendet von draußen seinen Boten in den Wunderhergang, den braven Hirten Faustulus. Und nun — die gelehrte Mythenforschung in Ehren! Sollten wir aber nicht einfach am besten tun, wenn wir uns der völligen Glaubhaftigkeit der herrlichen Szene überließen?

Heimgekehrt, schuf dann Rubens bald die Putten oben im Mittelbild des St.-Ildefons-Altares, die unübertroffenen, und mit diesen haben vielleicht seine schwebenden Engelskinder begonnen. Letztere aber sind und bleiben bei Rubens beinahe ein und dasselbe Volk mit den profanen Genien. Es sind Knaben und Mädchen, Blonde und Brünette, Zärtliche und Derbe, und in der Sonderwelt des bacchischen

Kreises kommen auch kleine Pankinder hinzu; und wenn man von Rubens nichts übrig hätte als all diese Kleinen, so schiene es, als hätten dieselben schon für sich ein großes Künstlerleben ansehnlich ausgefüllt; jene nämliche Illusion, die man auch an anderen Stellen bei Rubens empfindet. Scharenweise, girlandenweise hat er diese köstlichen Wesen nicht selten dargestellt, und in der Vierge aux anges (Louvre) hat dies seinen besonderen Sinn, denn mit den etwa vierzig Kindern, welche die Muttergottes mit dem schönen Bambino rings schwebend umdrängen, sind die Unschuldigen von Bethlehem gemeint, und dies ist angedeutet durch ihre Flügellosigkeit und hie und da durch Märtyrerpalmen in ihren Händen. Wer aber könnte jene zwei Bilder der Pinakothek von München vergessen, den „Blumenkranz“ und den „Früchtekranz“? Dort erscheint, wie als Gemälde in einem Rahmen, eine der lieblichsten Madonnen, die das Christuskind majestätisch vortreten läßt, und der reiche Kranz (von Jan Breughels Hand), der sie im Oval umgibt, ist umschwebt und gehalten von elf[20]) herrlich abgestuften und überaus lebendig unter sich verkehrenden Putten; — hier hat Rubens einen altbekannten italienischen Kunstgedanken, Putten als Träger eines fortlaufenden Festons, zu einer wundervollen Gruppe von sieben kräftigen Kindergestalten verdichtet, die, zum Teil in sichtbarem Amtseifer, einen mächtig reichen Kranz von Früchten daherschleppen. Vielleicht trifft in derselben Galerie mit ihrem Schatz von Rubens-Bildern das Auge zufällig noch auf manchen Putto, der einer besonderen Erinnerung würdig ist. Im großen Dreifaltigkeitsbilde, einer Werkstattproduktion, ruhen die Füße der göttlichen Personen auf einer schwebenden Weltkugel mit drei Putten: einer hilft sie tragen, der zweite will sie umspannen, den dritten möge man daran emporklettern sehen! — Im Bilde des Kindermordes hat Rubens (welcher doch hier in der Tat nur mit Raffael und Guido konkurriert) mit allem Aufwand seiner Kunst das getötete und das im letzten Aufschrei begriffene Kind dargestellt. Endlich aber findet sich hier als kleine eigenhändige Improvisation dieselbe Darstellung des St. Christoph mit dem Eremiten, die kolossal auf den Außenflügeln der Kreuzabnahme im Dom von Antwerpen wiederkehrt, wo man sie zu leicht übersieht: gegenüber der zudringlichen Blendlaterne des Einsiedlers schlägt das Christuskind den roten Mantel des guten Riesen, in welchen es bisher eingehüllt gewesen, auseinander: „Siehe, wer ich bin!“

Vier Jahrzehnte nach Rubens wurde (1618) Murillo geboren, dessen Puttenwelt allein im großen und ganzen der seinigen entgegengestellt werden kann, und auch Murillo war ja ein innerlich beglückter Mensch, was hiebei sogar in besonderen Betracht kommen könnte.

Der Mythus mit seinen Eroten bleibt hier aus; auch die irdisch verkehrenden Putten (welche noch ihren besonderen irdischen Ausgang in die wundervolle Betteljugend von Sevilla gewinnen) sind kleine Gehilfen des Heiligen, wenn auch bis an die Grenzen des Humors, und hier kann Murillo dem Rubens nahe verwandt sein; dann aber folgen seine Christuskinder und Johanneskinder, die an Enthusiasmus der Auffassung und an überirdischer Schönheit dem ganzen übrigen 17. Jahrhundert überlegen sind; endlich das Reich der schwebenden Putten, das Gefolge der himmlischen Erscheinungen und besonders der Altarbilder von Marien Empfängnis. An Wonne und Wehmut offenbaren diese wie leicht hingewehte Wesen, was kein anderer Meister mehr in so lieblichen Formen und Bewegungen hat sagen können, und auch die schönsten Schwebeputten des Rubens werden neben ihnen etwas derb erscheinen. Und doch hat auch dieser hier vieles vorausgeahnt. Die lichte, blumige Karnation in der silbernen Wolkenluft, das leichte Schweben dieser „oiseaux célestes" (Fromentin), die möglichste Vermeidung des Kopfüber und die Anmut ihrer Verkürzungen überhaupt, endlich der tizianische Schimmer von jenen Altarbildern in Venedig her bringen doch einen Eindruck hervor, dem sich vielleicht auch der noch junge Murillo (1642) nicht hat entziehen können, als er in Madrid und im Eskorial die Gemälde des königlichen Besitzes studierte; unter diesen aber befanden sich so viele und wichtige von Rubens, und vielleicht solche, die Putten dieser Art enthielten.

In Altarwerken, abgesehen von den Himmelfahrten, ist Rubens sonst eher sparsam mit Putten, zum Unterschied von berühmten italienischen Zeitgenossen, welche nur allzuoft schon die Madonna des gewöhnlichen Gnadenbildes, statt sie inmitten der Heiligen weilen zu lassen, in die Wolken hinauf versetzten und ihr dann ein ganzes Gefolge von erwachsenen Engeln sowohl als zahlreichen Putten und Cherubsköpfchen beigeben mußten; Rubens läßt diese Kinder nur in bestimmter, durch das Ganze gerechtfertigter Funktion auftreten; die beiden sehr kräftigen, im Dreifaltigkeitsbilde des Museums von Antwerpen z. B. zeigen, bitter weinend, die Marterwerkzeuge vor; ja, er weiß Situationen für sie eigens zu erdichten. In der „Ruhe auf der Flucht", jenem obenerwähnten, von ihm vorgezeichneten Holzschnitt, könnte das auf dem Schoße der Mutter schlummernde Kind von dem Lärm erwachen, indem zwei Putten an einem Lamme zerren, ein dritter muß sie nun zur Stille weisen, indem er auf den Bambino hindeutet. Weiteres aus dem Leben der heiligen Kinder im Freien erfährt man aus einem köstlichen Bilde der Galerie von Wien und dessen vorzüglicher Schulwiederholung in Berlin: Das Christuskind und der kleine Johannes auf der Erde gelagert, im Geleit zweier geflügelter Putten, deren einer dem Johannes das Lamm herbeibringt, während diesem der himmlische Knabe nachdenklich die Wange streichelt; derselbe ist hier deutlich hervorgehoben durch edlere leibliche Bildung und durch dasjenige wundersame Blond, das Rubens gerne seinen Auserwählten gönnt. In mehreren Varianten kommen auch die beiden heiligen Kinder, allein mit dem Lamm beschäftigt, in einer Waldlichte vor, wiederum wie in einer Vorahnung des Murillo.

Für die profanen Putten gibt es nun wohl ein Beispiel der allergrößten Verschwendung in dem prächtigen „Venusfeste“ der Galerie von Wien. An dem Fruchtkranz und Vorhang, der sich durch die Baumkronen zieht, schwebt ihrer eine ganze Wolke daher, vor der Göttin herum tanzt der Hauptreigen, und rechts bewegt sich noch ein zweiter Reigen, nicht zu reden von den in allen möglichen Momenten einzeln durch das umfangreiche Bild zerstreuten. Dasselbe macht den Eindruck eines sehr freien Weiterphantasierens an jenem Kinderfest Tizians, das Rubens nebst anderem bei seinem zweiten Aufenthalt in Madrid kopiert hatte[21]); nur war dem Tizian an einem höchst unbedenklichen Gewühl ganz junger Kinder gelegen gewesen, und sein Werk, etwa aus dem vierzigsten Lebensjahr, gehörte seinem aufsteigenden Gestirn an, und daneben allerdings erscheinen diese Rubens-Putten etwas konventionell gebildet, auch bei der naivsten und lebendigsten Erfindung. Daß Rubens aber sonst eher ökonomisch verfuhr, auch in der weltlichen Malerei, zeigen die allegorisch-historischen Bilder. Von den fünf Putten der Allegorie des Krieges (Pal. Pitti) sind vier im Hergang unentbehrlich; in der ganzen Galerie des Luxembourg hat nur der „Austausch der Prinzessinnen“ einen ätherischen Willkommreigen, während sonst nur ausnahmsweise Putten, dann aber auserwählt schöne und an sprechender Stelle, auftreten, wie z. B. die beiden mit Fackeln auf dem Löwengespann reitenden am Wagen der Stadt Lyon. — Im „Urteil des Paris“ sind auf dem vollkommeneren und reiferen Exemplar, demjenigen der National Gallery, mehrere Putten weggelassen, die sich auf dem etwa zehn Jahre älteren zu Dresden noch finden. Der Meister bringt sie, abgesehen von jenem Venusfest, nur vor, wo er sie beschäftigen kann, und dann bisweilen mit dem allerschönsten Humor, wie z. B. jene fünf des Andromeda-Bildes im Museum von Berlin, wo sie die Fesseln der nackten Heldin lösen, und beim Flügelroß des Perseus, jenem vertraulichen Apfelschimmel, einander heraufhelfen und den Stallmeister machen. Mit den furchtbarsten Tieren treiben sie Spiel und Jubel, und schon Romulus und Remus sind bei der Wölfin wie zu Hause; und nun hatten schon seit hundert Jahren in Rom alle Maler den Amor mit dem Löwen in antiken Skulpturen gekannt, und auch den kolossalen Nilgott des Vatikans, dessen Putten sich nicht nur mit dem Ichneumon, sondern auch mit einem Krokodil vergnügen. Erst der große Niederländer aber, in dem berühmten Wiener Bilde der vier Weltströme, bewaffnet mit der vollen Glut seiner Farbe, bringt die wirklichste Gegenwart seiner Bestien zusammen mit den holdesten und fröhlichsten Putten.

In freiem Freskovortrage hatte Annibale Carracci in einem jetzt demolierten Gebäude zu Rom jene Szenen aus der Geschichte der Psyche gemalt, welche in neuerer Zeit in die Galerie des Kapitols übergetragen worden sind, und Rubens könnte dieselben einst gesehen haben. In großen Nebenfeldern sind Putten dargestellt, in spielender Bändigung von Tieren begriffen, eines Löwen, einer Löwin, einer Wölfin und eines Esels, mit welchem auf den verwandelten Lucius des Apulejus angespielt sein wird, alles nicht ohne einen Zug von Großartigkeit, und da wir die übereinkömmliche Mißachtung des Annibale unmöglich teilen können, so halten wir es für ein Glück, daß in jenen Zeiten zwei mächtige Meister in verschiedenen Stilen sich über Tiere mit Putten ausgesprochen haben. Wie aber Rubens hie und da auf Tizian zurückweist, so Annibale in der Bildung dieser Putten auf diejenigen des Raffael in der Camera della segnatura, da, wo — im oberen Abschluß der Wand der Gesetzgebung — die drei sitzenden Frauen: Klugheit, Mäßigkeit und Stärke mit fünf herrlich gestalteten und belebten Kindern zusammengruppiert sind.

VI.

Schönheit und seelischer Ausdruck sind in der Kunst des neueren Weltalters überhaupt und in den weiblichen Köpfen höheren Ranges ganz besonders nicht getrennt zu denken. Bei Rubens kann nun hier lehrreich sein sowohl das schnell Hingeworfene als das sorgsam Durchgeführte, das Eigenhändige wie die Arbeit der Werkstatt, das Ruhige wie das vom Moment Beseelte und Hingerissene, sobald irgend noch der Meister deutlich daraus spricht. Aus einer unermeßlichen Reihe von Existenzen, welche ihm das Dasein verdanken, müssen sich in Betracht seiner Frauenbilder allgemeinere Wahrnehmungen gewinnen lassen. Öfter hat man allzu leichthin in dem Stattlichen und Reichlichen einen provinzialen Typus erkennen wollen und z. B. von „flandrischer Derbheit" gesprochen, während doch Antwerpen von alters her zu Brabant gehört hat, auch dürfte noch nach dieser Berichtigung Umschau gehalten werden an Ort und Stelle, sowohl im Volksverkehr als in den noch vorhandenen alten Familien, ob sich wirklich heute ein solcher Typus als vorherrschend nachweisen ließe. Für die Zeit des Rubens selbst aber zeugen seine weiblichen Bildnisse, welche doch, abgesehen von den fürstlichen, wohl fast lauter Damen von Antwerpen darstellen und vom allerverschiedensten Anblick sind. Vielleicht hat man zu einseitig aus der reichen Schönheit seiner Helena Fourment allgemeine Schlüsse gezogen und etwa noch aus mehreren Bildern des Jakob Jordaens jene prächtige Erscheinung hinzugenommen, welche deren Mitte einzunehmen pflegt und auch als besonderes Bildnis vorkommt. Es ist dessen Gemahlin Katharina, die Tochter des Adam van Noort, welcher einst auch Lehrer des Rubens gewesen war, und dieser wird sie von ihrer Jugend an wohl oft gesehen haben, aber über seinen Typus hat sie gewiß nicht entschieden.

Vor allem hat er diejenigen Züge, die für ihn an großer und wichtiger Stelle die idealen waren, gewiß aus eigensten Kräften als solche proklamiert. Es sind zunächst allerdings nicht diejenigen, die dem Abendland so lange als das höchste Erreichbare erschienen sind, die der heiligen Frauen des Lionardo, des Raffael, des Fra Bartolommeo usw., an deren Bewunderung und Nachahmung damals seit hundert Jahren auch so manche Niederländer sich angestrengt hatten. Es sind auch nicht die der Venezianer, und bei Tizian hat Rubens nicht bloß der Assunta, sondern auch dem Zauber jener Köpfe Widerstand geleistet, unter welchen die „Flora" der Uffizien den Reigen führt. Auch mit der lebenden Nation, die er antraf, verhält es sich nicht anders: die schöne Italienerin, die bei van Dyck z. B. deutlich aus mehreren Madonnen spricht, gibt sich bei Rubens nirgends zu erkennen. Die Nachhilfe aus dem Altertum, aus den Niobiden, hat er seinem Zeitgenossen Guido Reni überlassen. Das höchst lebendige Neue, das er gibt und das bis heute weiterwirkt, stellt nicht äußerlich einen niederländischen Naturtypus dar, sondern es entspricht vermöge einer geheimnisvollen Divination dem inneren Empfinden seines Volksstammes. In diesem Sinne fassen wir die Worte Fromentins[22]) bei Anlaß von Kreuzaufrichtung und Kreuzabnahme des Domes von Antwerpen: „Mit diesen Bildern hatte Rubens die niederländische Formel des Evangeliums geoffenbart und den lokalen Typus der hl. Jungfrau, des Erlösers, der Magdalena und der Jünger festgestellt." Zwei Jahrhunderte früher hatte ja schon einmal Niederland eine große Umbildung dieser Art vollbracht und sich sogar der deutschen, französischen und spanischen Kunst als Vorbild in Formen und Ausdruck auferlegen können; diesmal lebte und wuchs zur Seite des Rubens eine unabhängige und mächtige Ausdrucksweise des Heilig-Schönen in Italien und in Spanien, und hier fand sich hinzu das Ekstatische und das Süße, wie es sich bei Rubens nicht oder nur selten fand; es war die Verklärung von anderen Typen, als die seinigen waren; und wir erkennen hierin kein Unglück, sondern einen Reichtum der Zeit.

Seinen gewissermaßen mittleren Typus darf man nun zunächst nicht aufsuchen im Hochpathetischen, in der schmerzhaften Mutter der Kreuzabnahme, des Christ à la paille, der Pietà der Wiener Galerie, und ebenso nicht in gesteigerten Glorien, wie die Himmelfahrten, sondern in den Gnadenbildern und in den Werken für die Hausandacht[28]). Zunächst ist es hier ein brünettes Haupt von reicher, bereits etwas matronaler Bildung, mit dem vorherrschenden Ausdruck der Güte; das dunkle Haar sehr mächtig; Augen und Mund von einer besonderen, höchst ansprechenden Bildung; die Textur des Fleisches reich, doch nicht üppig; mit dem Kopf der Isabella Brant, die doch brünett war, ohne irgendwelche Verwandtschaft. Es ist die Madonna des St.-Ildefons-Altars, der Vierge aux anges des Louvre, der Anbetung der Könige des Museums von Antwerpen; der Frau aus dem Volke erscheint sie genähert in der Hl. Familie mit der Korbwiege (Pal. Pitti), der vornehmen Dame in der Vierge au perroquet (Museum von Antwerpen), bis zur reinen Schönheit gesteigert in dem „Blumenkranz“ der Pinakothek von München (der Muttergottes mit den elf Putten). In der profanen und mythischen Welt wird man diese Züge wiederfinden, z. B. bei den Geliebten der Weltströme (Galerie von Wien) und auch in großen Historien, wo Rubens neben den Porträts und neben seiner realistischen Welterfahrung auch dieses sein besonderes Eigentum zur Geltung kommen läßt. Die Vorliebe des Meisters aber hatte das reiche Blond für sich, im Heiligen wie im Mythischen, im Bekleideten wie im Nackten, zu dem das ganz lichte und leuchtende Haar wunderbar gestimmt wird. In dem Bilde der heiligen Kinder (Galerien von Wien und Berlin) ist der kleine Christus von den drei übrigen hierdurch — und allerdings auch durch den Ausdruck des Auges — deutlich als der Herr unterschieden. Die Züge sind weicher als beim brünetten Typus, der Blick sanfter, auch gerne einer holden Wehmut zugeneigt. Doch wird man hier zuerst einer Gestalt des tiefsten Seelenschmerzes gedenken: der Magdalena am Fuße des Kreuzes im sogenannten Coup de lance (Museum von Antwerpen), wo sie ja entschieden die Hauptfigur des berühmten Bildes ist, und mit ihr sind nicht nur alle Magdalenen des Meisters dem Blonden geweiht, sondern auch anderswo solche weibliche Wesen, welchen der Meister seine höhere Gunst erweisen wollte: die Veronika der Brüsseler Kreuztragung usw. In den lebendigsten Kontrast, sowohl für die Formen als für den Ausdruck, hat Rubens die Brünette und die Blonde gesetzt, z. B. in dem obenerwähnten Bilde der Kekropstöchter (Galerie Liechtenstein), zahlreicher anderer Fälle dieser Antithese nicht zu gedenken, welche sich von selbst ergaben.

Die bejahrten heiligen Frauen, Anna, Elisabeth, welchen sich aus dem Volk auch etwa eine greise Mutter der anbetenden Hirten zugesellt, haben bei Rubens einen ganz herrlichen Ausdruck von Güte und Glück. Wir teilen sonst nicht die allzusehr geltende Richtung, in seinen Andachtsbildern Mitglieder seiner Familie nachweisen zu wollen, allein hier wird sich immer die Ahnung melden, er habe Züge und Wesen seiner Mutter verewigt. Auf einem Altar bei den Karmelitern zu Antwerpen strahlte einst das (jetzt im Museum befindliche) Bild von der „Erziehung der heiligen Jungfrau“ mit der schönsten heiligen Anna, die Rubens geschaffen hat[24]).

An diese Typen schließen sich natürlich Wandlungen aller Art an, auch Übergänge in das ganz Individuelle, und hier verrät Rubens deutlich eine Umgebung von schönen Frauen höheren Standes, denen er im „Liebesgarten“ ein ruhmvolles Gesamtdenkmal gestiftet hat.

Gerne mag nun auf weitere Nachweisung vorherrschender Typen bei Rubens verzichtet werden, sonst wäre z. B. jenes oft wiederkehrenden männlichen heroischen Kopfes in mittleren Lebensjahren zu gedenken, in dem man auch schon seinen eigenen zu erkennen geglaubt hat[25]). Wesentlicher möchte bleiben, seiner Fähigkeit und Kraft der Empfindung nachzugehen, die ja heute bei ihm nicht immer hochgeschätzt wird. Wahrnehmungen über seine Heiligen Familien und seinen Christus, den tätigen und den leidenden, können hier wenigstens einiges klarmachen. Hat Rubens auch jene Idealität großer Italiener der Hochrenaissance in Formen und Ausdruck nicht erreicht, denen ja auch das seitherige Italien nichts mehr an die Seite setzen kann, so ist doch bei ihm Wahrheit und Leben überall und oft das Große und Schöne. In umfangreichen, schnell gemalten Bildern, in mächtig bewegten Szenen ist allerdings mancher Kopf aus dem stets lebendigen Vorrat extemporiert, und das Ganze muß das Einzelne decken, wenn auch Reichtum und Tiefe der psychologischen Erfahrung sowohl beim dauernden als beim momentanen Ausdruck den Meister nie ganz im Stiche lassen. Anders die übersehbaren, mit durchgehendem eigenem Anteil geschaffenen Werke, zumal jene stilleren Inhaltes.

Zunächst ist es bezeichnend, daß bei Rubens die einzeln dargestellte Ausdruckshalbfigur, besonders jene sehnsüchtige seiner italienischen Zeitgenossen, völlig ausbleibt, nicht nur die Madonna, sondern auch die Magdalena, die Sibylla usw., denn er kennt keine Empfindung, deren Ursache außerhalb des Bildes läge, und die vielleicht einzige Ausnahme, die hl. Cäcilia des Museums von Berlin, möchte ihren sehr persönlichen Lebensgrund haben. Schon die bloße Halbfigur überhaupt kommt bei ihm außerhalb des Porträts kaum vor, auch die der Madonna mit dem Kinde. Statt dessen gibt er fast immer ein momentan belebtes, mehrfiguriges Bild, sei es als Heilige Familie in engerem Sinne oder als Verkehr mit Engeln und Putten. Neben einigen wenigen, wenn auch vorzüglichen Kniebildern, wie z. B. die Heilige Familie mit der Korbwiege (Pal. Pitti) und diejenige der Galerie von Turin, sind es lauter Darstellungen in ganzen Figuren; es ist eine beglückte junge Mutter mit den Ihrigen, in einem heiteren Augenblick, mit stillem Wohlgefallen, und der Maler ist damit ganz subjektiv wahr geblieben, denn er war Momentmaler und glücklicher Vater, und der belgischen Andacht genügte er gewiß auf das beste, wenn auch erst Italien sein Gemüt sollte frei gemacht haben; denn in der vorher zu Antwerpen gemalten Verkündigung, fast noch einem Werke des dortigen Manierismus (Galerie von Wien), erscheint Maria noch seelenlos; erst in der Folge sind ihm Mütter mit Kindern ein erwünschter Gegenstand geworden, von den Heiligen Familien bis zu den Legenden (die Heilungswunder des St. Ignatius), zu den Sabinerinnen und zu den Bildnissen seiner beiden Gattinnen. Die Muttergottes, ob als Frau aus dem Volk oder als Dame gegeben, ist stets liebenswürdig, und zu ihrem Ausdruck des Glückes passen Kränze von Blumen und auch ganze Kränze von Putten, wie erwähnt wurde; sonst ist die Örtlichkeit gerne im Freien gewählt, mit Bäumen und Grün. Das Christuskind, wo es nicht feierlich der Verehrung vorgestellt wird, kost die Mutter oder den kleinen Johannes oder (in einem Werkstattbilde des Pal. Pitti) dessen Lamm, auf dem der San Giovanni sogar rittlings sitzt, während der Bambino äußerst liebevoll zur Mutter aufschaut. Dazu die freundlich lächelnde Großmutter Anna, während Joseph, meist ein derber Mann aus dem Volke, bescheiden und vergnügt zurücktritt. Aus den Bildern von Marien Heimsuchung und von der Erziehung der Jungfrau (Museum von Antwerpen) erfahren wir, daß der Vater derselben, Joachim, dem Joseph gegenüber im Ausdruck deutlich bevorzugt wurde, und ebenso der greise priesterliche Zacharias. — Kommt nun in der ganzen damaligen Kunst wieder eine Heilige Familie vor wie diejenige „Unter dem Apfelbaum" in der Galerie von Wien? Es sind bekanntlich die ehemaligen Außenseiten des St.-Ildefons-Altares, später abgesägt und durch ergänzende Malerei zu einem Bild zusammengefügt, womit das sehnliche Verlangen nach Vereinigung zwischen der Familie des Johanneskindes und der des Christuskindes gleichsam gestillt worden ist; zwei Elternpaare, zwei Kinder und oben in den Baumkronen zwei äpfelpflückende Putten sind in wundersamen Kontrasten und doch in höchstem Gleichgewicht von Formen und Seelenausdruck zu einer Wirkung zusammengeströmt.

Für Bildung und Beseelung des Christus besaß die Kunst von Antwerpen, außer dem, was hier schon die altniederländische Schule Großes geschaffen haben konnte, eine hohe Autorität an ihrem stets in Verehrung gebliebenen Quentin Massys (Christusbrustbilder des Museums von Antwerpen, der National Gallery und des Louvre, von mehr oder weniger sicherer Attribution), und noch Otto Venius hatte in seinem Christuscharakter wenigstens den Willen des sehr Edlen geoffenbart. Rubens aber hatte in Italien vor allem den venezianischen Christuscharakter kennengelernt und auch wohl das berühmte Bild Tizians vom Zinsgroschen (damals in Modena?) gesehen, und einen Eindruck davon verrät er hie und da (Fürbitte der heiligen Theresia, Museum von Antwerpen), doch hat auch hierin Italien auf ihn weniger bestimmend als befreiend gewirkt.

Zunächst fehlt wiederum, wie bei der Madonna, die einzelne Ausdruckshalbfigur, der einzelne Christuskopf, während er bei den Carracci, bei Guido, Guercino und anderen in ganzen Reihen vorhanden ist, von der ruhig blickenden Hoheit bis zum Dorngekrönten, dem Ecce homo, als wäre dies in Italien der Kraftmesser des religiösen Kunstvermögens. Dagegen ist bei Rubens die Beklagung des Leichnams, die Pietà, in ausgezeichneten Darstellungen vorhanden, nur daß dieselben, etwa den Christ à la paille ausgenommen, merkwürdig wenig beachtet werden neben den betreffenden Bildern des van Dyck, die durch den Adel des heiligen Schmerzes und durch die feinere Auswahl und schönere Entwicklung der Formen aller Augen auf sich ziehen. Rubens scheut schon herbe Verkürzungen nicht, wie z. B. im Kopf der Leiche des Christ à la paille und in der frühen, 1614 gemalten Pietà der Galerie von Wien, auch in dem vorgestreckten Fuß der Leiche (in der eben genannten Pietà und in den Trinitätsbildern). Und wie er auch in seinen Heiligen Familien für viele Beschauer der so anziehenden Sentimentalität des van Dyck nachstehen muß, so in den Anwesenden der Pietà dessen zarterem Gefühlsausdruck; erst bei eingehender Betrachtung wird man in dem genannten Bilde von Wien dem tieferen Ernst des Rubens gerecht werden und auch der großen Pietà vor der Grotte (Galerie von Brüssel) ihre ganze rührende Kraft zugestehen. Von den mit Figuren und Gebärden überladenen, mit der unvermeidlichen Ohnmacht der Mutter und der daherigen Teilung des Interesses behafteten Darstellungen der Carracci konnte Rubens schon eine oder die andere gesehen haben, sie hatten ihn aber nicht auf diese Irrpfade führen können; auch der Schmerz des anwesenden hl. Franziskus, der bei Annibale (Galerie von Parma) Deklamation heißen kann, ist bei ihm (in dem Bilde von Brüssel) wahres Herzeleid.

Die Darstellungen des Gekreuzigten sind völlig das Eigentum des Rubens, und von Guidos vielbewunderten Altarbildern des einsamen Kruzifixes auf Wolkengrund (Rom, S. Lorenzo in Lucina; Galerie von Modena) kann er wohl ohnehin keines mehr gekannt haben. Bei der nicht geringen Anzahl von Werkstattbildern, Stichen und Nachahmungen, bei der hier besonders schwer auszuscheidenden Konkurrenz des van Dyck muß es genügen, den lebensgroßen Gekreuzigten des Museums von Antwerpen zu nennen, ein frühes eigenhändiges Bild, das wunderbar würdige Haupt mit dem Ausruf: Warum hast Du mich verlassen!

In der Kreuzaufrichtung des Domes von Antwerpen hat Christus, in der oberen Hälfte des Bildes, auf dunklem Felsgrunde, das fast alleinige volle Licht, einen mächtigen Ausdruck und einen ganz gewaltigen Blick aufwärts; ringsum die düstere Welt von Bauknechten, Schergen und Reitern, und links der jähe Jammer der Frauen und Kinder von Jerusalem. Die große Kreuzabnahme (ebendort) mit ihrer grandiosen Einheit, die alle Gestalten am Tun und am Empfinden teilnehmen läßt, ist vielleicht überhaupt die letzte und höchste mögliche Lösung der Aufgabe, in seelischem wie in künstlerischem Sinne, und dem sonst so berühmten Werk in Trinità de' monti zu Rom von Daniele da Volterra nicht nur in der Wirkung, sondern in der Macht des Gefühles weit überlegen. Hat dieser letztere nach einer Komposition des Michelangelo gearbeitet, worüber man ja verschieden denken kann, so ist das Bild des Rubens zugleich einer seiner Siege über diesen.

Außerhalb der Passion hat dann der Christus des Trostes und der hilfreichen Macht andere Züge und einen anderen Ausdruck, und man wird nicht ganz leugnen können, daß etwas von der eigenen edlen Persönlichkeit des Malers darin übergegangen ist. So in dem herrlichen Bilde der Pinakothek von München, das Christus mit den vier großen reuigen Sündern darstellt, und deutlich auch in der Profildarstellung des Christus in der Auferweckung des Lazarus (Museum von Berlin), vielleicht sogar noch in dem St.-Thomas-Bilde (Museum von Antwerpen), während anderswo (siehe oben) eher ein venezianischer Eindruck aufzuleben scheint.

Der Evangelist Johannes als kräftige hilfreiche Gestalt des noch jugendlichen blonden Typus, in allen Passionsbildern und Himmelfahrten, gehört völlig Rubens, der in diesen Jünger vieles von seinem besten Empfinden hineingelegt hat. In der großen Kreuzabnahme empfängt Johannes mit seinen mächtigen Armen die Leiche.

VII.

Den religiösen Ausdruck auf einer weiteren Skala, so ergreifend er bei Rubens irgend vorkommen mag, wird man etwa in der „Letzten Kommunion des hl. Franziskus" (Museum von Antwerpen) finden. Die Lösung derselben Aufgabe in Gestalt der berühmten Letzten Kommunion des hl. Hieronymus von Domenichino (Pinakothek des Vatikans) hat Rubens in Italien nicht mehr kennen können, und sein Bild ist von Grund auf anders empfunden: Dieser geisterfüllte, noch jugendliche, nicht zurücksinkende, sondern sich vorwärts, dem Priester mit dem Sakrament zuneigende Heilige; diese nicht sorgsam ausgewählten und aufgestellten, sondern sehnsüchtig herbeidrängenden Anwesenden, gewiß Ordensbrüder des Barfüßerklosters von Antwerpen, für deren Kirche das Bild gestiftet wurde, alle voll tiefer innerer Bewegung; dazu außerordentliche malerische Eigenschaften — dies alles weist dem Werke in der berühmten Sammlung eine von allem sonstigen Rubens abgetrennte Stellung an, vermöge einer besonderen hohen Eingebung[26]). — Aber auch neben berühmten Werken der vergangenen italienischen Kunst, die Rubens unvermeidlich gekannt haben muß, spricht bisweilen aus ihm, wenn er dieselbe Aufgabe löst, ein viel mächtigeres religiöses Empfinden. Tizians Pfingstfest in der Salute zu Venedig ist mit allen tunlichen Zugeständnissen an die schöne reiche Erscheinung komponiert und gemalt, lieblichen Frauenköpfen in der Mitte, Sondergesprächen der Anwesenden, teilweisem Sitzenbleiben, während wir hier für Rubens auf ein bloßes Werkstattbild (Pinakothek von München) und auf den nicht genau entsprechenden Stich des Pontius angewiesen sind: wieviel ernster aber ist da die Einheit der Begeisterung zur Anschauung gebracht in den fünfzehn Gestalten, die um die heilige Jungfrau stehen und knien! Die Apostel des Rubens, in seinen Himmelfahrten dramatisch geschieden, sind hier zu einem gewaltigen Moment vereinigt.

Nicht immer vielleicht ist der gesteigerte Ausdruck des Gefühles eigentlich religiös gemeint. Hatte Rubens seine Helena Fourment wirklich in einem Moment ekstatischer Andacht belauscht, als er sie in Gestalt der hl. Cäcilia malte? (Berühmtes Bild des Museums von Berlin.) Oder sollten wesentlich — und lange vor Carlo Dolci — schöne Hände auf den Tasten der Orgel bewegt dargestellt werden? Vier begeisterte Putten, eine reiche Architektur und ein landschaftlicher Ausblick vollenden dieses pompöse Dasein. Auch um die Reue der Magdalena (Galerie von Wien, alte Kopie in Kassel) ist es eine fragliche Sache, und schon das edle Weinen hat dem Meister bei dieser reichen Blondine nicht so schön gelingen wollen als die gerungenen Hände. Beiläufig gesagt, erregt aber auch die vorherrschende Deutung des Bildes Bedenken: neben der vor einem roten Vorhang so wundervoll leuchtenden Hauptgestalt sitzt im Halbdunkel, sich abhebend von einer wolkigen Luft und einer Säule, ein Wesen mit schwarzem Schleier, das meist auf Martha, die Schwester der Maria Magdalena, bezogen wird; es könnte jedoch eher eine schöne Zofe sein, die darauf lauert, ob die Buße bald wieder vorbei sein möchte? Oder ob dieselbe dauern und dann sie, die Wartende, den Inhalt des umgestürzten Schmuckkästchens (und etwa gar auch die Liebhaber) erben werde? Es wäre dann ein ironisch zu nehmender Moment aus dem Lauf der Welt, wie z. B. das Bild von Simson und Delila, von dem anderswo die Rede sein wird.

Den zartfühlenden Rubens dagegen wird man an so manchen Stellen finden lernen, wo man dessen nicht gewärtig ist. Callisto mit Jupiter unter der Gestalt der Diana, in jenem Bilde der Galerie von Kassel, welch ein sympathisches Wesen in dem Zustande „zwischen Überredung und Mißtrauen“!

Endlich aber, in äußerstem Kontrast zu diesem allem, zeigt sich Rubens als einer der allergrößten Meister des Dämonischen im Menschenleben; und mit den Besessenen der beiden Altarbilder von den Wundern des heiligen Ignatius (Galerie von Wien und S. Ambrogio in Genua) hat er vielleicht diejenigen Grenzen erreicht, die einer hohen Kunst gestattet waren und damals von einer allgemeinen Überzeugung gefordert wurden. In seinen Bildern der „Letzten Dinge“ sind es dann außerirdische Schreckenswesen, zu denen ihn sein kühner und gewaltiger Geist weit hinausgeführt hat auf ganz anderen Pfaden als die der gewöhnlichen niederländischen Phantasten in ihren Teufelsfratzen.

VIII.

Die hohe Kraft, in deren Dienst alle die Einzelvermögen und Einzelauffassungen des Rubens wirkten und die man vorläufig unter dem Namen seiner Komposition zusammenfassen mag, erscheint als ein Wunder, das man gerne schon auf den ersten Eindruck hin verehrt, und doch bleibt es wünschbar, daß man hier auch dem einzelnen etwas nachgehe und einige jener Vorbedingungen ins Auge fasse, unter denen die gesündeste Natur das für sie Richtigste hat erfassen können. Wohl scheint es ja, als würde sie von einem mit ihr geborenen Genius völlig sicher geführt.

Die Antwerpener Vorgänger des Rubens, die Manieristen, besaßen ältere Traditionen und einzelnes achtbares Können aller Art, auch viele Emsigkeit, aber stark getrübt durch falsch verstandene Formenbildung und falsches Empfinden von der römischen Schule her, deren überlieferte Gebärden und Stellungen sich hier besonders ungünstig ausnehmen; sie hatten dann, als ob dies aufzubessern wäre durch das Viele, ihre Kompositionen oft stark überfüllt und alle künstlerische Ökonomie verloren. Hier hatte Rubens wesentlich zu vergessen, was er von Jugend auf gesehen hatte; war er aber dann, in Italien, auf die ersten massenhaften Eindrücke hin, besser daran? Wohl sah er die Malereien der einstigen großen Meister viel reichlicher erhalten und besser erhalten als man sie heute sieht, allein die Kunst, die er am Leben und in drückender Herrschaft antraf, nebst der dazugehörenden Rede und Meinung, war wiederum sehr vorwiegend die von Manieristen. Mit Venedig aber, das ihn so verwandtschaftlich anmutete, hat er sich gerade am entschiedensten auseinandersetzen müssen. Allerdings fand er hier, gegenüber dem massenhaften Fresko des übrigen Italiens, die Ölmalerei auf Tuchflächen an Wänden und Decken im freiesten und glänzendsten Gebrauch aller Mittel, und in den Charakteren und in dem (wenigstens vorherrschend) dargestellten Dasein eine Empfindung, die der ihm angeborenen ganz nahe war; in der Erzählung des Geschehens aber und in der davon bedingten Auswahl des Mitzuteilenden fühlte er vollkommen anders. Zunächst ist schon nicht zu übersehen, daß gerade von Tizian in Venedig des lebendig Erzählenden nicht eben viel vorhanden war. Seine Historien im großen Saal des Dogenpalastes waren längst durch Brand untergegangen, und wenn eine davon, die Schlacht an der Brücke (oder Schlacht von Cadore), nach allgemeiner Ansicht das Grundmotiv zur Amazonenschlacht des Rubens geliehen hat, so kann dieser sie nur aus Nachbildungen oder aus dem Stiche des Fontana gekannt haben. Hoch begeistert muß er gewesen sein von Tizians S. Pietro martire, und bewundert hat er wohl die alttestamentlichen Deckenbilder (jetzt in der Sakristei der Salute); dagegen ist von Marien Tempelgang, von dem obenerwähnten Pfingstfest, von der Fides mit dem Dogen Grimani wenigstens dem erzählenden Inhalt nach nichts auf ihn übergegangen. Die Marter des hl. Laurentius hat er in der Anordnung seines eigenen Bildes (München) beträchtlich überboten, und das große, in der malerischen Erscheinung so reiche Ecce homo der Galerie von Wien, das er noch in Venedig gesehen haben kann, ist in einem dem seinigen direkt entgegengesetzten Geist und Gefühl komponiert. — Aber auch sein verehrter Paolo Veronese hatte vom Momentanen in der Regel nur ganz bequem das Notwendigste aufgenommen und das übrige, die Anwesenden, nach dem Wunsch der koloristischen Wohlgefälligkeit und der wirksamen Abwechslung hinzugeordnet, so daß seine figurenreicheren Bilder bei der schönsten allgemeinen Wirkung doch etwa der mächtigeren zusammenfassenden Einheit entbehren. Über seinen Heiligengeschichten (Sta. Justina, St. Georg, St. Sebastian) erscheint oben als zweiter Teil ein ganzes Empyreum, eine Wolkengruppe der Madonna mit Heiligen oder mit Engeln oder wenigstens (über der Vermählung der hl. Katharina) ein Schwarm von Engeln und Putten; unten aber sind so manche an sich vorzügliche Seitengestalten doch wesentlich Kulissen, und hier gibt es dann bei Rubens allerdings eine Anleihe, aber eine unentbehrliche: die Reiterkulissen auf dem rechten Flügel der Antwerpener Kreuzaufrichtung, verglichen mit mehreren Bildern des Paolo. — Der hochbegabte Tintoretto sodann wird schon durch seine prahlerische Art, durch sein unechtes Momentanes mit den vorgebückten, taumelnden Figuren (von denen auch Paolo nicht immer frei ist) und durch seinen gänzlichen Mangel an künstlerischer Ökonomie den Rubens abgestoßen haben, dem die gegebene Raumfläche und der gegebene Inhalt eines Bildes von Anfang an etwas Geheiligtes war.

Den falschen Michelangelo aber, wie er in Tintoretto steckte so gut als in den Antwerpener Manieristen, wird Rubens ganz beiseitegelassen haben, da er ja jetzt in Rom den echten kennenlernte. Den heiligen, irdischen und dämonischen Wesen desselben als solchen hatte er nun allmählich eine vollständige eigene Welt entgegenzusetzen, und von dem großen Freskomaler als solchem fühlte er sich in Mitteln und Zielen völlig geschieden, und dies Gefühl mag sogar ein recht tröstliches gewesen sein. Viel schwieriger ist die stille Zwiesprache des Rubens mit Raffael zu erraten. Eine offenbare Wirkung ging auf ihn über nur von der Konstantinschlacht[27]) und diese war ihm vielleicht längst durch Kupferstiche bekannt, wie ihm aber in St. Pietro in Montorio zumute war, als er dort die Transfiguration sah? Ganz spät erst, in dem St.-Rochus-Bilde zu St. Martin in Alost, ist wenigstens irdisches Elend und ein Anfang von Hoffnung mit einer überirdischen Tröstung auch wieder wundersam zusammengebracht, und über ein Jahrhundert hinaus hat hier das Verwandte vielleicht ein Verwandtes gegrüßt.

Von den lebenden italienischen Malern hat, wie wir oben mit Beispielen zu belegen suchten, wohl nur Caravaggio einen starken inneren Eindruck auf Rubens gemacht. Während ihm die übrigen auf verschiedenen Gebieten des sogenannten malerischen Verfahrens als Vorbild oder als Warnung von Nutzen sein konnten, war er als Komponist schon allen innerlich überlegen durch die ungeheure Doppelgabe seiner Natur, die ihm nun zum vollen Bewußtsein gekommen sein muß: die Lust der lebendigen Erfindung und Darstellung und die Ahnung von Gesetzen, die derselben zur Schranke dienen und zugleich den Reiz des Anblickes auf das höchste fördern sollten. Seine Mittel und Eigenschaften sind, einzeln genommen, die der höher entwickelten Malerei überhaupt; sie sind, jedes für sich, zugegeben und selbstverständlich, kommen hie und da in großer Vollkommenheit vor und machen sogar einen Teil der anerkannten Lehre aus, mag dieselbe auch oft mit Füßen getreten werden. Seitdem die alten Schulen dahingegangen, die durch ernste sachliche Darstellung des einzelnen, namentlich in der Heiligenmalerei, ihrer Pflichtübung sicher waren, zumal wenn sie in Pracht und Feinheit der Ausführung noch ein Mögliches getan hatten, war allmählich ein freies Bewußtsein der optischen Wirkungen mächtig und das Auge dafür reizfähig geworden; wie z. B. die Farben und ihre so verschiedenen Abtönungen als Kühles, Warmes, Glühendes einander bedingen, aufeinander wirkungsreich im Bilde folgen sollen, konnte man seit den Venezianern der Hochblüte sehr vollständig wissen. Auch für die Anordnung im Raume (die damals der Manierismus so oft einer herrenlosen Überfüllung mit einzelnem, das ihm interessant schien, aufopferte) gab es eine Tradition von der früheren Kunst her: den Wunsch nach einer gleichmäßigen, annähernd symmetrischen Verteilung der Gestalten und Hergänge, denn das Bild begehrte nicht bloß eine beliebige Schilderung, sondern schöne Erscheinung zu sein, durch annäherndes Gleichgewicht seiner Teile. Diese Symmetrie aber, bei ihrer Herrschaft im ganzen, mußte dem Auge nach Kräften entzogen, im einzelnen aufgehoben werden, und so gewiß nun auch dieses schon ein anerkanntes Lebensgesetz der Malerei der Hochblüte gewesen war, so kann doch erst Rubens als der vollständige Herr auf diesem geweihten Gebiete gelten. Denn nur bei ihm verbindet sich die reichlichste symmetrische Handhabung des Verschiedenen, aber Ähnlichwertigen, der Äquivalente im Bilde mit dem lebendigsten, selbst mit dem allerheftigsten Hergang zu jenen siegreichen Wirkungen, die den äußeren Blick und den inneren Sinn zugleich bezaubern. Die Rosse seines Sonnenwagens sind feurige Tiere, aber sie dürfen nicht mit ihm durchgehen.

Diese Äquivalente treten natürlich nicht abgesondert auf, vielmehr durchdringen sie sich gegenseitig; wenn z. B. eine lichte und eine dunkle Masse sich symmetrisch entsprechen oder wenn Farbenfläche gegen Farbenfläche wirkt, so werden noch ganz andere Gegensätze in Formen und Ausdruck hinzukommen, und vor allem werden optische Werte sich aufwiegen können mit den idealen Werten. Auch das Bewegte, wenn es das Ruhige aufwiegt, kann hierher gehören, ganz besonders aber die moralische und geistige Bedeutung gegenüber der moralischen und geistigen Unterordnung. Diese Aufzählung könnte hier noch viel weiter geführt werden; genug, daß Akzente der verschiedensten Gattung und Würdigkeit in einem Bilde sich zusammenfinden können. Ein schönes Beispiel der einfachsten Art mag vorläufig eine wahre und wohltuende Verteilung dieser Akzente klar machen: Das Kniebild des Auferstandenen mit den vier großen Sündern (Pinakothek von München): hier wiegt Christus schon optisch als lichter nackter Leib in Dreiviertelansicht die im Schatten ihm gegenüber Zusammengruppierten auf, den guten Schächer, den heiligen Petrus und den König David und auch die tief gegen ihn gebeugte Magdalena, obwohl diese noch zur Lichtmasse gehört; ihm aber bleibt beinahe die Hälfte des Bildes und der ganze große moralische Akzent, und dies bei tiefem Seelenausdruck der übrigen. In einem herrlichen Bilde ähnlicher Absicht (Galerie von Kassel, Wiederholung oder alte Kopie im Germanischen Museum) in ganzen Figuren ist es die ruhig thronende Muttergottes mit den beiden Kindern, die nicht nur die vier großen Sünder, sondern auch noch vier ihnen beigegebene Heilige vollkommen aufwiegt, obwohl diese an der Buße jener einen sprechenden Anteil nehmen und St. Dominikus den betend zusehenden St. Franziskus höchst ergriffen am Arme faßt.

Aber erst aus der Verbindung solchen Könnens und Wollens mit der bewegten, zumal der stark bewegten und reichen Erzählung entstehen dann jene erstaunlichen Werke, die man wohl nur durch einen dem Rubens eigenen inneren Hergang erklären kann. Eine riesige Phantasie für sich allein, auch zu voller Glut entzündet, hätte nur einen ungeordneten, bunten Reichtum hervorgebracht; anderseits würde eine bewußte, allmähliche Konstruktion der Bilder aus Äquivalenten nicht weiter geführt haben, als andere Maler auch schon gelangt waren. Bei Rubens muß noch eine weitere Kraft gewaltet haben.

Wir lieben es, den großen Meistern Augenblicke zuzuschreiben, da sie künftige Kunstwerke wie in einer Vision vollendet vor sich sehen. Diese Vision scheint nun hier von anderer Art gewesen zu sein als bei anderen berühmten Erzählern: Rubens sah zu gleicher Zeit vor sich eine ruhige symmetrische Anordnung der Massen im Raum und die stärksten leiblichen und seelischen Bewegungen; er sah Licht und Leben sich hauptsächlich von der Mitte aus verbreiten, und seine triumphalen Farbenharmonien, seine Nähen und Fernen und Licht- und Schattenfolgen schwebten vor ihm, wie sie kommen mußten, bis alle diese Kräfte zu jener bereits erwähnten gleichmäßigen Reife und Stärke gediehen waren, und dann legte er Hand an. Dann aber malte er ruhig[28]), wie Fromentin es konstatiert: „La brosse est aussi calme que l'âme est chaude et l'esprit prompt à s'élancer." Mit den furchtbarsten Aufgaben war er völlig im reinen und beherbergte sie schon vollständig in seinem Innern, wenn die Ausführung begann; von der Antwerpener Kreuzaufrichtung sagt es aus tiefster Erkenntnis derselbe Autor: „Tout paraît être sorti à la fois d'une inspiration irrésistible, lucide et prompte." Das Dasein vorläufiger Skizzen einzelner Gemälde beweist nur eine einstweilige Rechenschaft über die künftige Wirkung, die der Meister unterwegs sich selber gab oder auch in gewissen Fällen den Bestellern geben mußte. Gerade die (im Louvre befindliche) Zeichnung zu dem letztgenannten Bilde könnte hiefür ein Beleg sein: die Kirchenverwaltung von St. Walpurgis verlangte nach altem Gebrauch für ihren Hochaltar ein großes Triptychon, und Rubens konnte schwerlich umhin, ihr vorläufig darzulegen, wie er die eine Handlung auf Mittelbild und Flügel verteilen werde, die in der Zeichnung nur eins bilden. Nun mag man vergleichen, wie kläglich sich Tintoretto bei der Kreuzaufrichtung — nicht des Christus, sondern des guten Schächers (Scuola di San Rocco) — beholfen hatte; Rubens machte ganz anders ernst mit der Anstrengung einer bemessenen Anzahl gewaltig bewegter herkulischer Menschen, einen schweren Stamm so aufzupflanzen, daß er nicht mehr ausgleiten kann, und was sie leisten sollen, das leisten sie ganz und deutlich; an diesem Stamm aber, wie er noch eben schräge in der oberen Mitte des Bildes sich aufrichtet, schwebt im Hauptlicht und mit einem unsagbaren Ausdruck der Züge der Gekreuzigte empor. Mit diesem Gleichgewicht und Gegensatz zweier so ungeheuren bewegten Akzente ergreift Rubens die Oberherrschaft im Reiche des Momentanen. Endlich sagte ihm ein hohes symbolisches Bewußtsein, daß hier vor allem Licht und Dunkel das Wort zu führen hätten, und er gab die Farbe nur als ein Untergeordnetes mit. Der Grund ist eine düstere Felswand mit Gebüsch.

Die Kreuzabnahme aber ist ein einziger großer Hauptakzent in vielen Strahlen, und alle sind daran leiblich und seelisch beteiligt in wunderbarer Abstufung. Hier ist keine ohnmächtige Mutter als Zentrum einer besonderen zweiten Gruppe wie bei Daniele da Volterra, auch hat niemand Zeit, ratlos deklamierend herbeizuschreiten wie der Johannes des Daniele[29]).

Zum Allergrößten in der Beherrschung der geistigen und der malerischen Äquivalentien gehört die Auferweckung des Lazarus (Museum von Berlin). Eine vorläufige Komposition, die in einem sehr ausgezeichneten Stich wiedergegeben ist, war reich angefüllt mit Angehörigen, Schriftgelehrten und gestikulierendem Volk und würde ungefähr der Denkweise eines Francesco oder Leandro Bassano bester Art entsprechen. Aus dem Gemälde dagegen, einem eigenhändig ausgeführten, spricht die definitive Vision des Rubens: er hat alles in sechs unentbehrliche Gestalten zusammengedrängt und dem Christus die herrlichste Gebärde, das mächtige Herbeischreiten im Profil und den roten Mantel gegeben, dem Lazarus aber das rasche Heraufsteigen aus der Tiefe und den dankerfüllten Blick; dazu Petrus, gerührt zu Christus gewandt, und ein anderer Apostel, der auf Lazarus schaut; und ähnlich teilen sich die beiden in der Mitte knienden Schwestern: Martha, die die letzten Binden des Bruders löst, und Maria Magdalena, deren Haupt die Mitte des Bildes einnimmt, zu Christus emporschauend. Neben diesem wundervoll einheitlichen Feuer erscheint das so viel berühmtere Bild des Sebastiano del Piombo (National Gallery) als eine in aller Ruhe und Berechnung vollzogene Konstruktion, und von dem (man sagt, durch Michelangelo hineinkomponierten) Lazarus, allerdings einem sehr gelehrten Akt, geht die ganze Eiskälte der Absichtlichkeit aus.

In momentan sehr mächtigen Kompositionen des Rubens genießt der Beschauer, zunächst unbewußt, neben der stärksten dramatischen Bewegung, eine geheimnisvolle optische Beruhigung, bis er innewird, daß die einzelnen Elemente jener nach Kräften verhehlten Symmetrie, ja einer mathematischen Figur untertan sind. Gewiß hat mit dieser Rubens seine Arbeit nicht begonnen, sondern in seiner Vision wird sie sich von selbst mit eingestellt haben und samt dem übrigen in seinem Innern gewachsen sein.

Im Raub der Töchter des Leukippos durch die berittenen Söhne des Boreas (München, Pinakothek) machen die beiden weiblichen Körper eine fast regelmäßige Lichtmasse genau in der unteren Mitte des Bildes aus, um die sich das übrige wie eine Wolke verteilt: nämlich die Entführer Kalais und Zetes, die beiden Rosse und die beiden Putten. Diese acht Wesen zusammen füllen das genau quadratische Bild aus, auf dem Grunde einer hellen und saftigen Landschaft. Und nun findet sich, daß jene beiden herrlich entwickelten Körper einander genau ergänzen, daß der eine genau den Anblick gewährt, den der andere nicht gewährt, und daß der Maler sie durch einen Zwischenraum voneinander isoliert hat, so daß sie sich nicht schneiden. Dazu das unglaubliche Feuer und die Augenblicklichkeit! Keiner sonst, all die Zeiten und Schulen auf und nieder, würde gerade dieses haben schaffen können.

In vollständigem Gegensatz zu diesem gewaltsamen einheitlichen Geschehen steht ein mächtiges Bild mit mehreren, aber stilleren Ereignissen, das wiederum eine beruhigende Symmetrie zur Grundlage hat: die Wunder des hl. Franz Xaver (Galerie von Wien). Fünf Akzente des verschiedensten Ranges bilden eine Quincunx; rechts oben, auf einer steinernen Basis, der Heilige und sein Gefährte; links oben der schwerkranke vornehme Hindu mit seinem schwarzen Diener und fackelhaltendem Gefolge; in der Mitte, etwas entfernt und vortrefflich nach beiden Seiten hin geteilt, zuschauende Eingeborene und ein portugiesischer Harnischmann, jene nach dem Heiligen, dieser nach dem Hindu blickend; links unten im Vordergrunde ein vom Tode Erweckter mit den Seinigen und mit den schon bereit gewesenen Totengräbern; rechts unten vorn die heilsbedürftigen Blinden und Lahmen. Als weiteres Beruhigungsmittel in diesem Vielen wirkt es, daß den Leuten der einzelnen Gruppen annähernd gleiche Kopfhöhen gegeben sind, daß die verschiedenen Pläne, auf denen die Gestalten sich befinden, vollkommen deutlich werden; dazu viele freie Luft und ein wundervoller Sonnenstrahl; und in den oberen Teilen auf der Heidenseite ein Tempel mit einem zusammenstürzenden Götzenbild und Flüchtenden, über dem Heiligen aber in den Wolken eine Fides mit Engeln. Vielleicht bedauert man Rubens, weil er solche Geschichten habe malen müssen, und erstaunt dann doch wieder über die Wonne der Meisterschaft, womit dies geschehen ist. Das Mitleid ist aber beim ganzen Rubens überhaupt gar nirgends richtig angebracht und mag sich auf andere Partien der Kunstgeschichte hinwenden.

In der „Amazonenschlacht“ dominiert schon die gewölbte steinerne Brücke als ruhige mathematische Form über das ganze Getümmel weit anders als in jenem obenerwähnten Schlachtbilde Tizians;

während sie hier (laut dem Stich des Fontana) nur einen sprengenden Reiter trägt, hebt sie bei Rubens die im Maßstab viel größere, weil nähere, im furchtbar schönen Hergang nicht wieder erreichte Hauptgruppe hoch in die Luft empor; genau in der Mitte unter den Kämpfenden starrt uns eine enthauptete Leiche entgegen; darunter der helle Durchblick auf den Strom mit Verfolgung und Flucht; vorn endlich, zu beiden Seiten des Abhanges, geht das allerwildeste Schicksal von Rossen und Reiterinnen seinen Gang in Kontrasten, die als unvergleichliche Äquivalentien wirken, und optisch beruhigend schließt das Bild in der Mitte unten mit den hellen Leibern zweier Amazonen, die sich durch Schwimmen retten wollen.

Von den sechs großen Gemälden der Galerie Liechtenstein, die (zur Ausführung in Teppichen für Genua bestimmt) die heroische Geschichte des Konsuls Publius Decius darstellen, hat von jeher dessen Untergang im Reiterkampf die meiste Bewunderung erregt. Dies ist der Inhalt einer vorderen Gruppe, während weiter hinten in einem zweiten Licht der Massenkampf von links nach rechts schreitet. Es sind drei Reiter: Decius auf steigendem Schimmel, sein nunmehriger Gegner auf einem rückwärts ausschlagenden Braunen und ein Dritter, dessen Roß man kaum sieht, und dieser hat im vorhergegangenen Moment dem Decius die Lanze in den Hals gestoßen; vorn unten ein totes Pferd, Menschenleichen und zwei noch lebend Zuckende. Man kann das unsägliche Feuer des Herganges und die Herrlichkeit des Kolorits längst bewundert haben, bevor man innewird, daß diese Gruppe optisch ein fast regelmäßiges, etwas niedriges Sechseck bildet. Dabei kommen die Köpfe desjenigen, der den Lanzenstich getan hat, des Decius und der einen Leiche fast senkrecht übereinander in die Mitte des Bildes, das Licht aber ruht, genau von oben, auf dieser Mittelgruppe.

In der Münchener Löwenjagd, jenem unerhörten Moment von sieben Menschen, vier Rossen und dem Löwenpaar, kommen wiederum die Köpfe des ausholenden Helmträgers, des einen Löwen und des abwärts stürzenden Arabers genau in eine und dieselbe Vertikale, und der Helmträger bildet zugleich mit den zwei auf der Erde Liegenden — dem Toten und demjenigen, der sich noch mit dem Dolch gegen die Löwin wehrt — eine gleichseitige Pyramide. Freilich, erst wer das Bild daraufhin ansieht, wird dies glauben. Man ahnt ja in der Regel auch nichts von derjenigen Pyramide, die das Bild des „Früchtekranzes" (ebendort) heimlich beherrscht und beruhigt, indem sie die drei mittleren Putten zusammenfaßt.

Dieselbe Pinakothek von München enthält in Gestalt des „Kindermordes von Bethlehem“ eines der mächtigsten Beispiele verhehlter Symmetrie und heimlich wirkender Äquivalentien. Mancher Beschauer mag den Gegenstand nicht für wünschenswert halten und die völlig realistische Darstellung abstoßend finden, der Meisterschaft jedoch wird sich niemand entziehen. Es sind drei durch sichtbaren Zwischenraum deutlich geschiedene Gruppen: in der Mitte der tiefste Jammer vornehmer Frauen, links und rechts aber noch die wildeste, heftigste Gegenwehr der Frauen aus dem Volke gegen die Schergen, links vorherrschend dunkel auf hellem baulichem und landschaftlichem Grunde, rechts vorherrschend im Licht vor einem dunkel wirkenden dorischen Prachtbau.

Ebendort aber, wie zur Versöhnung des Blickes, jene Szene, da zwischen den drohenden Kampf der Sabiner und Römer die lichten Frauen in die Mitte treten, die ihre Kinder küssen und emporheben[30]); unter den feindlichen Gatten und Vätern rechts und links entsprechen sich die jeweilig Vortretenden zu Roß und zu Fuß bei lauter kontrastierenden Bewegungen und Bildungen im einzelnen.

Von dem Gastmahl beim Pharisäer Simon, einem frühen und eigenhändigen Werke (Ermitage; vgl. Klassischer Bilderschatz, Taf. 1199; vorzügliche Skizze in der Galerie der Akademie zu Wien), darf man sagen, daß hier malerische und moralische Äquivalente zu einem ganz wunderbaren Einklang gebracht sind. Paolo Veronese hatte in drei großen und berühmten Bildern (Brera, Galerie von Turin und Louvre) desselben Inhaltes Christus so dargestellt, als hätte er mit den andern zu reden und nehme von der Trocknung seines Fußes durch die Sünderin kaum eben Kenntnis. Bei Rubens aber handelt es sich zunächst nicht um eine Malerei für eine ganze Refektoriumswand mit Zutat prächtiger Hallenbauten, sondern um ein mäßiges Breitbild mit Figuren etwa in Lebensgröße, und ein Pfeiler und ein Vorhang gegen die Luft genügen als Szenerie. Das Hauptereignis aber: Blick und Worte Christi und Schmerz und Schönheit der Magdalena — ist hier wirklich die den Moment bildende Kraft, die das Ganze zusammenhält. In der vorn knienden Büßerin ist das so unglaublich schwierige Motiv der Begegnung der Hände mit dem Fuß Christi vielleicht edler gegeben als sonst irgendwo in der Malerei; und nun beziehen sich Blicke und Wendungen der Anwesenden teils auf sie, teils auf den Erlöser. „Tiefes Erbarmen mit der Reuigen spricht sich in dem edlen Angesicht Christi aus, dem man ansieht, daß er die Lippen zur Rede bewegt“ (Waagen). Isoliert am Ende des Tisches sitzend, auf dem Grunde des dunklen Vorhanges, wiegt er samt den drei in rascher Verkürzung beigegebenen Jüngern die links folgende, stark gedrängte und bewegte Gruppe der Pharisäer und der jugendlichen Aufwartenden völlig auf. Vielleicht wird man sich daneben kaum noch Rechenschaft geben wollen von den beruhigenden Symmetrien, die ihrerseits dies Ganze beherrschen: von dem genau im Augpunkt liegenden Rande des linnenbedeckten Tisches in der Mitte des Bildes und von dem fast regelmäßigen Halbkreis der Hauptlichter im Vordergrund, die Christus, Magdalena und das Gewand des nächstsitzenden Pharisäers umfassen.

Endlich von so vielen Beispielen, die noch anzuführen wären, ein solches von besonders einfach sprechenden Äquivalentien, das schon erwähnte eigenhändige Bild der Wiener Galerie: Der hl. Ambrosius, der den Kaiser Theodosius von der Schwelle der Kirche abweist. Hier sind die beiden Gruppen optisch und moralisch wie auf der Goldwaage gegeneinander abgewogen: links der energische Imperator mit seinen drei Adjutanten, wovon einer oder der andere die Frage wohl mit Gewalt zu erledigen fähig wäre, aber die Gruppe hat das Licht hinter sich und ist im Schatten gegeben und zwei Stufen tiefer, die Theodosius eben hinansteigen will; auf diesen Stufen rechts der Heilige mit seinen ganz ruhigen, meist bejahrten Begleitern, materiell hilflos, aber in vollem Licht, in leuchtendem Bischofsmantel und mit majestätischer Gebärde und hochehrwürdigen Zügen.

IX.

Wir reihen hier noch weitere einzelne Bemerkungen an zur Erläuterung der Komposition bei Rubens überhaupt und der Bewegung insbesondere, soweit dieselbe für ihn vorzüglich bezeichnend ist.

Sind die figurenreichen Bilder des Rubens „überladen" zu nennen? Schon Aufgabe und Inhalt konnten eine große Anzahl von Anwesenden verlangen oder wenigstens veranlassen — hätte er nun die Aufgabe ablehnen sollen? Er fürchtete ja nichts, und gewiß hat er oft das Thema selber geschaffen und vorgeschlagen. Die Überladung in der Malerei liegt aber meist an ganz anderen Dingen, mit welchen Rubens nichts zu schaffen hat. Zunächst hat es begabte Maler gegeben, die in der Anordnung unglücklich waren und schon mit vier, fünf Figuren überladen erscheinen, wo ein anderer mit der dreifachen Zahl leicht und richtig wirkt; sodann aber, und namentlich bei den Manieristen von Italien und Niederland, wurden die Bilder wirklich überfüllt, durch Zutat von Figuren, besonders Köpfen, die mit dem dargestellten Moment nicht notwendig oder auch gar nicht verbunden, den Malern aber irgendwie von Wert waren. Hier wußte nun Rubens entschieden, daß, was dem Moment nicht unmittelbar zuträglich ist, ihm schadet, und alle seine Gestalten leben irgendwie im Momente mit und der Moment mit ihnen. Sie können sich alle im Raum bewegen und bewegen sich auch in der Tat, und dann wirken sie ja noch durch Licht und Farbe zusammen, und schon der wahre Kolorismus gebietet Einhalt gegen das zu Viele. Rubens ist schon deshalb ein Feind der Überfüllung, weil dieselbe dem zarten Leben seiner malerischen sowohl als moralischen Äquivalentien nur hätte schaden können; ferner besaß er und gönnte er auch dem Beschauer ein deutliches Gefühl des dargestellten Raumes und ein reichliches Maß mit dargestellter Luft und stimmte in letzterer Beziehung eher mit Paolo Veronese überein als mit Tintoretto und den Manieristen, deren Bildergründe bisweilen völlig mit Figuren und Gesichtern zugemauert sind. Ferner läßt sich aus solchen Fällen, da wir einen früheren und einen späteren Zustand einer Komposition noch vor uns sehen, direkt nachweisen, daß Rubens vereinfacht und auf einzelnes wie auf ganze Partien verzichtet hat im Sinne einer höheren Wirkung. Wo Stich und ausgeführtes Gemälde gegeneinander stehen, wie in dem obenangeführten, so sprechenden Beispiele der Auferweckung des Lazarus, ist dies beinahe die Regel; für denselben Unterschied zwischen einer früheren und einer späteren gemalten Ausführung ist ganz besonders überzeugend das schon erwähnte „Urteil des Paris" in den Exemplaren von Dresden (um 1625) und von London (um 1636, National Gallery). In diesem letzteren, dem eigenhändig und wunderbar ausgeführten, sind zum großen Gewinn der Wirkung zwei Putten weggelassen. Sodann wird dem Meister bei großen, für hohe Aufstellung und Fernwirkung bestimmten Altarbildern ein besonderes Gesetz zugestanden werden müssen: er füllt seinen Raum stark an, aber mit wenigen Figuren von großem Maßstab und mächtigem Charakter unter starkem Lichteinfall. Nicht für das Museum von Antwerpen, sondern für den Hochaltar der dortigen Barfüßer hat Rubens im Auftrag des Bürgermeisters Rocox jenes in seiner Art einzige Golgatha geschaffen, das unter dem Namen Le coup de lance berühmt ist. Die drei Kreuze in der Diagonale kommen schon früher, u. a. bei Tintoretto, vor; dazu die neun lebenden Figuren: rechts Maria mit Johannes und einer Begleiterin und ein Scherge auf einer Leiter am Kreuz des bösen Schächers; links in vollem Schatten zwei Reiter, deren einer die Lanze in die Seite des Gekreuzigten stößt; weiter zurück das auf zwei Teilfiguren beschränkte „Volk"; in der Mitte aber, unter dem Kreuz in die Knie sinkend, in edler blonder Schönheit Magdalena, die unwillkürlich und wundersam unzweckmäßig die Arme gegen den Streiter mit der Lanze erhebt; das volle Licht aber ruht, abgesehen von der Christusleiche, fast nur auf ihr. Hat man aus der ganzen übrigen hohen Kunst eine andere Magdalena am Kreuze dieser entgegenzusetzen? Irgendeine große Historie in der Mitte durch ein schönes weibliches Wesen wohlgefällig zu unterbrechen, hatten allerdings z. B. die Venezianer längst verstanden, und Tizians Ecce homo (Galerie von Wien) war damit nur noch frivoler geworden. Zu diesen großfigurigen, für Altäre bestimmten Hochbildern gehören bei Rubens auch diejenigen Anbetungen der Könige, wo er vorn mit einer tiefliegenden Räumlichkeit beginnt, aus welcher rückwärts ein Aufstieg hinausführt für das Gefolge und nachdrängende Zuschauer, denn diese Szene vertrug nach ihren ungeheuren Präzedentien keine Vereinfachung mehr, wohl aber eine gesteigerte Mächtigkeit in den Gestalten des Hauptherganges. Das Bild des Museums von Brüssel, gemalt für den Hochaltar der Kapuziner von Tournay, hat die liebenswürdigeren Züge, den schöneren Ausdruck für sich, dasjenige des Museums von Antwerpen dagegen, gemalt 1624 für den Hochaltar der Abtei Sankt Michel, eine dramatische Entwicklung und Lichtverteilung, einen gewaltigen Aufbau und eine kecke Fernwirkung ohnegleichen; die Mitte des Bildes, etwas nach oben, nehmen die nach dem Kinde gerichteten Augen des Mohrenkönigs ein; Maria, rechts stehend mit dem Kinde, prachtvoll isoliert, wiegt ideal den ganzen (für den Blick zusammengeschobenen) Halbkreis von acht Stehenden und Knienden und zwei Reitern auf; hinten gegen die Luft Kamele und Gefolge. (Weitere Anbetungen als Hochbilder: Louvre, Ermitage und St. Jean in Mecheln.) Wer diese Werke nun überfüllt finden sollte, möge sagen, welche Figuren als entbehrlich zu kassieren wären.

X.

Weiter hat man Rubens auch schon „theatralisch“ gefunden, und diese und jene einzelne Figur kann ja diesem Vorwurf preisgegeben werden, wenn sie posiert, wenn sie von sich selber weiß, wie z. B. der an sich so prächtige St. Sebastian im großen Gnadenbild von St. Augustin zu Antwerpen, auch der Christus im größeren Münchner Weltgericht. Sonst aber muß bei diesem Tadel genau zugesehen werden. Vor allem herrscht ja bei szenischen Aufführungen wie bei Gemälden in völlig berechtigter Weise ein und dieselbe Wünschbarkeit: diejenige auf Schönheit, Wahrheit und Lebendigkeit des Gesamtanblickes, und auch der einzelne Moment des einzelnen Schauspielers, wenn er dramatisch wahr und optisch schön ist, kann möglicherweise dem Maler zur Anregung dienen, indem dieser seine eigene Intuition des Gegenstandes und Momentes etwa übertroffen fühlt. Da wir jedoch von irgendeinem Verhältnis des Rubens zu dem konkret vorhandenen Theater in denjenigen Ländern, die er gekannt und bewohnt hat, absolut keine Kunde haben (und da er, beiläufig gesagt, auch nicht für szenische Dekoration in Anspruch genommen wurde wie so manche italienischen Maler), so muß jene Möglichkeit dahingestellt bleiben, um so mehr, da der Quell des Lebendigen in seinem Innern solche Anregungen ganz entbehrlich machte. Das Falsch-Theatralische aber dringt in die Malerei ein auch in Zeiten und Gegenden, wo es noch so gut wie keine Szene gibt, wenn nämlich bei mangelndem inneren Antrieb die Erregtheit eines Vorganges durch Reflexion hervorgebracht werden muß, wobei der Maler selbst, wenngleich noch ohne Erfahrung von außen, sich tatsächlich als Schauspieler denkt, und hievon ist bei Rubens das klare Gegenteil ersichtlich. Erwäge man, wie selten seine Gestalten im lauten pathetischen Sprechen dargestellt sind, wie sie gar nie deklamieren, wie seine Hände bei allem Reichtum der schönsten Gebärde nie gestikulieren, und vergleiche man daneben die Franzosen von Ludwig XIV. an. Hier gab es eine berühmte Szene, die mit der Malerei in eine unvermeidliche Komplizität geriet, obwohl beide im Grunde nicht notwendig die nämliche Zuschauerschaft hatten. Der Schauspieler darf den Moment forcieren, schon weil es eben nur ein Augenblick ist; er darf auch den Charakter bis an die äußersten Grenzen treiben; wie befindet sich aber dabei der Maler, der ihm nachgeht? Antoine Coypel, der Freund des Racine, ging zugleich viel mit dem berühmten Schauspieler Bacon um, und da dieser, „um das Alltägliche zu vermeiden", bei aller sonstigen Meisterschaft in Charakteren und Situationen die Grenzen der Wahrheit und Natur überschritt und „in verzerrtem Ausdruck Kontorsionen darstellte", bekamen Coypels Figuren dies auf der Leinwand sehr deutlich zu empfinden. Man vergleiche z. B. im Louvre als wahres Spezimen eines kolossalen, völlig theatralischen Breitbildes voll gestikulierender Hände die gestürzte und weggeführte Athalia mit der Erhebung des Joas. Diese Mitherrschaft des Theaters brachte eben mit sich eine Vorliebe für allen exzessiven Ausdruck überhaupt, dieser aber, von den Malern weiter wiederholt, trat in den Gemälden einförmig, stereotyp auf, das Schlimmste, was dem Ausdruck geschehen kann, und Le Brun konnte ihn in Formeln fassen in seinem Rezeptbuch Conférences sur l'expression des passions. Fortan fallen dann auch bei biblischen Bildern dieser Schule jedermann Theaterszenen ein. In diesem Stil des Le Brun und Genossen denke man sich nun eine Szene wie die der Königin Tomyris, die das Haupt des getöteten Cyrus empfängt, und vergleiche damit die große Komposition des Rubens. (Wir sind auf einen Stich angewiesen, der wahrscheinlich dem Bilde im Besitze des Hauses Darnley entspricht, nicht aber der Redaktion im Louvre.) In der Mitte als einzige bewegte Figur der fast nackte, halbkniende Sklave, der das blutende Haupt über einem verzierten Becken hält, rechts die Gruppe von zuschauenden orientalischen Herren und Geharnischten, kaum in irgendeinem Geflüster begriffen, links über zwei Stufen stehend die Königin mit ihrer Oberhofmeisterin und hinter ihr noch drei Hofdamen, alle schweigend und kaum lächelnd; in wirklichem Gespräche sind nur die beiden jungen Pagen gegeben, die die Schleppe der Tomyris halten; der einzige helle Laut aber ist das Bellen eines Hündchens gegen den Kopf des Cyrus; die Szene ist eine prächtige Halle mit oberer Draperie und Luftausblick. Auch Paolo Veronese, dem Rubens hier so nahekommt als sonst irgendwo, würde mehr Bewegung und Pathos aufgewandt haben. Ein prächtiger, wenn man will, szenischer Anblick ist das Bild wohl, lehrreicherweise aber ohne den mindesten Zug des Theatralischen.

XI.

Bei Anlaß jener hier an so richtiger Stelle angebrachten Prachthalle mag über die Darstellung des Raumes überhaupt eine Bemerkung am Platze sein. Obwohl mit allen reichen Wirkungen der Spätrenaissance vertraut, hat Rubens doch immer nur so viel davon in seine Malerei aufgenommen, als der Gegenstand verlangt und als der Komposition zuträglich war. Schon die Galerie des Luxembourg, verglichen z. B. mit den Hallenbauten des Paolo Veronese, zeigt hierin seine Denkweise vollständig. Das Innere reicher großer Bauten komponiert er äußerst frei und völlig nach der malerischen Wünschbarkeit der lebendigen Gruppen, und man wird z. B. in den „Wundern des hl. Ignatius“ (Exemplar von Wien) einige Mühe haben, sich einer solche Kirche und Altaranlage aus der Wirklichkeit zu erinnern. Der Architekt und Perspektiviker in ihm lebt aber vorzüglich an Stellen, wo man ihn nicht sucht und ihm auch kaum je dankbar ist: in der unbefangenen Schöpfung der verschiedenen Pläne, auf denen seine Gestalten stehen, schreiten, steigen, sitzen, knien usw.; mit Stufenwerk, Treppen, brückenartigen Gewölben usw. erreicht er die Verschiedenheiten des Niveaus und der Entfernung und die beruhigenden Horizontalen, die für das Auge wünschbar sind. Bei Anlaß der „Wunder des St. Franz Xaver“ (Galerie von Wien) wurde bereits hierauf hingewiesen; was hier mit Stufen, Balustraden, Postamenten unvermerkt geschehen ist, bis die einheitliche Wirkung des Riesenbildes möglich war, verrät sich erst nach langer Betrachtung. Freilich, als Rubens in dem großen Gnadenbild von St. Augustin zu Antwerpen vierzehn Heilige mit einer Hl. Familie zusammenbringen mußte, war dies nur möglich mit Hilfe einer sehr sichtbaren Basis in der Mitte, einigen Vorderstufen und zwei Seitentreppen; oben seitwärts gehen dann die Anfänge einer schräg laufenden Säulenarchitektur in die Luft, wie sie Tizian in einige seiner Hintergründe eingeführt hatte, um die Voraussetzung eines gewaltig großen, draußen stehenden Baues zu erwecken (St. Markus mit den vier Heiligen; Madonna di casa Pesaro). Die volle freie Meisterschaft in diesen Dingen lernt man jedoch erst kennen in einem jener Bilder, da zwei Handlungen einer und derselben Hauptperson („kindischerweise“, wie die jetzige Welt meint) in einer und derselben Örtlichkeit vereinigt werden mußten, und zwar, wegen des unvermeidlichen Hochformates des Altars, übereinander. Es handelt sich aber um kein geringeres Bild als um dasjenige, das in St. Bavon zu Gent neben dem weltgeschichtlich berühmten Altarwerk der Brüder van Eyk noch heute eine volle Aufmerksamkeit auf sich zu ziehen imstande ist. Ein niederländischer Großer des 7. Jahrhunderts, Bavo, nach einem wilden Leben, verteilte seine Habe mit Einwilligung seiner Gemahlin an die Armen und meldete sich zur Buße bei dem hl. Bischof Amandus und dem Abt Florbert. Gegeben war also zunächst eine jener Almosenverteilungen, wie sie damals oft dargestellt wurden, und in der „Mildtätigkeit der hl. Cäcilia“, dem Fresko des Domenichino in S. Luigi de' Francesi zu Rom, hatten sie für Italien wohl ihre Höhe erreicht. Aber auch bei Rubens ist der hl. Bavo mit seinen zwei Dienern und den Armen und ihren Kindern eine der allerschönsten Bewegungsgruppen, daneben in hellem Licht die Gemahlin und zwei Begleiterinnen, und dies alles mit unvermerkter Hilfe verschiedener Stufenhöhen. Oben aber geht schräg durch das Bild aufwärts die Treppe, auf der derselbe Heilige mit herrlich dargestelltem Gefolge rasch emporsteigt, und unter einer Kirchenvorhalle harrt seiner der Empfang der beiden Prälaten und der Ihrigen. Die beiden Tatsachen berühren sich nicht im mindesten, und nun mögen Künstler sagen, wie und warum die wunderbare malerische Einheit des Ganzen für alle Blicke dennoch besteht. — In dem herrlichen Pestbilde von St. Martin zu Alost erscheint der brückenartige Bogen, vor dem unten die Gruppe der Elenden und über dem der hl. Rochus mit dem schwebenden Christus und einem Engel dargestellt ist, als motiviert durch das Kerkermäßige des Baues, wie denn auch der Heilige im Kerker gestorben ist. — Einmal ist Rubens auch an einer Anordnung solcher Art wie festgebannt geblieben. Es gab ein Hochbild des Paolo Veronese, eine Heimsuchung, etwa an einem Orgelflügel und etwas locker komponiert, jetzt vielleicht nur noch aus dem alten Stiche des Le Febre bekannt; hier war die Ankunft der Maria und zweier Begleiterinnen verdeutlicht durch das Aufsteigen über einige Stufen, die auf einem Bogen ruhen, und über demselben vor dem Hause wartete Elisabeth mit Zacharias und einer Dienerin; aus dem Bogen aber, am unteren Rand des Bildes, hatte Paolo drei, fast nur dekorativ gemeinte Halbfiguren, etwa Diener, hervorschauen lassen. Als nun Rubens für eines der Flügelbilder der großen Antwerpener Kreuzabnahme eine Heimsuchung malen sollte in noch viel schmälerem Hochformat (wie 1 zu 3, während Paolo nur 1 zu 2 innezuhalten hatte), benützte er ganz einfach für den Aufstieg, wo sich die beiden Ehepaare[31]) und die hier einzige Dienerin bewegen, jenen Bogen und gab demselben unten einen Durchblick ins Freie. So wunderbar zwanglos jedoch die schöne Gruppe der Fünf samt einem dorischen Säulenbau mit Weinlaub in dem schmalen Raum gelungen war, scheint es ihm um dieselbe doch gleichsam leid getan zu haben; in einer freieren Anordnung für den Stich nahm er das Ereignis ins Luftige auseinander, ordnete die Fünf und die Halle mit Weinlaub ganz neu an und fügte unten in der Mitte des Hofraumes, wie zur mehreren Bekräftigung der Ankunft aus weiter Ferne, einen gegen die Hauptgruppe zurückgewandten starken Knecht mit einem beladenen Lasttier hinzu — abermals jedoch in dieser sonst ganz erneuten Szene folgt unter dem Treppenabsatz jener Bogen mit dem Ausblick ins Freie. Und selbst auf weiteren Varianten fehlt dieser von Paolo stammende Bogen nicht, auch wenn nur Hühner darunter nach dem Futter picken, und nun mag unser hierin so pünktliches Jahrhundert feststellen, ob dies ein Plagiat gewesen und ob ein löbliches.

Wer aber das Raumvermögen des Rubens bis an seine äußersten Grenzen kennenlernen will, der möge unter seinen Darstellungen der Letzten Dinge den „Höllensturz der Verdammten“ (München, Pinakothek) ins Auge fassen. Als Fortsetzung, als Weitertönen des sogenannten „Kleinen Jüngsten Gerichtes“, in einer unbeschreiblichen Stimmung und mit voller Hingebung geschaffen, vermutlich ohne irgendeine Bestellung oder Anregung von außen, führt uns das Bild in eine entsetzliche Wolkennacht und in Sturmfluten, alles angefüllt mit herumgeworfenen Leibern von Unseligen bis in die weiteste Ferne, Höhe und Tiefe; die unerhörte Räumlichkeit aber wird sichtbar gemacht durch den Einbruch eines gewaltigen Lichtes vom Himmel her, das den Greuel in all seinen Gruppen berührt. Sieht man sich in der Kunst und Poesie aller Zeiten um, so wird vielleicht ein ähnliches Phantasievermögen am ehesten zu erkennen sein an einer direkt entgegengesetzten Stelle, nämlich in der schauerlichen Schilderung des Nicht-Raumes; der Sprechende aber ist Mephistopheles im zweiten Teil des „Faust", wo dieser Auskunft erhält über die Reise zu den „Müttern". Auf den verschiedensten Pfaden können ja Rubens und Goethe die allergößten mythischen Gefühle erwecken.

XII.

Wenn Rubens vor allem der große Maler der lebendigen Bewegung überhaupt und der bewegten Historien insbesondere war, so gab es doch auch für ihn unabweisliche Aufgaben, die nur die angedeutete, nur die seelische, nicht die starke äußerliche Bewegung gestatteten; aber auch hier wird man keinen Mangel empfinden. Wahrscheinlich noch in Italien und sogar in Mailand malte er für einen großen Kirchenaltar (jetzt in der Brera) das Abendmahl, nicht den Moment, da die Gewißheit des Verrates ausgesprochen wird (wie bei Lionardo), sondern denjenigen der Einsetzung, und zwar der Benediktion des Brotes, während der Kelch auf dem sonst leeren, mit der Ecke nach vorn geschobenen Tische steht; um diesen, höchst meisterhaft zusammengedrängt, die Apostel, vorn im Helldunkel Judas, der mit einem im Licht gegenübersitzenden Jünger und mit Christus eine mittlere Pyramide bildet; dazu ein wahrhaft geheimnisvoll wirkendes geschlossenes Licht von einem letzten Tagesschimmer und zwei starken Kerzen[32]). Vielleicht um dieselbe Zeit oder nicht viel später stellte Daniele Crespi denselben Moment der Einsetzung dar (jetzt ebenfalls in der Brera), aber im hellen Tageslicht, mit einem nicht schräg, sondern gerade durch das Bild aufwärts laufenden Tische, der noch mit Schüsseln und Tellern beladen ist; er übertraf den Rubens auf gut altmailändische Weise an gemütlichen Apostelköpfen, aber niemand gibt auf Christus acht vor lauter unbefangener Unterhaltung.

Lehrreicherweise hat es nun in der Nähe des Rubens einen Meister gegeben, der in großen Kunstmitteln von ihm abhängig war, die bewegte Komposition aber, zu der dieselben so wesentlich stimmen, nicht liebte. Jakob Jordaens hatte sich von Rubens her in hohem

Grade angeeignet die Fülle der leiblichen Bildungen, das Licht, die Farbenglut, die reiche Stoffdarstellung, ließ aber seine Gestalten womöglich ruhig sitzen oder auch stehen und liegen. Und nun sehen seine biblischen Bilder überfüllt aus, seine Bacchanale wirken durch das bequeme Sitzen dieser mythologischen Gesellschaft komisch, und mit welchem Lärm das Sitzenbleiben bei Jordaens überhaupt noch verträglich ist, zeigen seine großen Bohnenfeste und Hauskonzerte[33]).

Diesem und anderen gegenüber ist eben Rubens, soweit es nur der Gegenstand erlaubt, lauter Bewegung und Feuer. Das wenigste davon läßt sich in Worten andeuten, und doch muß dieses spezifische Vermögen noch an besonders sprechenden Beispielen nach Kräften klargemacht werden.

Von vornherein darf man über den Reichtum erstaunen, der ihm gestattete, große Kompositionen, die schon in vollendeten Bildern ersten Ranges vorhanden waren, völlig umzuwerfen und vom Boden auf neu zu gestalten. Von den mächtigen Altarbildern der Wunder des hl. Ignatius ist dasjenige der Wiener Galerie wohl das frühere und schon vor 1620 vollendet, dasjenige in St. Ambrogio zu Genua zwar schon um 1606 versprochen, aber erst 1620 nach Genua geliefert worden, und wir müssen es nicht nur für das spätere, sondern auch für das vollkommenere halten und zugleich für eines der größten Beispiele der Umgestaltung einer Komposition unter völliger Beibehaltung des Hauptinhaltes, so daß die bloße Erinnerung beide Bilder schwer scheiden kann. Beide Male ist es die Heilung von Besessenen links und Mütter rechts, mit gesunden Kindern, für die nur Segen oder Fürbitte des Heiligen gewünscht wird. Im Bilde von Wien herrscht nun die erstere Gruppe stark vor, mit dem besessenen Mann, der, in furchtbarer Verkürzung, kopfrückwärts zu Boden gestürzt ist, und mit der von satanischem Krampf geschüttelten Frau, beide von den entsetzten Angehörigen umgeben und gehalten — während das Bild von Genua nur die besessene Frau mit den Ihrigen und im vollkommensten Gleichgewicht gegenüber eine viel reichere Gruppe der Mütter enthält, vermehrt durch Andächtige aus dem Volk. Die größte Veränderung aber ist mit St. Ignatius vor sich gegangen, der dort im Halblicht mit jener wundersamen Gebärde der Hand den Exorzismus ausspricht, während er hier, anders gewendet, in vollem Licht, mit ausgebreiteten Händen, den Blick gen Himmel, offenbar einer heiligen Fürbitte für Kranke und für Mütter hingegeben ist. Ferner ist dort eine Anzahl Ordensbrüder als Reihe nach der Tiefe des Bildes hin aufgestellt, hier dagegen bilden sie eine dichte, etwas entfernte Schar, während zu beiden Seiten des Ignatius jugendliche Chordiener mit dem schönsten Ausdruck der Teilnahme auf die unteren Gruppen niederschauen. In dem Bilde von Wien, das pathologisch allerdings das weit mächtigere ist, war Rubens dem inneren Drange einer dämonischen Divination und derjenigen Erfahrung nachgegangen, wie sein Volk sie zu besitzen glaubte; im Bilde von Genua folgte er dem sanfteren Seelenausdruck und der Schönheit der Äquivalente, als er das Bild von Wien überlebt hatte.

Wiederum eine andere Art von Freiheit ist es, wenn Rubens in häufig komponierten Szenen dieselben oder ähnliche Figuren in Charakter und Ausstattung, nur mit stets neuer Anordnung und Bewegung vorführt. Namentlich in seinen Hochbildern und Breitbildern der Anbetungen der Hirten und der Könige kehren gewisse alte Bekannte mehrmals wieder, und es ist kaum nötig, dieselben namhaft zu machen. Für den Mohrenkönig und dessen Gefolge dienten ihm teils Studien nach dem Leben (wie denn in neuerer Zeit das Museum von Brüssel ein Bild von vier Köpfen des mehr oder weniger vollständigen Negertypus von seiner Hand erworben hat), und diese konnten ihm auch für Nebenfiguren, z. B. in seinen Bacchanalien, nützlich sein; teils in betreff der orientalischen Tracht jener mächtige, beleibte Levantiner, dessen Einzelbild, reich gekleidet, in der Galerie von Kassel vorhanden ist. Das Wesentliche aber ist der stets echte und ehrliche Ausdruck, womit all diese Gestalten wiederkehren, und die leichte Art, womit sie jedesmal neu und wie selbstverständlich in das allgemeine Leben des Bildes aufgenommen sind, denn von bloßen akademischen Füllstücken, wie sie etwa in großen Historien des Guido Reni vorkommen, ist nirgends die Rede. In den Anbetungen der Hirten erwachsen Andacht und Freude der nämlichen Leute aus dem armen Volke jedesmal wieder auf besonderem Lebensgrund; auch in den zwölf Kompositionen der Anbetungen der Könige, wovon zehn als ausgeführte Altarbilder vorhanden sind (und die Hochbilder darunter wurden schon oben erwähnt), hat Rubens mit der Macht des Lichtes und der Farben, mit Abwechslung von Bewegung und Ruhe, mit Äquivalentien überhaupt, dem Thema immer neue Seiten abgewonnen, und das einzelne, diese ihm vertraut gewordenen Charaktere, hat er offenbar geliebt und ist ihrer, bei ihren stets neuen Antithesen, gar nicht überdrüssig geworden. Dabei ist das Pathos hier ein ganz stilles, und man kann sich den feierlichen Augenblick als lautlos denken. In betreff der Örtlichkeit hat Rubens, wie schon manche Italiener und auch Venezianer des 16. Jahrhunderts, auf die Prachtruine des antiken oder Renaissancestil verzichtet und ein geringes Gemäuer oder einen Balkenbau oder den Raum vor demselben vorgezogen; ihm eigen ist dann die volle Liebe, womit er das Licht daran spielen läßt, und ländliches Gerümpel aller Art, Körbe, Geräte usw. mit darstellt. In der diskreten Anordnung der beiden typischen Tiere (Ochs und Esel) ist der größte Tiermaler aller Zeiten in diesen Szenen nicht mehr zu übertreffen, dazu kommen öfter noch herrliche Hunde.

Mit Jubel beginnt dann die ungehemmte Bewegung wieder schon in den Heiligen Familien. Was für eine Sprache diejenige „Unter dem Apfelbaum" in der Galerie von Wien redet, ist bereits oben anzudeuten versucht worden: die imposante Gegenwart und das volle Licht der ruhigen Madonnengruppe wird aufgewogen durch den Eifer des Äpfel reichenden Zacharias und der Elisabeth, aus deren Händen der kleine Johannes in kräftiger Profilrichtung dem Christuskinde entgegeneilen will. — In der „Flucht nach Ägypten" hat Rubens die Eile und Gefahr mit einer überirdischen Hilfe auf das ergreifendste zusammengebracht. Es entstand (1614) jenes magische kleine Bild der Galerie von Kassel: ein Waldbach bei Nacht und in der Ferne rechts eine Wasserfläche mit Mondspiegel, und nun zieht mit rätselhafter Schönheit die leuchtende Erscheinung an dem Beschauer vorüber, wobei das Licht einzig vom Kinde ausgeht, in den Armen der Mutter; ihr Tier wird von einem starken jugendlichen Engel durch den Bach geleitet, während ein zweiter, auf einer Wolke schwebend, mit einem Stabe den Weg andeutet; Joseph in raschem Schreiten schaut besorgt zurück, denn in der Ferne sprengt ein Reiter, der zu den Verfolgern gehören wird. Das Werk ist zugleich merkwürdig als eines jener Teilplagiate, da Rubens, angeregt durch die Schöpfung eines anderen, zwar mit dem Kopieren beginnt, aber zugleich zeigt, wie dieser es eigentlich hätte anfangen sollen. Das Vorbild war Adam Elzheimer, den Rubens in Rom kennen und, wie es scheint, hochschätzen gelernt hatte; seine mehrmals (u. a. in der Pinakothek von München) vorhandene Flucht nach Ägypten hat mit der des Rubens gewissermaßen die Anlage des Ganzen und die Proportionen von Höhe und Breite gemein sowie auch die bei Elzheimer (vielleicht zum erstenmal?) vorkommende Reise bei Nacht, womit die gesteigerte Gefahr angedeutet wird, allein es fehlen noch die Engel, und das Licht geht von einer Fackel aus, die Josef trägt, und ein zweites Licht von einem starken fernen Hirtenfeuer, anderer Unterschiede nicht zu gedenken.

Christus als Kind zwischen Mutter und Pflegevater wurde als feierliche und ruhige Altargruppe in allen Schulen des 17. Jahrhunderts dargestellt, meist durch Zutat eines Empyreums zum Trinitatisbilde erhöht. (Berühmte Werke, besonders von Albani und Murillo.) Rubens dagegen, laut einem Stiche des Bolswert, versetzte in seiner Empfindungsweise die Szene ins Freie; das Kind geht zwischen Maria und Joseph übers Feld, und beide halten es, aber es drängt sie voran, und die Unterschrift des Stiches: et erat subditus illis (aus Luk. 2, 51) geht nur bedingterweise in Erfüllung, und Gottvater und die Taube oben bleiben unbeachtet.

Ganz mächtig und tragisch aber verbindet sich die starke Bewegung mit einem der großen Momente der Passion, und hier hat Rubens in einzig originaler Weise das Erschütternde bis auf die volle Höhe gesteigert; es ist die große Kreuztragung des Museums von Brüssel, gemalt für die Abtei von Afflighem und vollendet 1637. Die Komposition ist in vier Stadien bekannt: einem anfänglichen Stich des Paulus Pontius, zwei kleinen Ölbildern und endlich dem Hochbild für den Altar, und jedesmal wird die Erzählung einfacher, mächtiger und furchtbarer; der Beschauer wird in langes Mitdulden hineingezogen, indem der Zug einen steilen und engen Bergweg hinangetrieben wird, vom Rücken gesehen, jedoch so, daß die Hauptgestalten sich nach vorn umwenden; in der Mitte, um den hinsinkenden Christus herum, bilden erst in der letzten, reifsten Redaktion die hl. Veronika und die Frauen von Jerusalem mit ihren Kindern samt dem einen das Kreuz unterstützenden Schergen jene beinahe symmetrische Lichtmasse; aus dem unteren Rande aber tauchen jetzt, von Kriegern geschleppt, die beiden Schächer als Halbfiguren empor, und nachdem sie laut dem Stiche vorn im Zuge mitgegangen und kaum bemerkbar gewesen waren, verstärken sie nunmehr die düstere Wirkung dieses „Aufwärts“ in ergreifender Weise.

Auch dem Gräßlichen konnte sich Rubens so wenig unbedingt entziehen als einst im 15. Jahrhundert seine berühmten niederländischen Vorgänger, wenn sie die Martern von Heiligen malen mußten. Für die Jesuitenkirche von Gent malte er eigenhändig das Martyrium des Ortspatrones St. Lievin, und in Lichtern und Tönen ist es anerkannt ein Meisterwerk (Museum von Brüssel). Die Mitte des Bildes wird scharf betont durch das feuerrote Barett desjenigen Schergen, der die ausgerissene Zunge des Heiligen an einer Zange einem Hunde darreicht; links wird St. Lievin selber durch einen Schergen, der ihn am Barte ergriffen hat, zu Boden gezerrt, anderer wüster Züge nicht zu erwähnen; oben in der Luft, über erschrockenen Soldaten und einem bäumenden Schimmel, wenigstens nicht ein himmlisches Konzert wie über damaligen italienischen Martyrien, sondern Racheengel; als erstaunliches Äquivalent der ganzen Henkerszene links aber wird die ganze untere Ecke rechts eingenommen durch einen Hellebardier, der noch mit dem Kopfe zurückgewandt ist gegen die himmlischen

Erscheinungen, bereits aber nach der anderen Seite wie wahnsinnig von dannen stürzt, in echter Rubenscher Vereinigung eines vorhergehenden und eines kommenden Momentes.

Bei der Marter des hl. Laurentius (München, Pinakothek, stark restauriert) mag Rubens recht wohl des Wetteifers mit dem berühmten Tizian der Jesuitenkirche in Venedig sich bewußt gewesen sein. Der große Venezianer hatte sich auf die Schönheit des einzelnen, zumal des auf dem Rost ausgestreckten Körpers, auf seine drei verschiedenen Lichter, auf einen großen baulichen Hintergrund und andere Reizmittel verlassen können; Rubens dagegen machte den Heiligen, der, auf dem Rost sitzend, durch Schergen zurückgebogen wird, zur genauen Mitte einer stark bewegten und durch eine große Horizontale doch optisch beruhigten Komposition, die gegenüber der lockeren Anordnung Tizians die feste Geschlossenheit für sich hat; alle Ursachen snd mächtiger und die Wirkung einheitlich.

Und hier hielt sich Rubens noch innerhalb des von ihm stets mit hohem Ernst und Andacht behandelten Altarbildes, während ihm sonst auch biblische so gut wie mythische Szenen Anlaß bieten konnten, der Kraft des Momentanen ihren vollen freien Lauf zu lassen. Um jene Zeit, etwa von 1617 bis 1619, die die Münchener Löwenjagd, die Amazonenschlacht, die Bilder aus der Geschichte des Decius entstehen sah, malte er z. B. den Untergang von Sanheribs Heere. Laut der Bibel (2. Könige 19, 35) schlägt zwar der Engel des Herrn in einer Nacht im Lager der Assyrer 185.000 Mann, aber es ist damit deutlich eine Lagerpest gemeint: „und als man sich des Morgens frühe aufmachte, siehe, da waren sie alle tote Leichen." Rubens dagegen gibt einen durch Engelserscheinungen verursachten wirren und wütenden Fluchtausbruch, eine Schlacht ohne irdische Feinde, vorwiegend von Reitern, und auch die Rosse sind außer sich, und dies alles mit Strömen von Licht und Nacht. Und in der nämlichen Pinakothek von München, die dies Bild enthält, findet sich als offenbares und gleichzeitiges Gegenstück (und genau von gleichen Maßen, 95 cm Höhe zu 121 cm Breite) die Bekehrung des Paulus; auch hier eine überirdische Erscheinung, nämlich Christus mit Kinderengeln, als Riß durch den Nachthimmel, und auf Erden ein Getümmel ohne irdischen Feind, aber ganz anders angeordnet: die durch das ganze Bild gehende Gruppe des Mittelgrundes, Leute und Rosse in prächtiger Verwirrung, ist durch ein erhelltes Terrain getrennt vom Vordergrund mit dem kopfabwärts vom Rosse gestürzten Paulus und drei Begleitern. Wer kann nun sagen, wie viele solche visionär beleuchtete heroische Gewühle von Mann und Roß noch im Grunde von Rubens' Seele schlummerten? Zugemutet wird das Thema in neuerer Zeit niemandem; damals aber, und bei ihm, hat es sich wohl einstellen müssen.

Unvermeidlich erbte Rubens ferner aus Malerei und Skulptur der ganzen Renaissance die große Aufgabe der Entführungen, wobei heftig bewegte prachtvolle weibliche Körper die Herrschaft üben. Sie können vor sich gehen auf Erden, und die Entführung der Leukippiden durch die berittenen Söhne des Boreas wurde bereits als eine der mächtigsten und schönsten Momentschöpfungen des Meisters erwähnt. Mit Roß und Wagen erscheint dann Pluto, um Proserpina mit sich zu reißen, durch mehrere, auch friesartige Darstellungen hindurch, vom Stiche des Soutman bis zu dem Bilde der Galerie von Madrid. Ganz besonders aber mußte Rubens die Entführungen in den Lüften schätzen, da das weibliche Wesen in freiester Schönheit des Umrisses schweben kann; und emporgehoben durch einen nackten Alten, gilt es in den damaligen Schulen meist als die von der „Zeit" geraubte „Wahrheit".

Nun ist zugegeben, daß im letzten Bilde der Galerie des Luxembourg (Louvre) die schwebend gehaltene „Wahrheit", einer der allerschönsten Akte des Rubens, nicht als vom Zeitgott geraubt, sondern als bewahrt und gerettet gilt (la Vérité soutenue par le Temps); aber eine ganz unzweifelhafte, sogar gewaltsame Entführung in den Lüften ist (Akademie von Wien) die der Oreithyia durch den greisen Boreas, der seine Backen aufbläst, und was die drei im grauen Wolkenraum mitschwebenden Putten in den Händen tragen, sind große Hagelkörner. (Eigenhändig und von der besten koloristischen Wirkung, wobei auch die Farben der schwebenden Gewänder in Betracht kommen.)

Das Thema gipfelt dann — und schon seit dem 15. Jahrhundert — in der Massenentführung, und zwar zum Teil durch Berittene; es sind die Römer unter Romulus und die jungen Sabinerinnen, und man darf vom malerischen Gesichtspunkte aus fragen, ob die Szene wünschbar war; außer aller Frage stand es jedoch, daß Rubens einmal dieselbe so malen würde. Das schöne eigenhändige Bild der National Gallery ist nicht etwa ein Gegenstück des oben erwähnten Münchener Gemäldes von der Versöhnung der Römer und der Sabiner, sondern von viel kleinerem Maßstab und ganz anderer Stimmung. Raub, Widerstand und Jammer sind in erstaunlicher Abwechslung dargestellt, in den drei Gruppen des Vordergrundes aber, namentlich in der schönen dicken Frau, die die Hände faltet — unam longe ante alias specie ac pulchitudine insignem, wie Livius (I, 9) sagt —, sowie in der meisterlichen Gruppe rechts, wo ein berittener Räuber durch einen anderen beim

Heraufheben einer Geraubten auf das Pferd unterstützt wird, wirkt Rubens heiter und schlägt wohl wissentlich ins Komische um.

Was soll man vollends von Simson und Delila (Pinakothek von München) denken? Frühere hatten den Helden schlafend dargestellt, auf dem Knie der Buhlerin, die ihm ganz bequem die Locken abschneidet. Rubens möchte nun, wenn uns die Erinnerung nicht täuscht, der erste gewesen sein, der ein Momentbild der schärfsten Art schuf, indem er den erwacht Auffahrenden malte, da er bereits von feindlichen Kriegern überwältigt und gefesselt wird. Es folgt, in der Anordnung eine bloße Variante, aber mit wichtigen psychologischen Veränderungen, der Simson des van Dyck in der Galerie von Wien, dann der des Rembrandt (Kassel) und das in lauter Einzelzüge des niederträchtigen Hohnes aufgelöste Bild des Jan Steen im Museum von Antwerpen, und fortan möchte Simson überhaupt nur noch als Überwältigter gemalt worden sein. Als feinere Szenen aus dem tragisch sowohl als ironisch aufgefaßten „Lauf der Welt" kommen jedoch nur die Bilder des Rubens und des van Dyck in Betracht, und der letztere hat dann den Lehrer übertreffen können in dem vornehm gleichgültigen „Fahre hin!" der Delila und dem schmerzlich auf sie gerichteten Blick des Helden, denn bei Rubens war dieser nach der anderen Seite hin gewandt. Gemeinsam, als Moralität, bleibt beiden Bildern der Verrat der Buhlerin und die Bewältigung auch des Höchstbevorzugten durch die vielen, wenn seine Stunde geschlagen hat. Die Alte hinter Delila hat bei Rubens, wie billig, denselben Ausdruck wie diese, nur auf einer anderen Stufe und im Profil.

XIII.

Das erzählende Kniestück biblischer und weltlicher Art konnte insofern nicht die Gattung des Rubens sein, als seine besondere Macht, die Bewegung, wesentlich an der vollständigen Entwicklung der Leiblichkeit hängt. An Vorbildern, zumal venezianischen, hätte es ihm jedenfalls nicht gefehlt, und auch von Caravaggio muß er unbedingt Kniestücke gekannt haben, ja sein „Zinsgroschen" trifft mit einer dem Caravaggio zugeschriebenen Komposition nahe zusammen. Es ist schon an sich eine der meist geeigneten Aufgaben für das Kniestück: die Vorweisung einer Münze, ein Gespräch und dessen Reflex in den Zügen der Anwesenden, ja man darf behaupten, daß der so völlig ruhige, fast nur physiognomische Moment die Darstellung in vollständigen Figuren sogar ausschloß. Wir urteilen nach einer der vielen Kopien (Louvre), ohne sagen zu können, wo sich jetzt das eigenhändige Werk befindet, und schon hier ist die ganze Kunst und Weisheit des Rubens offenbar in der so einfach schönen Darstellung des Herganges mit Christus in vollem Lichte, und wir dürfen schließen, daß das Original auch in Bildung und Gebärde der Hände, auf die ja hier so vieles ankommt, ein Wunderwerk sein kann. Aus einer ähnlichen malerischen Inspiration, aber einer erhabeneren Welt, stammt eine „Verleihung des Amtes der Schlüssel" durch den verklärten, halbnackt gegebenen Christus (Stich). Von dem Christus mit der Ehebrecherin, jener von allen berühmten Venezianern gemalten Szene, soll es in England drei Darstellungen des Rubens geben, vermutlich ebenfalls in Kniefiguren. Noch einmal, wenngleich nicht eigentlich ein erzählendes Bild, muß hier auch der Christus mit den vier großen Sündern (Pinakothek von München) genannt werden, wegen der offenbaren Verwandschaft in der malerischen Wirkungsweise. Sehr richtig empfand dagegen Rubens, daß ein großer Augenblick, wie derjenige in der Herberge von Emmaus, der damals öfter als Kniestück gemalt wurde, ganze Figuren verlange, sobald die innere Bewegung der Jünger zur vollständigen Äußerung durchdringen solle, und in seiner Komposition (dem bereits erwähnten Stich) lebt die volle Schönheit und Macht seines Gefühls. — Bilder, wie der Christ à la paille und der „Ungläubige Thomas" (beide im Museum von Antwerpen), für Grabdenkmäler bestimmt, hatten schon einen sehr mäßigen Umfang innezuhalten, während für Vollständigkeit des Ausdruckes doch die Lebensgröße erwünscht war, auch ließ sich der Moment schon im Kniestück mit voller Kraft erledigen. Im Bilde des Thomas ist dieser von nur zwei anderen Jüngern begleitet, auch wird hier nicht die Seitenwunde des Christus berührt wie z. B. bei Guercino, der das Hineinschieben der Finger in dieselbe so wörtlich nimmt; es genügt schon die Wunde der linken Hand. (Joh. 20, 24 ff.)

Das weltliche Kniestück ersten Ranges ist dann der menschensuchende Diogenes, den wir freilich nur nach dem zweifelhaften Exemplar des Louvre beurteilen können. (Eigenhändige Skizze: Frankfurt, Städelsches Museum.) Das Gefolge des Philosophen sind drei Weiber: eine Mutter mit Kind, eine andere mit Fruchtkorb, und zwischen ihnen die bekannte lachende Mohrin; vor Diogenes und seiner Laterne macht sich alles davon, und zweie klettern an einer Säule empor; in der Mitte eine hübsche Frau, die es etwa will darauf ankommen lassen, ob Diogenes in ihr das Menschliche erkenne. Alles Passive ist meisterlich zusammengedrängt und der Weise frei gehalten, wie es Jordaens nicht vermocht haben würde, den man schon für den

Urheber gehalten hat. Dafür überließ Rubens dem Jordaens (und dem Theodor Rombouts unter anderen) das große Genrebild in Kniefiguren wie in Halb- und Ganzfiguren; das beste aber, was daran ist, stammt doch von der Anregung durch Rubens her.

Bei den Bildern des bacchischen Kreises, von denen weiterhin zu reden sein wird, kam es darauf an, ob ein vollständiger Eindruck schon mit dem Kniestück zu geben war, und Darstellungen in ganzen Figuren hatten allerdings den Vorteil, daß Putten, Panisken, Jagdhunde usw. mitlaufen konnten. Zum Schönsten aber gehören doch einige Kniestücke, und bisweilen sind auch diese reich an Bewegung, wenn ein moresker Pan eine prächtige nackte Tamburinspielerin liebkosen will, während ein Bacchant, rasch voranschreitend, die Flöte bläst oder der trunkene Silen von mehr oder weniger treuen Genossen geführt wird. Hier kommt es nur darauf an, ob man noch imstande ist, auf die Heiterkeit des Rubens einzugehen und ob das betreffende Bild der Eigenhändigkeit wenigstens noch nahesteht.

XIV.

Gnadenbilder, große Altäre der Muttergottes mit Heiligen gibt es von Rubens nur wenige, die jedoch sämtlich zum Wichtigsten gehören, was von ihm vorhanden ist[84]). Es sind unter den Gnadenbildern der damaligen Italiener eine Anzahl sehr vorzügliche, allein auch diese rücken tief in den Schatten neben dem großen Triptychon der Galerie von Wien: dem Altar des hl. Ildefons. In dem Mittelbilde ist dieser heilige Erzbischof von Toledo dargestellt, wie er kniend von Maria ein Meßgewand empfängt. Diese, ein gütiges königliches Wesen, auf prachtvollem Thron, ist begleitet von vier heiligen Frauen des mächtigsten Typus in völlig unbefangener Anordnung, ihre Blicke auf St. Ildefons gerichtet, und auch die drei oben schwebenden Putten sind von den großartigsten des Rubens[85]). Dazu hat das Bild bei geschlossenem Licht eine visionäre goldene Dämmerung, wie sie sich selbst bei keinem der großen früheren Venezianer gerade in dieser Weise findet; höchst merkwürdig ist es aber, daß dann die Flügelbilder, wo Erzherzog Albert und Infantin Isabel, von ihren Namensheiligen empfohlen, an Betpulten kniend, nicht in jener Dämmerung, sondern wie draußen in abendlichem Tageslicht unter Säulenhallen mit roten Draperien dargestellt sind. Im ganzen einer der erstaunlichsten Anblicke der neueren Kunst, zugleich ein unvergleichliches Votivbild feierlicher Fürstenandacht. Früher hatte Rubens die in Verehrung der Dreieinigkeit kniende Familie Gonzaga noch andächtiger dargestellt (Bibliothek von Mantua, zwei Fragmente), allein seine Mittel der Belebung und seine Macht über Licht und Luft waren seither gewaltig gewachsen. — Endlich hat dann noch im Laufe des Jahrhunderts neben den St. Ildefons des Rubens derjenige des Murillo treten müssen (Museum von Madrid), weit mehr eine erzählende Szene, indem statt der heiligen Frauen vier erwachsene Engel anwesend und an dem Vorgang der Überreichung des Meßgewandes lebhaft beteiligt sind; dazu (nach der Photographie zu urteilen) Tageslicht, silberne Luft und ein Gewölk mit einer Schar von Putten und Cherubim. Und nun ist es höchst wohltuend zu sehen, wie die Heroen von Antwerpen und Sevilla einander ausschließen und sich in der Erinnerung des Beschauers doch kein Leid antun.

Sodann hat Rubens (1628) für St. Augustin in Antwerpen, und zwar wohl für einen Altar, der Reliquien vieler Heiligen enthielt, dasjenige ruhmvolle Bild gemalt, von dem bereits bei Anlaß der Anordnung des Raumes die Rede gewesen ist. Die Veraugenblicklichung des Gnadenbildes war einst schon ein großes Hauptziel des Correggio gewesen, und auch bei Raffael lebt sie als solches z. B. in der Madonna di Foligno; allein für den Altar von St. Augustin mußten nicht weniger als vierzehn Heilige mit einer in der Höhe befindlichen Heiligen Familie in Beziehung gebracht werden, und jedes sollte zu seinem Leben und zu seinem Rechte kommen und durfte den anderen nicht im Wege sein. In einem strengeren älteren Stil ließe sich nun wohl ein feierlicheres Ganzes postulieren, allein die mehreren Kleinwiederholungen und Stiche zeigen, wie völlig Rubens hier seiner Zeit und seiner Nation entsprochen hat. Eitel wäre es nun, in beschreibenden Worten der Lebensfülle und zugleich dem festen Gefüge dieses Bildes nahekommen zu wollen, das schon im ganzen einen fast regelmäßigen Kranz von Gestalten bildet, und auch im einzelnen die schönsten verhehlten Symmetrien enthält. Jetzt in stark verletztem Zustande vorhanden, war dasselbe einst durch sein Kolorit noch besonders berühmt. Da mehrere Heilige irrig benannt zu werden pflegen, mag hier die gesicherte Nomenklatur[86]) folgen, von oben herab gerechnet: zu beiden Seiten der Heiligen Familie und der St. Katharina (im Moment der Verlobung mit dem Christuskinde) Johannes der Täufer und Petrus mit Paulus; weiter abwärts auf der einen Seite die zusammengedrängte Gruppe der hl. Magdalena, der St. Klara (mit der Waage), St. Agnes und St. Apollina; dann groß unten im Vordergrund Sankt Nikolaus von Tolentino (mit dem Brot), St. Laurentius und Sankt Augustin (mit dem flammenden Herzen in der Hand), und als Äquivalent jener (oben als theatralisch bezeichnete) prächtige St. Sebastian in eifrigem Gespräche mit dem auf seinem Drachen stehenden Sankt Georg; und mitten zwischen diesen Fünfen steigt, vom Rücken gesehen, die Stufen hinan der geharnischte St. Wilhelm von Aquitanien. Die Putten sind auch hier nur sparsam und in höchst geeigneter Funktion angebracht: der kleine Blumenspender bei der Verlobung des Christuskindes, die beiden mit dem Lamm des Täufers, der oben auf das Haupt der Maria herabschwebende mit dem Kranze. Bezeichnend für das Ganze solcher Bilder erscheint es, daß die Muttergottes nicht auf die so nahe kniende Katharina, sondern mitten in das Bild hinab und — darf man beifügen — auf die Andächtigen schaut. Wie schön aber mag einst das kräftige Licht der unteren Gruppe in das ätherische Licht der oberen, mit dem großen himmlischen Strahl, übergegangen sein, als das Gemälde noch völlig erhalten war.

Die weltberühmte Muttergottes mit Heiligen über dem Grabe des Rubens, in der Schloßkapelle von St. Jacques zu Antwerpen, will uns ganz offenbar etwas Besonderes anvertrauen und ist auch mit besonderer Liebe wahrscheinlich in der letzten Lebenszeit des Meisters gemalt — ob für sein Begräbnis, bleibt zweifelhaft. Ein glücklicher Erklärer wird vielleicht einst in den intimen Sinn eindringen; die erste Vorbedingung hierzu möchte jedoch darin bestehen, daß man aufhöre, in den Köpfen „Rubens und seine Familie" erkennen zu wollen. Isabella Brant und Helena Fourment sind in keiner dieser heiligen Frauen, auch nicht in der Madonna und in der Magdalena, dargestellt, und dem hl. Georg mit dem Banner, wie er hier gegeben ist, hat Rubens in gar keiner Epoche seines Lebens geglichen. Die Deutung, wenn sie möglich ist, müßte von der offenbaren Hauptperson ausgehen, jenem knienden Prälaten oder Kardinal in der Mitte des Bildes, dem das Christuskind das Händchen an die Lippen reicht zum Kusse und den man völlig willkürlich als Vater des Rubens zu benennen pflegt. Im Vordergrunde bildet St. Hieronymus mit seiner heftig hingeworfenen Stellung wohl nur das Äquivalent zu dem raschen Schritte des hl. Georg; was er hier sachlich bedeutet, wäre erst zu ermitteln.

XV.

In zehn Kompositionen, meist sehr großen Altarwerken, hat Rubens Marien Himmelfahrt dargestellt, und mit ihm erst (und dann auch mit italienisch geschulten deutschen Malern, besonders Freskanten) kam das große Thema in seiner neuesten Fassung nach dem

Norden: die zwischen Engeln und Wolken Emporschwebende über den unten, meist am Sarkophag versammelten Aposteln. Bisher hatte man diesseits der Alpen als letzte Vollendungsszene des Marienlebens die Krönung der heiligen Jungfrau durch Christus oder durch die Dreieinigkeit betrachtet[37]). In Italien war sowohl dieser Moment — die Incoronata — als die Himmelfahrt — die Assunta — schon längst häufig auf Altäre und (in Fresko) an die Kirchenmauern gelangt, und allmählich hatte die Assunta das Übergewicht erreicht. Tizian hatte ihr schon 1518 auf dem Hochaltar der Frari zu Venedig die höchste Majestät abgewonnen. Nur zu häufig wurde dann dieser höchste Akzent der kirchlichen Kunst, der ein seltener hätte bleiben dürfen, auch durch minder Berufene wiederholt, und von der Assunta ging auch auf die bloßen Gnadenbilder die Gewohnheit über, die Madonna, von Engeln und Putten reichlich begleitet und mit dem Ausdruck der Verzückung, oben in die Wolken zu rücken, nachdem sie früher in der Mitte der Heiligen gethront hatte. Diese Lage der Dinge übernahm dann in Italien der neue kräftige Kunstgeist zu Ende des 16. Jahrhunderts, und diese ist es, die Rubens dort antraf. Im Gnadenbild hat er den Italienern nicht nachgegeben, sondern die Madonna in der Umgebung der Heiligen gelassen, und er behauptete damit, woran ihm so sehr gelegen war, die große, auch koloristische Einheit der Darstellung. Mariens Krönung durch die Trinität lebt in einem ganz ansprechenden, von ihm wenigstens übergangenen Bilde der Werkstatt (Museum von Brüssel); die Assunta dagegen wurde eine seiner ganz großen neuen Lebensaufgaben. — Hier hat man nun das Recht, nach den näheren Umständen zu forschen, die den Anlaß darboten. Das früheste dieser mächtigen Bilder, das bereits den wesentlichen Willensinhalt der späteren umfaßt (Museum von Brüssel), wurde für den Hochaltar der Karmeliter von Brüssel bestellt durch Albert und Isabel; der Erzherzog aber hatte lange Jahre seines Lebens in Rom und Italien zugebracht. Dieses herrliche Bild kann dann recht wohl das dringende Verlangen nach weiteren Darstellungen der Himmelfahrt erst erweckt haben, und große Stiche verbreiteten wahrscheinlich schon sehr bald verschiedene Kompositionen des Rubens, vielleicht auch schon die vorläufigen Entwürfe zu solchen, in alle Lande. Wenn aber das Thema jetzt in gewissem Sinn ein italienisches war, so trat doch hier eine ganz neue Auffassung ins Leben, ohne einen Zug von dem Wunderwerk des Tizian, das Rubens doch so genau gekannt haben muß[38]), und auch unabhängig von den Carracci, die er hier so weit überflügelt; die Assunta des Agostino (Pinakothek von Bologna) braucht er nicht gekannt zu haben, und die des Annibale

(Dresden) würde ihm eher zur Warnung gereicht haben, wie die Sache nicht zu behandeln sei; den großen schönen, aber stellenweise stark akademischen Guido in St. Ambrogio zu Genua hat er in Italien nicht mehr erlebt und ebensowenig dessen Münchener Assunta.

Vor diesem letzteren Bilde, das nur die Schwebegruppe ohne den Sarkophag mit den Aposteln darstellt, darf man einen Augenblick innehalten. Guido Reni, der wohl am höchsten Begabte unter den italienischen Zeitgenossen des Rubens, muß sonst nicht nur im Kolorit, sondern auch im Leben der Erzählung neben ihm zurückstehen, und manche seiner anziehendsten Figuren stellen sich im Bilde ein, nicht weil dieses, sondern weil der Maler es so verlangt hat, während bei Rubens alles einzelne dem lebendigen Ganzen untertan zu sein pflegt. Allein in dieser Assunta des Guido lebt, bei nur mäßiger Durchführung (und mangelhafter Erhaltung), eine große italienische Idealität, und die Hauptgestalt hat in Moment, Haltung und Umriß das Gewaltigste voraus vor allen Assunten des Niederländers. (Das abschätzige Urteil des Herrn v. Schack macht uns hier nicht irre.)

Eine weitere Vorbemerkung bezieht sich auf die jugendlichen weiblichen Gestalten, die den Aposteln am Grabe beigegeben sind. Rubens wird sie um des malerischen Reichtums willen gerne hinzugefügt haben, und sie gehören meist zu seinen schönsten Köpfen[89]) und wirken an ihrer Stelle wunderbar und jedesmal neu; doch hatte er nötigenfalls eine tausendjährige Sage für sich, wonach beim Sterben der Maria außer den Aposteln auch drei heilige Jungfrauen sich eingefunden hatten, denen es hernach oblag, die Leiche zu waschen und einzukleiden. Sonst erscheint in diesen Bildern jenes Phänomen wieder, das bei den Anbetungen der Hirten und der Könige vorkam: Wiederholungen eines sehr ähnlichen, stellenweise identischen Personals in jedesmal neuer Verwendung, und z. B. Johannes und Petrus gehen kenntlich als dieselben durch alle diese Kompositionen.

Als besonderes Problem, als die Assunta der wenigsten Figuren und der gedrängtesten Anordnung, erscheint dasjenige Bild, das in der Pinakothek in München befindlich, aber (laut dem neueren Katalog) nicht mehr aufgestellt ist, eine kleinere, unseres Erinnerns vortrefflich gemalte Wiederholung eines noch jetzt in Düsseldorf befindlichen großen Werkes. Hier ist nicht sowohl die schräg aus dem Bilde schwebende Jungfrau mit den lieblichen Putten die Hauptsache, als vielmehr das im Vordergrund ausgespannte linnene Grabtuch mit den darauf vorgefundenen Rosen und Lilien, und die nach beiden Seiten geteilte Verehrung der Apostel und der heiligen Frauen ist mit höchster Augenblicklichkeit zur Einheit verschmolzen. — Sonst beginnt mit der bereits erwähnten Assunta von Brüssel die Reihe der ungehemmten, aller Macht und Pracht dahingegebenen Großmalereien, die vor allem Triumphe jener Abtönung des Lichtes sind, vom Irdischen, räumlich Sicheren mit seinen tiefen leuchtenden Farben aufwärts bis in das ätherisch Helle. Außer der genannten sind uns noch fünf andere gegenwärtig: eine in der herrlichen Zeichnung der Uffizien — das Bild der Galerie Colonna in Rom, Kopie eines uns nicht bekannten Originals — das berühmte, ganz eigenhändige Werk der Galerie von Wien, aus der Jesuitenkirche von Antwerpen — das große Bild von unbekannter Herkunft in der Galerie Liechtenstein — und der Hochaltar des Domes von Antwerpen — und neben diesem allem kommen noch jene mehreren Stiche in Betracht, die einzelnen dieser Gemälde mehr oder weniger genau entsprechen.

Unzulänglich — nicht innerhalb seines einmal als gegeben angenommenen Stiles, doch im Verhältnis zu den inneren Voraussetzungen der Aufgabe und zur übrigen hohen Kunst — erscheint nun hier Rubens überall in der Madonna. Auf die Gefahr hin, höchst einseitig und unwissenschaftlich zu erscheinen und den Meister nach einem Rechte zu messen, das nicht das seinige war, müssen wir als Zeugen gegen ihn gelten lassen nicht nur die Verklärte des Tizian und die Sixtinische Madonna Raffaels, sondern auch Guido mit der Assunta von München und mit seinen Altarbildern der heiligen Empfängnis (in San Girolamo zu Forli und in der Bridgewater Gallery zu London). Und zwar ist es nicht die Idealität der Züge in diesen Bildern, was man bei Rubens zu vermissen das Recht hätte, wohl aber die des Ausdruckes. Einmal, nach der Zeichnung der Uffizien zu urteilen, hat er vielleicht ein Höchstes erstrebt: die Jungfrau, nicht mehr jugendlich, aber in tiefer ekstatischer Sehnsucht, kniet auf den Wolken. Überall sonst hat Rubens — in derselben Verblendung, die auch Italiener (und selbst Guido in der großen Himmelfahrt von San Ambrogio) teilten — die Madonna auf Wolken sitzen lassen, während doch der Augenblick die stehende oder schwebende Gestalt durchaus verlangt; um aber gleichwohl das „Aufwärts" anzudeuten, ist ihr mehr als einmal eine schräge Richtung gegeben. Ihr Kopf hat jene reiche, matronale weltliche Bildung anderer Madonnenköpfe des Rubens und erhebt sich nur in dem Bilde von Antwerpen zu größerer Süßigkeit. Auch in der Gebärde der erhobenen Arme ist der sonst ewig sichere Rubens eher befangen. Reich und schön dagegen und in jedem Bilde verschieden lautet der Reigen der umgebenden Putten, und in der Assunta von Wien bildet die himmlische Gesamterscheinung eine regelmäßige, wenn auch schön verhehlte Raute. Die große Puttenwelt des Rubens hatte gleichsam einen stets neuen Anlaß und Quelle des Lebens an diesen Himmelfahrtsbildern.

Die unteren Gruppen aber in ihrer so völlig verschiedenen Anordnung und Belebung der Apostel und heiligen Frauen könnten allein schon dem Rubens die Bewunderung aller Zeiten sichern, sobald man sich den Reichtum an dramatischen Ideen und malerischen Mitteln näher vorstellt. Die äußerlich gegebenen Motive sind der Sarkophag, wo er auch sich im Bilde befinde, dann mehrmals das Höherheben von dessen Deckplatte und das weiße Grabtuch mit den Rosen; die seelischen Motive sind die Rührung wegen dieser Blumen und der höchste, selbstvergessene Enthusiasmus für die Entschwebende, und dies alles in solcher Augenblicklichkeit, daß man die Gebärden sich ändern zu sehen glaubt, und mit solcher Notwendigkeit, daß keine Figur entbehrt werden könnte. Dazu der große, heimlich symmetrische Aufbau, der ganze Bilder umfaßt: in dem Altar der Galerie Liechtenstein, wo sich das Grab verkürzt in der Mitte befindet, bildet die Madonna mit drei unten knienden Hauptfiguren eine hohe Pyramide, und dann erst folgen rechts die stehenden Apostel und links einer, der den Grabstein hebt; um die Madonna oben sieht man die schönst bewegten Putten samt zwei herrlichen Engeln. Der Sarkophag hat die verschiedensten Stellungen: in dem Bilde von München ist nur eine Ecke davon sichtbar; anderswo zieht er sich in voller Horizontale durch das Bild (Brüssel), und in dem großen Hauptwerk der Galerie von Wien fehlt er ganz, und das Grab ist als Grotte links vorausgesetzt. In dieser Assunta, die Rubens selbst den übrigen vorzog, bilden sich zwei Chöre: links zwei Männer, die den Stein von der Grotte gewälzt haben, und die heiligen Frauen; rechts der Chor der Apostel, deren einer zu den Frauen hinüberredet, während die anderen emporschauen und deuten; zwischen beiden Chören aber reicht hier einige freie Luft tief herab, vielleicht eine Lehre, die Rubens aus Paolo Veronese gewonnen. — Aber schon das frühe Bild von Brüssel wirkt ganz wundervoll in der großen bewegten Apostelgruppe rechts im Halbdunkel, vor der Petrus in vollem Lichte kniet, während links die holdesten Frauenköpfe im Halblichte sichtbar werden. In der Zeichnung der Uffizien dagegen sind Apostel und Frauen um den Sarkophag zu einem einheitlichen Akkord gesammelt; und ebenso, obwohl wieder in anderer Anordnung, sind fast alle ekstatisch aufwärts gerichtet in derjenigen, offenbar etwas provisorischen Komposition, die in einem Stiche des Paul Pontius überliefert ist, und diese (kenntlich an dem vom Rücken gesehenen Johannes) würde wohl in der Ausführung noch wesentliche Veränderungen erfahren haben. — Das späteste dieser Bilder, der Hochaltar des Domes von Antwerpen, ist insbesondere dasjenige der schönen Frauen, die sämtlich das Licht für sich haben, und die kräftigste derselben, vor dem Grabtuche, sodann die allerschönste, hinter demselben, und endlich die heilige Jungfrau oben, liegen genau in der mittleren Vertikale des Ganzen; von den Aposteln nimmt nur Johannes links am vollen Lichte teil, indem er mit aufgehobenen Armen die fast alleinige Verbindung der unteren Gruppe mit der oberen ausmacht. Die Madonna ist zwar von süßer, aber sehr weltlicher Schönheit, und die Putten stürmen diesmal konvergent gegen sie aufwärts. (Der obere Teil des Bildes soll von Cornelius Schut ausgeführt sein.)

Bekanntlich wurde die große Wirkung einer Glorie, die einer Himmelfahrt nahekam, in dem pathetischen 17. Jahrhundert gerne auch auf einzelne Heilige übertragen, und das Gewölbe von S. Ignatio zu Rom, mit der Apotheose des großen Ordensstifters von Andrea Pozzo, faßte dann diesen Gestaltenkreis am glänzendsten zusammen. Schon in der Nähe des Rubens aber entstand wenigstens durch de Craeyer eine stattliche „Assomption de Ste. Catherine“ (so der Katalog von Brüssel, wo sich das Bild befindet), unten mit einer gedrängten Schar verehrender Heiliger.

Diejenigen Darstellungen des Jüngsten Gerichtes, des Jenseits, auch großer Momente der Apokalypse, die man unter dem Namen der „Letzten Dinge“ zusammenzufassen pflegt, konnten an Rubens unmöglich vorübergehen, schon weil das Verlangen darnach in der Zeit lag und weil er auch hier imstande war, eine ihm eigene Welt ins Leben treten zu lassen, und diese mag man dann bewundern oder verschmähen. Er hat sich nicht zu diesen Aufgaben gedrängt: aus weiter Ferne sind zunächst Bestellungen des Pfalzgrafen Wolfgang Wilhelm von Neuburg an ihn gelangt, und aus dieser und anderen Provenienzen hat sich endlich das Meiste und Wichtigste von dieser Welt des Rubens in der Pinakothek von München zusammengefunden.

Ausgedehnte, flüchtige, wenn auch lebendig gedachte Werkstattmalereien, wie der „Sturz der bösen Engel“ durch (den etwas tänzerisch gegebenen) St. Michael, wie das „Weib der Apokalypse“, treten hier neben das berühmte „Große Jüngste Gericht“ (1618). An dieses aber pflegt sich gerne eine Parallele mit Michelangelo zu knüpfen, wobei vor allem zu erwägen wäre, daß Rubens nicht das feierlichste, öffentlichste Fresko des ganzen Abendlandes an vornehmster Stätte zu malen hatte, sondern einen Altar für die Jesuitenkirche zu Neuburg an der Donau, und als großes Tuchbild in Öl. Wenn es sich aber um italienischen Einfluß handeln sollte, so wäre derselbe an ganz anderer Stelle zu erfragen als unmittelbar bei Michelangelo, dessen Jüngstes

Gericht seine ganze verwirrende Wirkung längst zu Ende vollbracht hatte, als Rubens in Italien erschien. Tintoretto war es, der aus Michelangelos Verwertung des Nackten und venezianischem Naturalismus und Kolorismus ein Ganzes zu schaffen versucht hatte, und sein konfuses Kolossalbild in S. Maria dell' Orto zu Venedig, das sogenannte Finimondo (d. h. die letzten Ereignisse vor dem Jüngsten Tage), das Rubens wohl noch in voller Frische sah, mußte von ihm überwunden werden im Namen der ewigen Gesetze der Komposition und des gesunden Menschenverstandes. Auch Tintorettos großes Gemälde des Fegefeuers (jetzt in der Galerie von Parma) könnte er zu sehen bekommen haben, indem hier sowohl der mittlere Durchblick nach der Ferne als auch der Maßstab der oberen himmlischen Gruppe, ja sogar der Stil einigermaßen an das Jüngste Gericht von Neuburg erinnern. Dieses ist zwar größtenteils von Schülerhand, aber gewissenhaft ausgeführt, und die zu wenig beachtete himmlische Glorie von Seligen des Alten und Neuen Bundes ist rein und schön, und wenn der Christus-Jupiter, wie oben zugestanden wurde, etwas Theatralisches hat, so ist er doch nicht unbedeutend wie der Weltrichter des Michelangelo. Den auserwählten nackten Gestalten unter den Seligen wie unter den Verdammten bleibt, abgesehen von kirchlichen Bedenken, immer ihre originale Schönheit, und der Pan-Teufel, der sich (rechts) mit zwei Weibern davonmacht, ist ein nur bei Rubens denkbares Motiv.

Hierauf aber beginnt erst der völlig unabhängige Meister mit den zwei Bildern in kleineren Figuren: dem sogenannten „Kleinen Jüngsten Gericht“ und, wie als Fortsetzung desselben, mit dem bereits erwähnten „Höllensturz der Verdammten“ [40]), beides von der eigenen Hand des Rubens und augenscheinlich für seine eigene Wonne der vollen Meisterschaft gemalt. Hier rechnet Rubens gründlich ab mit dem wirklichen Michelangelo und setzt sich, diesem gegenüber, in seinen vollen Vorteil schon durch das höchst abgestufte Licht und das vollständige Kolorit; er überbietet ihn durch Menge und Abwechslung der Motive und durch eine optisch weit furchtbarere Gesamtwirkung. Statt der im Fresko unvermeidlichen Einheit des Luftraumes umfaßt Rubens enorme Distanzen und Lichtwechsel vom hellsten Empyreum bis in die düster glühende Höllennacht und in die Fluten des Abgrundes. Und nun läßt er dem Geschehenden in einer gewaltigen Zahl von Figuren seinen vollen ungeheuren Lauf, ohne alles Bedenken, wie ihn der Geist führt; es ist die schrecklichste Momentanität in zahllosen Äußerungen. Es ist auch wieder eine jener verschiedenen Welten, in denen Rubens zu Hause war, wenn er sein mußte [41]).

XVI.

Eine andere dieser Welten war die antike Mythologie, wie sie damals in ihrer Fassung bei den römischen Dichtern, die Phantasie der gebildeten Abendländer beherrschte. Man könnte sich bei Rubens darüber wundern, daß von den ihm bekannten neueren Dichtern des Südens Boccaccio und Ariosto jeder nur einmal und Tasso unseres Wissens gar nicht vorkommt, allein sie haben ja auch in Italien selbst nur auffallend wenige Darstellungen in der Malerei veranlaßt.

Einer höchst umfangreichen mythologischen Gesamtbestellung, deren Hauptbestandteil Bilder aus den Metamorphosen des Ovid ausmachten, für das Jagdschloß Torre de la Parada, unweit Madrid, hat oben nur nach unvollständigen Kunden Erwähnung getan werden können. Außerdem aber sind von Rubens mächtig viele mythologische Szenen vorhanden, von denen einige zu den wichtigsten Marksteinen seiner Künstlerlaufbahn gehören. Wer von dem mythologischen Nackten die antike Idealität der Formen verlangt, mag dieselben völlig übersehen. Das Dasein, das Rubens in Gestalten, Farben und Lichtern darstellt, hat ihn so beglückt, wie er es schuf, und ist in gewissen Stunden seine Art von Idealität gewesen. Von den großen und tiefen Bedenklichkeiten und Anstalten, die heute den Entschluß zu einem mythologischen Bilde zu begleiten pflegen, wußte die damalige Kunst überhaupt noch nichts; diese Themata waren noch selbstverständlich, und eine Ästhetik, die wegen des Stiles im allgemeinen sowohl als im einzelnen Streit gesucht hätte, gab es noch nicht; nur mußte der Künstler glücklich erfinden und vortrefflich malen können.

Man kann nun auch hier scheiden zwischen den erzählenden Bildern und den Genrebildern, wenn Genremalerei überhaupt als Darstellung anonymer Gestalten und ihrer Zustände und Erlebnisse definiert werden darf, die hier der Maler von sich aus schafft. Strenge Trennung gibt es natürlich keine, und auch Szenen, die schon in die Allegorie übergehen, sind nicht völlig von der Mythologie geschieden zu halten.

Die mythologischen Genrebilder beginnen schon in der italienischen Zeit des Rubens, ohne daß aus der dortigen Malerei, der vergangenen wie der damaligen, irgendein Einfluß auf seine Auffassung nachzuweisen ist. Will man aber ein Bild Tizians nennen, so wäre dies, um einzelner Typen willen, am ehesten „Bacchus und Ariadne" (National Gallery); es bleibt jedoch ungewiß, ob Rubens dasselbe (damals im estensischen Besitz zu Modena? Oder zu Rom?) schon hat sehen können, und von dem jetzt in Madrid befindlichen „Bacchanal" Tizians ist in Italien überhaupt noch nichts auf ihn übergegangen. Er ist und bleibt sein eigener Herr und Meister, und nun schildert er, sei es in Kniefiguren oder in Ganzfiguren — vielleicht besonders für Speisesäle —, das vermutliche tägliche Treiben einer Gesellschaft, mit der er — für seine Person ein Vorbild seiner Sobrietät — im Geiste ganz ver= traut gelebt haben muß. Bald wiegt das Gemütliche, bald das Komische vor, denn zu den mythischen Menschen werden nicht nur Mohren und Mohrinnen als dienende Begleiter zugezogen, sondern auch bock= füßige Pane und ganze Panfamilien. Schon die Kunst des späteren Altertums hatte dem ursprünglich einsamen Hirtengott eine solche Gefolgschaft beigegeben[42]), die Archäologie zur Zeit des Rubens aber glaubte, diese dem Bocke in Kopf und Bein genäherte Bildung sei die der Satyrn, der bekannten Schar des Dionysos, gewesen, und nun sind eigentlich Satyrfamilien gemeint. Tiere der Wildnis sowohl als Haus= tiere, besonders Jagdhunde, vervollständigen dieses Dasein. In zahl= losen Varianten und in den größten Unterschieden der Ausführung, vom eigenhändigen, vollkommen erhaltenen Juwel bis zum oberfläch= lichsten Werkstattbilde, gehen diese Gemälde durch alle größeren Galerien, und ihrer einzeln und vollends nach dem Grade ihres Kunst= wertes zu gedenken, ist hier unmöglich. Man faßt sie meist unter dem Namen von Bacchanalen zusammen, allein viele reiche Besteller mochten zugleich gerne das noble Vergnügen der Jagd und die weib= liche Schönheit verherrlicht sehen, und so sind es die Geleite sowohl des Bacchus als der Diana, oft sehr schöne Nymphen, die hier vor uns treten, und indem sie einander ihre beiderseitige Beute, dort Blumen und Früchte, hier erlegte Jagdtiere, vorweisen, sind sie zugleich die höhere Gestalt des niederländischen Stillebens, das so oft beides ver= einigt. Die bacchische Gesellschaft kulminiert gerne in einem „Silen", der trunken sein muß, gleichsam für alle anderen, die Satyrn jedoch erlauben sich etwa plötzliche Angriffe auf die Nymphen, und das Bild kann in eine Entführungsszene übergehen; Waldlandschaften aber, wo schlafende Nymphen von Satyrn überfallen werden, haben wir schon oben erwähnt. Auch die mitgegebenen Putten sind von der mut= willigen Art, und die ganze Wirkung solcher Bilder ist bisweilen grell, zumal wenn Pansweiber in schwerer Trunkenheit dahingesunken sind. Allein der Beschauer nimmt es hin, daß Rubens auch bei solchen Wesen „zu Hause" gewesen sei, weil er mit seinem geheimnisvollen Feuer niemals langweilig ist, und damit erst wird man sich des An= stößigen bewußt. Auch geht er bisweilen ins Dramatisch=Momentane über: schon in einem (zweimal und vortrefflich vorhandenen) Bilde der italienischen Zeit, wo sich Herkules in der Trunkenheit in diese Ge=

sellschaft verirrt hat. Man sieht ihn, geführt von einem Pan und einem Pansweib und verspottet von einer hinterdrein tanzenden Nymphe; ein Putto hat sich seiner Keule bemächtigt und reitet auf derselben hinterdrein, indem er sich nach einem Panther umsieht, der nach der Keule tappt; rechts hat ein Silen die Löwenhaut des Heros übergezogen und streckt heimlich die Zunge heraus; dies alles aber bewegt sich wie im Spotttriumph schräg durch das Bild.

Mythische und halbmythische Liebespaare, meist lebensgroß, in ganzen Figuren, im Freien, mögen hier noch mit erwähnt werden. Für galante Jagdfreunde malte Rubens mehrmals Atalante mit Meleager, der ihr den Kopf des kalydonischen Ebers überbringt, und die Züge könnten die eines Ehepaares oder Liebespaares sein; ein reicheres Exemplar fügt auch mehrere Putten und anspringende Jagdhunde hinzu und in den Lüften eine drohende Erinnys. Ganz anonymer Art ist (in der Pinakothek von München) eine Schäferszene: ein halbnackter Hirt mit dem Dudelsack auf dem Rücken überrascht ein junges Weib, im Freien, bei einem Felsenquell. Leichtigkeit der Behandlung und Kraft des Tones sichern hier wohl die eigenhändige Ausführung, und die Art des Herganges verrät scheinbar ein intimes Erlebtes, und auch hier können Bildniszüge dargestellt sein, nur sind es nicht die des Rubens und einer seiner Frauen, denn schon diese Hakennase ist im ganzen Leben des Malers nie die seinige gewesen, und wir glauben überhaupt, daß derselbe sich und die Seinigen entweder kenntlich dargestellt hat oder gar nicht. Und so gibt auch das merkwürdige und frühe Bild der Grosvenor Gallery zu London, der Maler Pausias mit seiner Geliebten, der Kranzwinderin Glycera, nicht die Züge des Rubens und der Elisabeth Brant wieder: Pausias, noch etwas ungeschickt sitzend mit gekreuzten Beinen, hält mit der Rechten das Bildnis der Glycera, auf einen Felsblock gestützt; mit der Linken ergreift er ihre Rechte; rechts von ihr ein Gefäß und ein Korb voll Blumen. Vielleicht nur ein allgemeiner Nachklang aus dem jugendlichen Künstlerleben.

Sehr frei ist Rubens mit den Wassergottheiten und übrigen Wasserwesen umgegangen. In ihm war eine wonnevolle Ideenassoziation aufgeblüht zwischen Meeren, Strömen und Quellen der Wildnis, mächtigen Tieren und nackter weiblicher Schönheit, und er fragte nicht viel nach der überlieferten Mythologie, sondern lebte einfach des Glaubens, daß jeder Wassergott seine Geliebte mit sich haben müsse. Schon bei dem Tibergott des Bildes der Wölfin mit den beiden Kindern (Galerie des Kapitols) hat man sich längst umsonst erkundigt, wie denn die frische und liebliche Gemahlin geheißen habe, die mit demselben im Schilfe sitzt[43]). Auch bei dem berühmten Schönbornschen Bilde des Museums von Berlin darf man die Benennung der nackten Herrin wohl völlig auf sich beruhen lassen, denn wenn es in der Überlieferung auch weder eine „Amphitrite" noch eine „Libye" gegeben hätte, so würde Rubens eine solche Gestalt dennoch an jene Stelle gemalt haben. Das Werk offenbart sich als eines der frühesten dieses Inhalts schon durch seine Überfülle an menschlichen und tierischen Wesen: Neptun und seine Göttin, Tritone, eine Nereide, ein Putto, dann Löwe, Tiger, Nashorn, Nilpferd und Krokodil; komisch wirkt es freilich, daß letzteres von der Nereide so traulich umschlungen wird, und erst später empfand Rubens, daß dergleichen nur ein Geschäft für Putten sei. Über den Schilf des Ufers ragt ein Schiffsmast mit dunklem Segel, so daß für die oberen Teile der Göttin und für das Haupt des Neptun das schönste Helldunkel gesichert war. Kosmopolitisch gedacht, konnte das Gemälde für große Prachtsäle reicher Leute aller maritimen Gegenden erwünscht sein, und auch die Landtiere, wie Löwe, Tiger usw., nahm man als Sinnbilder einer großartigen Ferne überhaupt ohne Bedenken zu diesem friedlichen Herrscherpaare der Gewässer hinzu. — Auf seiner vollen Höhe malte dann Rubens (Galerie von Wien[44]) die vier Götter der großen Ströme Donau, Ganges, Nil und Maranhon mit ihren Geliebten, auf das gemütlichste an einem schilfigen Ufer unter einem ausgespannten Teppich zusammengelagert, wobei auch die Damen sich freundlich unterhalten, während im hellsten Vordergrund ein ganz anderer Verkehr stattfindet zwischen dem von drei Putten mit Jubel geleiteten und geliebkosten Krokodil und dem Schneuzen der säugenden Tigerin mit vier Jungen; diese aber gilt (laut Waagens Urteil) als das vollkommenste von allen Tieren, die Rubens gemalt hat, nachdem die Tiere in dem Bilde Schönborn noch einiges zu wünschen übriggelassen. Daß in den mächtigen herkulischen Wassergöttern der Typus römischer Statuen weiterlebt, wurde schon oben bemerkt.

Prächtige Nereiden und mächtige Tritonen herrschen im Vordergrund zweier Bilder der Galerie des Luxembourg (Landung in Marseille; Austausch der Prinzessinnen), und im Quos ego! der Galerie von Dresden nimmt dies ganze Gefolge samt Seepferden den Vordergrund der Flut und den Muschelwagen Neptuns ein, durch die Luft aber sausen in abenteuerlichster Bildung die von ihm bedrohten Windgötter. Wenn dann so völlig momentan ein Seepferd sein Bein über das Bein des anderen schlägt, zweifelt der Beschauer nicht mehr, daß solche Wesen in ihrem Daherstürmen vorhanden seien. Die Malerei gehörte nur zu den Dekorationen beim Einzug des Kardinal-Infanten, allein Rubens hat hier im Eifer noch eigenhändig mitgeholfen, und das Ganze wirkt als die prachtvollste Improvisation. — In derselben Galerie findet heute das Bild von Hero und Leander nur bei den „Schülern und Nachahmern des Rubens" ein Unterkommen, und schwerlich werden wir Beifall gewinnen, wenn wir ein eigenhändiges Werk aus dem Beginn der italienischen Zeit darin zu erkennen glauben, das nur direkt aus einer Phantasiewelt wie der seinigen stammen könne. Die Nereiden (nach damaliger Voraussetzung in Fischschweife ausgehend), im wild tobenden, furchtbar beleuchteten Meeresstrudel, bringen Leanders starre Leiche, während Hero sich vom Turme herab in die Fluten stürzt; Wellen und Wolken mischen sich mit schrecklichen Blitzen.

XVII.

Von den erzählenden Bildern, die bestimmte Momente des antiken Mythus darstellen, sind schon oben die wichtigsten näher erwähnt worden, und was hier folgt, sind allgemeinere Wahrnehmungen und Nachträge.

Die ganze Gattung war eine im Abendland allverständliche, allbegehrte und doch dabei je nach den Gegenden nicht gleichmäßig repräsentiert. Der reiche Holländer, wenn er etwa ein Bild größeren Maßstabes wünschte und sich mit den Mythologien seines Abraham Bloemart u. a. nicht mehr begnügen mochte, fand wohl ohne Zweifel einen Rubens wünschbar; in Spanien aber, wo die mythologische Malerei so sehr neben der kirchlichen im Rückstand war, gab die Krone das deutlichste Signal zugunsten des Rubens mit der Bestellung für Torre de la Parada wie einst mit den Bestellungen bei Tizian. Italien dagegen besaß, womit es schon seit der Frührenaissance begonnen, eine gewaltig ausgedehnte mythologische Malerei, die von jeher auch das Fresko in ihren Dienst gezogen und hauptsächlich damit auch eine reiche Ausmündung in alle dekorative Kunst gewonnen hatte. Mit dem Ende des 16. Jahrhunderts, mit den Carracci und dann mit ihren Schülern, erhob sich die Kunst, neu gekräftigt, auch in der Darstellung der Mythologie, und was sie hier geleistet hat, bildet ungefähr eine Parallele zu Rubens, am Ende aber kulminiert alles wie in einem Wettstreit zwischen diesem und Guido Reni. Ein Wollen und Vollbringen, wie es Rubens im „Raub der Leukippiden" offenbart, lag allerdings völlig außerhalb von Guidos Wesen, und z. B. in der Galerie von Wien treten dessen vier Jahreszeiten neben den vier Stromgöttern des Rubens in Leben und Farbe erstaunlich zurück. Es könnte aber

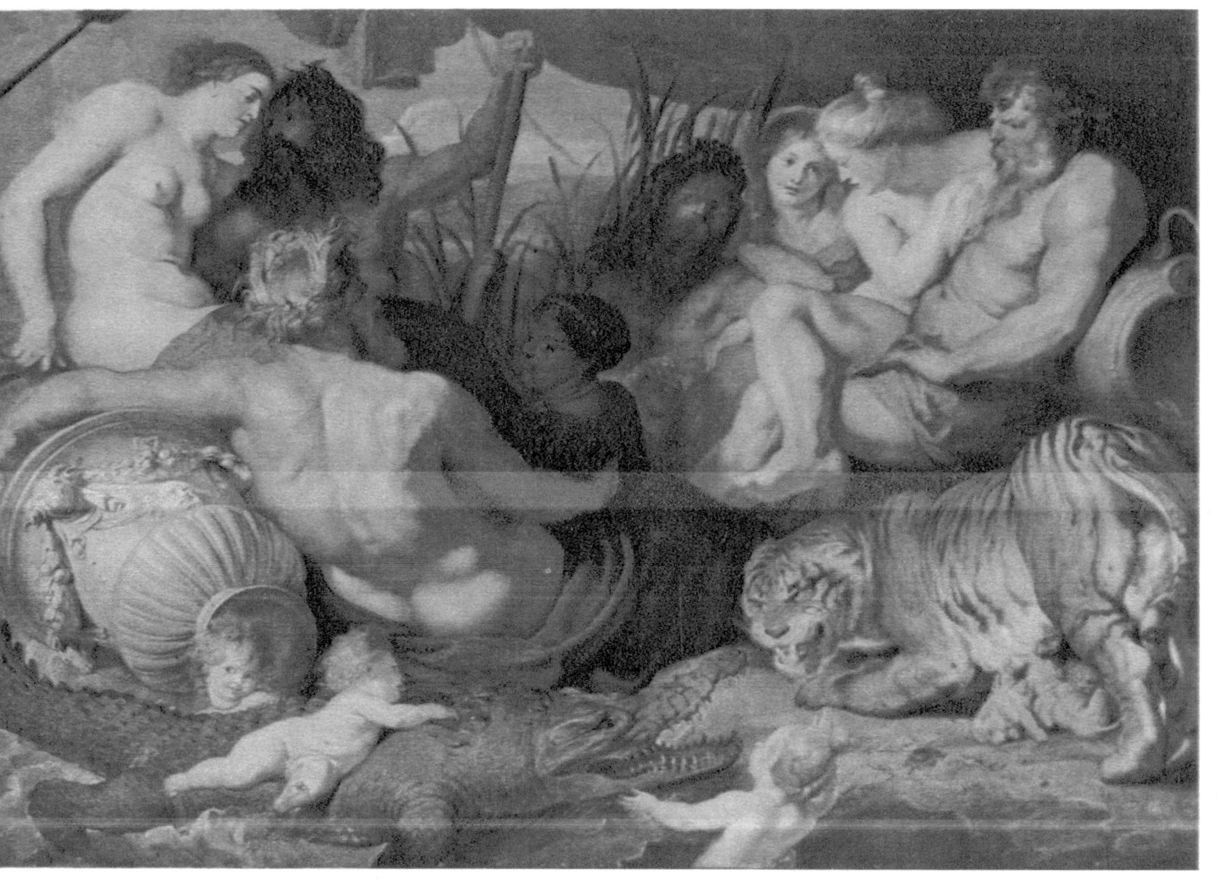

Die vier Weltteile

Wien, Kunsthistorisches Museum

doch eine Zeit im Anzuge sein, da man die gesetzliche Schönheit von Guidos Komposition und — in den gründlicher behandelten Bildern — den Adel seiner Formen wieder mehr würdigen und da sich die gebührende Achtung für die bolognesischen und andere Eklektiker überhaupt von neuem einstellen wird.

Für die mythologische Malerei war Rubens auch als Landschaftsdichter noch besonders ausgestattet, mag auch die Ausführung der betreffenden Teile oft dem Lucas van Uden und dem Jan Wildens angehören. Da er wichtige Mythologien des Tizian, die zugleich Landschaftsbilder sind (auch solche in königlich spanischem Besitz, wie die Schuld der Calisto und Diana mit Actäon) schon frühe gesehen haben muß, wird wohl ein allgemeiner Eindruck nicht ausgeblieben sein: aus diesem Zusammenklang von naher und ferner Baumwelt, quellendem Gewässer, sanft bewölkten Lüften mit dem herrlichsten Nackten, auch mit Purpur und Linnen, ist wohl ein Echo auf Rubens übergegangen. Nun aber beginnt er sogleich mit Tizian zu wetteifern in einer Szene, die von dessen und seiner Nachfolger Händen in einer ganzen Anzahl von Exemplaren vorhanden ist: dem Abschied des Adonis von der Venus. Als Bild von kleinen Figuren in einer Breitlandschaft (Uffizien) wurde das Thema schon erwähnt, und hier, um anwesende Nymphen, Putten und eine herbeischwebende Erinnys oder Neidgöttin vermehrt, hat es die wahre Einsamkeit des Lebewohls nicht, wohl aber in einer ganz anderen Redaktion. (Eigenhändig: Ermitage, Wiederholungen und Kopien in Dresden, Haag u. a. a. O.) Hier bleibt Venus nicht sitzen wie bei Tizian und in dem Bilde der Uffizien, sondern sie ist aufgesprungen und hängt sich mit beiden Armen an den Nacken des Jägers, während Kupido — der einzige hier anwesende Putto — sich ebenfalls an denselben klammert, um ihn zurückzuhalten.

Woher aber hätte Rubens die Anregung zur Amazonenschlacht empfangen sollen? Er kannte weder die Reliefs von Phigalia und Halicarnaß noch griechische Vasen, sondern höchstens römische Sarkophage, dann hie und da ein Werk der Renaissance und schwerlich eines der Goldenen Zeit, denn auffallenderweise wird (unseres Wissens) das Thema hier weder in Bildern noch Fresken noch Teppichentwürfen erwähnt[45]), und so wie es nun im Gemälde von München auf alle Zeiten erledigt ist, gehört es in Gedanken, Formen und Farben dem Rubens ganz und allein.

Seinen Olymp schildert uns der Meister in der Galerie des Luxembourg (Bild der „Regierung der Königin“), und hier ist er den Fresken ähnlichen Inhaltes von Giulio in der Sala dell' Olimpo des Palazzo di Corte und in der Sala de' Giganta des Palazzo del Tè zu Mantua bei mäßigerem Aufwand unendlich überlegen. Venezianisch wohlgefällig ist die Verteilung und Vertiefung in die Wolken und der warme Strom des Lichtes, und aus der eigensten Art des Rubens stammt der unbefangene Reichtum an schönen Gestalten; der Apoll ist der in rasche Bewegung versetzte vatikanische, unter den weiblichen Köpfen aber soll der allerschönste eine Duchesse de Guémenée vorstellen, ohne daß bezeugt wäre, welcher er sei.

Von einem sehr berühmten Thema der Renaissance, dem „Urteil des Paris", gibt es unter anderem eine dem Raffael zugeschriebene reiche Komposition in einem Stiche des Marcanton, wo der vortrefflich entwickelte Hauptthergang, was den Eindruck betrifft, doch völlig übertönt wird durch mehrere andere göttliche Gruppen auf den Wolken, am Flußstrande und seitwärts gegen einen Wald, und diese Gestalten alle sehen sich kaum nach Paris um. Erst Rubens entdeckt die Stille des Ida, das Visionäre des Vorganges, mögen auch als heimliche Verräter Satyrn im Wipfel eines Baumes lauschen und Eris etwas entfernt auf einem Gewölke. Unterschiede zwischen dem früheren Exemplar von Dresden (um 1625) und dem völlig eigenhändigen und vereinfachten der National Gallery (um 1636) wurden schon oben erwähnt; dort saß Paris nur träumend, während Merkur für ihn den Göttinnen Anweisung gab, hier aber erhebt er selber den Apfel als Richter; ferner sind jetzt nicht nur entbehrliche Putten weggelassen, sondern auch die Göttinnen etwas mehr voneinander, d. h. dem Baumdunkel ist etwas mehr Wirkung gegönnt. In beiden Bildern ist von den Göttinnen Venus die mittlere, und da sie im Profil gegeben ist, kann nur sie durch Paris von vorn gesehen werden, und damit ist auch ihr Sieg entschieden; alle drei aber, wenigstens in dem späteren Bilde, gehören zum Vollkommensten im Nackten, was von Rubens erhalten ist. Auch die Farben ihrer Gewänder sind zu beachten: der Mantel der vom Rücken gesehenen Juno ist Purpur mit Pelz; das Gewand, welches die von vorn gesehene Minerva anziehen will oder ausgezogen hat, ist Linnen; dem Mantel der Venus aber ist ein tiefes Blau verliehen.

Eine große Anzahl weiterer Mythologien des Rubens ist durch alle Galerien zerstreut, und in denjenigen Verzeichnissen seiner Werke, welche nach den Gegenständen verfaßt sind, kommen fast alle Themata dieser Art vor, welche der Renaissance vertraut gewesen waren. Und wenn außerdem noch in italienischen Freskenzyklen und in fortlaufenden Dichterillustrationen (in Stich oder in Holzschnitt) endlos viel vorkam, so würde vielleicht Rubens auch hier mit dem Gesamtschmuck von Torre de la Parada nicht allzu weit zurückstehen. Doch kommt es ja nicht auf die möglichst große Zahl der Darstellungen an, auch nicht auf die Priorität für diese oder jene Szene, sondern auf die ewige frische Originalität in Auffassung und Darstellung, welche wir bei Rubens überall anzutreffen gewohnt sind. Ist es zugleich sachlich etwas Neues oder Ungewohntes, desto erwünschter. Wir entsinnen uns nicht, bei einem Früheren den Moment gemalt gefunden zu haben, da die drei Töchter des Kekrops im Korbe das Kind Erichthonios entdecken, wie im Rubens der Galerie Liechtenstein. Darein aber muß man sich beim Bekannten und beim Unbekannten schicken, daß er nirgends im strengen Geist des klassischen Altertums zu erzählen, zu zeichnen und zu malen begehrt, sondern vor allem eine lebendige Erscheinung herzaubert, wie sie ihm und jetzt gemäß ist, und so kann es kommen, daß er auch Züge einfließen läßt, welche uns wie subjektive Heiterkeit erscheinen. Dahin gehört etwa (Galerie von Madrid) Juno, welche den Pfauenwagen und das Gefolge auf den Wolken warten läßt und den kleinen Herkules säugt, und jenes Werkstattbild (München), wo die bösen lykischen Bauern in Gegenwart der Latona sichtbarlich in Frösche verwandelt werden. In den reicheren Erzählungen bei Ovid liegt mancher schöne und edle mythische Anblick vorgedeutet, nur der Moment der Verwandlung selbst, in was es auch sei, kann durch die augenblickliche Mischung der Formen den Maler (welcher ja auch soll Mutatas dicere formas) leicht auf den Ausweg des Komischen hinausführen. Rubens aber kannte hier auch das Grauenvolle: in dem großen „Sturz der bösen Engel“ (München) sind dieselben völlig menschliche Gestalten, deren Gesichter eben ins Tierische übergehen; sie waren schön und werden nun eben sichtbar gräßlich.

XVIII.

Merkwürdig verschieden von allem Mythischen lauten dann die allbekannten Historien vom ältesten Rom bis zum Anfang der Republik (Krieg des Porsenna usw.), wenngleich das, was sie darstellungswert machte, noch immer das sagenhaft Poetische war. Rubens hatte Italien sehr reich an Malereien dieses Inhaltes, zumal Fresken, vorgefunden, mochten sie als Moralitäten oder nur wegen des schönen pathetischen Momentes geschaffen worden sein, und in diesem doppelten Sinn waren die Gegenstände noch jetzt kosmopolitisch verständlich. Je nachdem ihn dieselben nun anregten, war seine stets zu allem Lebendigen innerlich bereite Phantasie sogleich in Tätigkeit. Der Historien von den Sabinerinnen wurde oben gedacht; dieselben kamen aber nicht bloß in Staffeleibildern vor, sondern auch unter den acht großen Römerkompositionen, die Rubens für den Hauptsaal des königlichen Palastes in Madrid entwarf[46]). In Dresden aber findet sich die schönste Redaktion der Flucht der Clölia und ihrer Gefährtinnen durch den Tiber, und hier hat Rubens, wie er es auch sonst vermag, einen großen Gesamtvorgang in alle denkbaren lebendigen Einzelmotive auf köstliche Weise umgesetzt (Ausführung vermutlich von Diepenbeck). Aus der italienischen Kunst jener Tage erinnern wir uns hier gern an Domenichinos Jagdfest der Diana (Galerie Borghese) wie an einen verwandten Klang aus der Ferne. (Auch van Dyck soll das Thema der Clölia behandelt haben.)

Aus der anekdotischen griechischen Welt (und wahrscheinlich zunächst aus Valerius Maximus V, 4) stammte die damals so oft dargestellte Szene von dem gefangenen Kimon, der durch seine Tochter gesäugt und damit vom Hungertode gerettet wird, die sogenannte heidnische Karitas, la Carità romana. Unter den Ausführungen des Rubens gilt diejenige der Galerie Weber in Hamburg als die vorzüglichste. — An dieser Stelle wird auch am besten der Geschichte von Philemon und Baucis zu gedenken sein, wie sie in ihrer Armut die unerkannten Götter Jupiter und Merkur bewirten. Das anmutige friedliche Bild der Galerie von Wien wurde einst unbegreiflicherweise dem Jordaens zugeschrieben, dessen ungeschlachte, in einem großen Stich erhaltene Komposition derselben Szene doch deutlich beweist, wie wenig er dieses Werkes fähig gewesen wäre. Baucis will eben noch zur Speisung der Gäste die Gans ergreifen (Unicus anser erat, etc. Ovid, Metam. VIII, 684), was Jupiter mit nobler Gebärde abweist, während Philemon in ernstem Diskurs mit Merkur begriffen ist. Rubens hat dann das ehrwürdige Greisenpaar auch weiter nicht aus dem Gesichte verloren, und in der furchtbaren Landschaftsphantasie der „Wasserflut von Phrygien" (ebenda) erblicken wir beide als Gerettete samt den Göttern auf dem Hügel wieder; dieses imposante Gemälde aber stammt aus dem Nachlaß des Meisters und gehörte vielleicht zu seinen letzten Schöpfungen.

In Bestimmung und Ausführung von diesem allem verschieden sind dann (in der Galerie Liechtenstein) die sechs großen Geschichten des Konsuls Publius Decius aus dem Samniterkriege. In diesen Bildern lebt ein gewaltiges und ungesuchtes Gefühl von Römergröße, wie es z. B. David und seine Nachahmer mit all ihrem Pathos nie erreicht haben. Die Bestimmung aber war, daß sie als Vorlagen für Teppiche dienen sollten, auf eine Bestellung genuesischer Nobili hin, und im Mai 1618 lieferte Rubens dieselben in die Wirkerei nach Brüssel ab. Wahrscheinlich bei diesem Anlaß und jedenfalls spätestens damals wird sich Rubens entschlossen haben, als Vorlagen für Teppiche nicht Kartons in Wasserfarben, wie bisher alle Italiener und Niederländer getan haben mögen, sondern vollständige Ölbilder zu liefern. Für den großen Koloristen war dies vielleicht schon das Selbstverständliche und einzig Erfreuliche, und solche Malereien, ob sie Eigentum des Meisters, der Teppichbesteller oder der Wirkerei blieben, behielten ihren abgeschlossenen malerischen Wert und gaben Anlaß zu mächtigen Stichen; die Teppiche aber konnten nun gering oder auch gar nicht ausgeführt werden oder in weiter Ferne den Augen der Menschen entschwinden, und wir können z. B. nicht sagen, ob und wo die Geschichten des Decius noch gewirkt vorhanden sind. Ohne allen Zweifel aber würden, wenn man diese Teppiche noch fände, die Ölgemälde, wenngleich überwiegend von Schülern ausgeführt, denselben weit vorgezogen werden. Von den sechs dargestellten Augenblicken — der Vorbereitung zum Opfer, der Allokution, der Abweisung der Liktoren, der Todesweihe, der Schlacht und dem Triumph der Leiche — sind besonders die drei letzten von höchst ergreifender Wirkung. In der Todesweihe spricht der Priester die Formel und legt die Linke auf das vom roten Gewand fast ganz verhüllte Haupt des Helden, und weihevoll beseelt sind auch die wenigen Zeugen und selbst das wartende Schlachtroß, das den baldigen Ausgang zu ahnen scheint. Von dem Untergang des Konsuls im Reiterkampf haben wir oben eine Beschreibung zu geben versucht. Auch die Verehrung der Leiche ist ein höchst grandioser Moment, dessen Eindruck nicht etwa durch generöse Wehmut versüßt wird; es sind Sieger und Römer; erbeutete und vielleicht zum Totenopfer bestimmte Weiber mit jammernden Kindern werden an den Haaren und am Gewande geschleppt.

Von den meisten Teppichfolgen sind allerdings die großen in Öl gemalten Vorbilder nicht mehr nachweisbar, von den vorläufigen Farbenskizzen aber, die samt allen übrigen Rubens-Skizzen in der ganzen Welt und nicht bloß in Galerien, sondern in kaum mehr aufzufindendem Privatbesitz zerstreut sind, kann sich heute kaum noch jemand rühmen, auch nur die Mehrzahl gesehen zu haben. Ein Zyklus der Geschichten Konstantins des Großen (für Maria Medici?) soll zwar noch in Teppichgestalt existieren, auch gibt es wenigstens einzelne Stiche davon, aber die Skizzen bergen sich im Privatbesitz, und ebenso in englischen Sammlungen die acht Skizzen der Geschichte des Achill (für Karl I.), die ebenfalls zur Ausführung in Teppichen gelangten oder wenigstens bestimmt waren; späte und willkürliche Stiche müssen uns jetzt die Kunde davon vertreten. Dagegen sind von einem wichtigen, für Teppiche geschaffenen Zyklus noch alle neun großen gemalten Vorbilder erhalten: es ist der schon oben erwähnte vom „Triumph des Glaubens", und von diesem wird noch weiter die Rede sein.

Rubens aber kannte auch den Wert der Kartons anderer großer Meister, und er war es, der König Karl I. von England zum Ankauf der Kartons des Raffael aus der Apostelgeschichte bewog. Als nach Karls Untergang die königliche Kunstsammlung veräußert wurde, ging Cromwell hindurch, blieb vor diesem stehen und sagte: Die behalten wir. Und so besitzt England diesen wunderbaren Schatz bis heute.

Die Allegorie im weitesten Umfange des Wortes nimmt bei Rubens eine so ausgebreitete Stellung ein, daß man ihr in den großen Galerien nicht entgehen kann; dafür vermag ihm an dieser Stelle auch jedermann den Prozeß zu machen, weil er einer jetzt so völlig vergangenen „Mode" gedient habe. Zunächst wäre zu erwidern, daß z. B. die ganze heutige Monumentalskulptur (und unter Umständen auch die Monumentalmalerei) die Allegorie nirgends entbehren kann und ohne diese „Mode", d. h. ohne beständige Zuhilfenahme von ziemlich vielem Abstrakten, verloren sein würde. Unnütz aber wäre es, die Allegorie in der vergangenen Malerei hier rechtfertigen, ihre „Ehrenrettung" unternehmen zu wollen. Wir haben einfach zu konstatieren, wie diese kolossale Prämisse aller damaligen Kunst auch bei Rubens einer der mächtigsten Anlässe geworden ist, Lebendigkeit und Schönheit zu entfalten, und wie sich seine ganze gewaltige Phantasie dabei sehr wohl befand. Man hat es mit einem humanistisch gebildeten Abendland zu tun, in dem z. B. die „Tafel des Cebes" längst zu den Schulbüchern gehörte: eine wahrscheinlich spätantike Schrift, in der eine große Schar von moralischen und intellektuellen Allegorien auftritt, und zwar bereits als in einem umfangreichen Gemälde handelnd und redend angebracht. Bei der ganz unglaublichen weiteren Anhäufung des Allegorischen im Verlauf des 16. Jahrhunderts konnte Rubens hier nicht für die materielle Neuerfindung in Betracht kommen; dafür ist bei ihm Auswahl, vollkommen neue Belebung und oft die schönste Wirkung.

Schon in Antwerpen muß er mit der Allegorie aufgewachsen sein, und in Italien umgab sie ihn von allen Seiten, in der vergangenen und lebenden Kunst, in der Poesie und Literatur, in der Prachtausstattung aller Festlichkeiten, und schon der Dogenpalast von Venedig allein gewährte sie in Hülle und Fülle, als klassische Stätte zumal des Politisch-Allegorischen in der Malerei. Im einzelnen bestand bekanntlich die Welt der Allegorie teils aus frei geschaffenen Personifikationen allgemeiner Kräfte, Eigenschaften, Antriebe, Zustände, Örtlichkeiten und Völker, teils aus den bekannten Gestalten antiker göttlicher oder dämonischer Wesen, die längst als Repräsentanten solcher Kräfte, Eigenschaften usw. gegolten hatten. Ihre mögliche und vielleicht sehr hohe Schönheit hing, wie man denken sollte, an einem ruhigen Dasein, und Paolo Veronese hatte z. B. mit den sitzenden Figuren an der Decke der Sala del Collegio (Dogenpalast) dieses Problem herrlich und frei gelöst. Unzählige andere aber hatten die allegorischen Figuren teils untereinander und gegeneinander in Bewegung, ja in Affekt gesetzt, teils sie in den Verkehr historischer Menschen gemischt. War man aber so weit, so erwiesen sie sich vielleicht als vorzüglich geeignet, selber einen Hauptteil der Aktion zu übernehmen, ganz besonders das Innerlich-Bewegende, die Antriebe der Aktion darzustellen, und auf diesem gewagten Pfade ist dann Rubens kühner und glücklicher vorgegangen als irgendein Zeitgenosse.

Zunächst sind einige allgemeinere, man könnte sagen: anonyme Allegorien zu erwähnen, die einen Gedanken, ein Gefühl verwirklichen, das der gebildeten Welt gemeinsam und im Gemälde leicht verständlich war, und man dürfte dieselben noch „Moralitäten“ nennen. Schon in Italien begann Rubens mit einem Thema, das dann von dem schönen eigenhändigen Exemplar (Dresden) aus in Varianten weitergeht: ein antik geharnischter gewaltiger Held (nicht mit den Zügen des Herzogs Vincenzo von Mantua und überhaupt nicht notwendig Porträt) wird bekränzt von einer geflügelten Viktoria, die er umfaßt, während Trunkenheit, Üppigkeit und Neid zu Boden sinken[47]). Viel mehr Teilnahme erwecken diejenigen Bilder (in mehreren Redaktionen), die das bisher glückliche, friedliche Menschenleben, durch Mars, auch wohl durch Furien bedroht, durch Minerva beschützt darstellen. Dieses Glück des Erdenlebens aber in Gestalt einer Familie im Freien, auch wohl mit Betonung der verschiedenen Lebensalter zu schildern, bedurfte doch wahrlich einer visionären Künstlerseele, wie die des Rubens war: „eine fast nackte Frauengestalt drückt ihren Säugling an die Brust, umgeben von zahlreicher Familie, der der in den Zweigen eines Baumes gelagerte Pan Früchte herabreicht“ — so die kurze Beschreibung des Bildes der Pinakothek von München; wie sehr lohnt es aber der Mühe, dem Ganzen und den Einzelheiten dieser Familie näher nachzugehen! Eine sehr schöne Variante hievon ist dasjenige Bild der National Gallery, das Rubens 1630 an Karl I. übergab, und hier hat man das Gefühl, daß in der

Gruppe des glücklichen (hier mehr bacchischen) Lebens, ja auch in dem zurückweichenden Mars auf bestimmte Persönlichkeiten hingedeutet sein könnte. Anderswo schaut eine wundervoll gemütliche Familiengruppe — bis zum Großvater — dem Tanz und Tamburinspiel von vier nackten Kindern zu, ohne zu ahnen, daß oben in der Luft Minerva schon mächtig gegen eine drohende Furie ausholen muß. (Dieses offenbar sehr ausgezeichnete Bild ist uns nur aus einer Photographie bekannt.) — Den einmaligen Sinn allegorischer Gestalten darf man freilich anderswo nicht immer erwarten, festgehalten zu sehen; Minerva z. B., die dort als Schützerin des Erdenglückes vorkam, tritt auch als Personifikation der Kriegspflicht und des Heldentums auf, und zwar in demjenigen eigenhändigen Bilde der Uffizien, das irrig „Herkules am Scheidewege" heißt. Ein heroischer Jüngling wird von der herantretenden Minerva an der Hand ergriffen, und schon warten seiner die Waffen und ein Diener mit dem Schlachtroß; über Venus schwebt Kupido, über Minerva Saturn oder der Zeitgott mit der Sichel, und seitwärts zurück stehen in gespannter Erwartung des Entscheides zwei junge Damen. Porträtzüge sind diesmal kaum zu leugnen im Kopf der Venus und nicht ganz unwahrscheinlich bei den Mädchen; in dem Helden vollends liegt offenbar eine persönliche Beziehung, und Rubens war hier mit in einem Geheimnis. Aber noch aus seiner letzten Lebenszeit gibt es einen glorreichen Beweis dafür, daß er in solchen Bildern, die man jetzt wohl für „trivial" hält, ernste und tiefe Wahrheiten und Gefühle hat ausdrücken wollen und müssen: es ist die prachtvolle eigenhändige Allegorie des „Krieges" im Palazzo Pitti, gemalt 1638 für Großherzog Ferdinand II. von Toskana. Die umständliche Deutung besitzt man in einem Brief an den in Florenz lebenden Maler und Landsmann Justus Sustermans, offenbar zur Mitteilung an den hohen Besteller. Hier sind Mars und Venus wohl noch in mythologischem Sinne ein Gattenpaar, allein Mars reißt sich stürmisch von ihr und ihren Amorinen los, und die in der Luft schwebende Alecto mit der Fackel zerrt ihn am Gewande; andere voransausende Furien bedeuten Pest und Hunger; schon zu Boden getreten sind die Harmonie als Weib mit der Laute und das Familienglück als Mutter mit dem Kinde am Arm; schon ermordet aber liegt der Baumeister, noch mit dem Zirkel in der starren Hand, denn der Krieg zerstört die schönen Bauten des Friedens. Links sieht man den geöffneten Janustempel, und ein mittlerer Durchblick in die Ferne zeigt schon die begonnene Schlacht. „Jene schmerzerfüllte Frau aber (es ist diejenige mit der Mauerkrone, die der Venus nacheilt), in schwarzem Gewande und mit zerrissenem Schleier und aller Juwelen und sonstigen Schmuckes beraubt, ist das unglückliche Europa, das schon so viele Jahre lang Raub, Schmach und Elend erleidet. . . . Ihr Symbol ist jener Globus, der von einem Engelchen oder Genius getragen wird, mit dem Kreuze darüber, wodurch die christliche Welt angedeutet wird." Zum Schluß nun noch die tiefempfundenen Worte, die Waagen dieser Beschreibung hinzugefügt hat: „Dieses Bild ist nun das schönste künstlerische Denkmal, das Rubens uns, nicht lange vor dem Schluß seiner irdischen Laufbahn, von dem tiefen Mitgefühl seiner edlen und großen Seele (die das Höchste, was Kunst und Wissenschaft gewähren, in einem langen Leben, gebend und empfangend, kennengelernt hatte) mit dem namenlosen Jammer seiner Zeit hinterlasssen hat, den die Kriege sowohl über sein Vaterland als noch mehr über das unglückliche Deutschland verbreitet hatten."

Rubens hatte noch in einer freundlichen Nachschrift an Sustermans die Bitte geäußert, derselbe möge das Gemälde, „wo es durch Zufall (durch Schaden beim Transport) oder durch meine Nachlässigkeit nötig wäre", retuschieren. Glücklicherweise war und ist bis heute das Wunderwerk vortrefflich erhalten, das ewige und unvergeßliche Titelbild zum Dreißigjährigen Kriege, von der Hand des allein in höchstem Sinne dazu Berufenen.

XIX.

Außerdem hat Rubens einen besonderen Ruhm erreicht durch umfangreiche historische Malereien, wobei nicht nur allegorische Gestalten in großer Anzahl zu Hilfe genommen wurden, sondern auch öfter die ganze Komposition in ein gewisses ideales oder doch außerhalb der historischen Wirklichkeit liegendes Dasein umgesetzt erscheint. Es entstand 1621 bis 1625 die Galerie des Luxembourg, in 21 Bildern, die verklärte Lebensgeschichte der Königinwitwe von Frankreich, Maria Medici (Louvre).

Unser Jahrhundert würde zweifellos dem Meister von Antwerpen als Historienmaler ein anderes Programm aufgesetzt haben. Zunächst hätte er die ganze vergangene Geschichte von Brabant und sonstigem Niederland realistisch in genau ermitteltem Kostüm darstellen sollen, auch die alten Schlachten, Volkstumulte, Feste u. dgl. — Dies alles aber nicht um der malerischen Wünschbarkeit willen, sondern im Sinne des Patriotismus und sogar des Fortschrittes, indem es sich ja nicht um dasjenige zu handeln pflegt, was die wirkliche Vorwelt könnte empfunden haben, sondern um die heutige Vorstellung davon, die denn freilich ihre Quelle hat in denjenigen Büchern und anderen Schriften des Tages, die zufällig von den Leuten gelesen werden. Er hätte nicht sein Pathos, sondern dasjenige anderer darstellen sollen. Weiter hätte ihm obgelegen, wiederum kostümrichtig und ortsgenau, Tatsachen darzustellen, die erst in den daran geknüpften Folgen wichtig waren, obschon man die letzteren doch ganz unmöglich in das Bild hineinmalen kann: öffentliche Proklamationen von Urkunden, zumal Verfassungen, Vorweisungen aufgerollter Grundrisse zu wichtigen Gebäuden u. dgl. Ganz besonders aber hätte er einem sehr namhaften neueren belgischen Maler vorwegnehmen müssen den Verkehr seiner Vorgänger in Kunst mit den Großen und Vornehmen dieser Welt, anzufangen mit Jan van Eyck als Kammerherrn Philipps des Guten; vor allem aber hätte er Shakespeares Dramen illustrieren und endlich den Shakespeare selber malen sollen, etwa im Augenblick, da er den Monolog des Hamlet dichtete.

Man könnte noch weiter fortfahren mit lauter Diktaten solcher Art. Allein Rubens hat nun eben nicht den Zumutungen einer herrschenden neueren Meinung gehorcht, sondern ganz frei den Auftrag einer fremden Fürstin angenommen, den er ebensogut hätte abweisen können. Dieser Auftrag aber gefiel ihm, und weit die meisten der betreffenden Szenen offenbaren es sogleich und deutlich, daß und weshalb ihm derselbe gefiel, denn er hätte dieselben wesentlich angeben und erfinden können. Hierauf würden wir unter allen Umständen dafür dankbar sein, daß die Galerie des Luxembourg überhaupt vorhanden ist.

Es ist ja von der Kunst in den verschiedensten Zeiten und Zivilisationen oft und mit Zwang verlangt worden, daß sie die Darstellerin von Geschehenem irgendwelcher Art sein müsse, weil dasselbe irgendwie (manchmal auch nur wieder durch seine Folgen) für die betreffende Macht wichtig war, und die letztere glaubte insbesondere, hiermit „verewigt" zu werden. Die Kunst pflegte sich zu fügen, schon weil die Macht bei solchen Anlässen meist sich wird freigebiger als sonst erwiesen haben; auch waren es wohl Zeiten und Zustände eines allgemeinen Gehorsams, dem sich auch der Künstler nicht entzog. Besonders bedenklich stehen die Dinge für die Kunst, wenn sie in großen erzählenden Bildern einer herrschenden Meinung dienen soll und deren Tendenz, sei es eine patriotische, politische oder konfessionelle, als Pathos in Köpfe und Züge der Hauptpersonen hineinträufeln muß; die betreffende Meinung aber ist ja ohnehin keine ewige, sondern dem Wandel der Zeiten unterworfen, und große, mit Gefühl ganz überladene Riesenbilder werden vielleicht in nicht langer

Frist unverständlich. Von dieser Art Wandelbarkeit hat die Galerie des Luxembourg nichts mehr zu befürchten. Diejenige glänzende Zeitlichkeit, die hier geschildert wird, liegt, seelisch wie leiblich, auf das klarste in Moment und Einzelheiten jedes Bildes für sich abgeschlossen und wirkt durch ihre Gegenwart, ohne den Betrachtenden auf draußen wartende Lektüre und Gesinnung hinzuweisen. Welches auch das Verhältnis des heutigen Beschauers zum Sachinhalt des Zyklus sei, die Kunst ist auch in dieser Art von höfischer Dienstbarkeit noch Kunst geblieben und zeigt, daß sie unsterblichen Geschlechtes ist. Da nun die Königin und ihre Gegnerschaft ungefähr einander wert gewesen sind, letztere aber keinen Rubens für sich in Anspruch genommen hat, so bleibt Maria Medici vor unseren Augen in dem vollen und „ungerechten" Vorteil einer glänzenden mythischen Verherrlichung. Die demütigenden Ereignisse aus ihrem Leben — darunter Sturz und Ermordung ihrer nächsten Vertrauten — waren übergangen worden, und in dem, was von ihr erzählt wird, hat und behält sie immer recht. Und nun werden die Memoiren und Pasquille jener Zeit von wenigen (und nicht zum Vergnügen) gelesen, der große Gemäldezyklus aber prangt vor aller Augen.

Allerdings hat Rubens hie und da einer geheimtuenden Zeit und Bildung seinen Tribut bezahlt, insofern bei einzelnen Figuren schon damals die Deutung streitig blieb, die Verantwortung hierfür möchte aber auf den allegorischen Ratgeber fallen, der mitzureden hatte. Lehrreich ist, daß Rubens die Allegorien so mäßig anwendet als möglich, wie er denn z. B. in seinen sämtlichen Römergeschichten, die des Decius inbegriffen, gar keinen Gebrauch davon gemacht hat, weil das ganze Pathos derselben in all seinen Motiven schon völlig durch menschliche Gestalten und Hergänge darstellbar war. Maria Medici dagegen durfte ja nicht sichtbar handeln, nur beraten, entscheiden, Zeremonien über sich ergehen lassen, siegreich dahergeritten kommen und etwa einmal nächtlich entfliehen, und nun ist Antrieb und Entschluß zu dem, was geschieht, vorzugsweise in Allegorien und allegorisch gebrauchte römische Gottheiten verlegt. Gallia mahnt Heinrich IV. eifrig, das von Amor und Hymen dargebrachte Bildnis Mariens zu betrachten; auf der Landungsbrücke zu Marseille eilen Gallia und Massilia ihr entgegen; weiterhin wird der neugeborene Ludwig XIII. dem Genius der Gesundheit auf den Arm gelegt, bei der Huldigung nach Heinrichs Tode sieht man neben der Gallia auch die Gestalt der „Regentschaft", die der Königin das Steuerruder des Staates überreicht, bei der Unterhandlung in den Streitigkeiten zwischen Mutter und Sohn schreitet Merkur ganz unbefangen zwischen zwei Kardinälen einher; der Friede als mächtige Frau löscht Fackeln aus, und endlich hebt die Zeit, als Saturn, die Wahrheit in die lichte Höhe. In den Gestalten des Bösen ist Rubens so reich wie in denjenigen des Löblichen: wir lernen meist in heftiger Bewegung kennen Zwietracht, Neid, Haß, Betrug, Wut, Unwissenheit, Übelrede usw., und als Rebellion figuriert eine mehrköpfige Hydra. Dies alles aber geht merkwürdig einträchtig zusammen mit Herren und Damen vom Hof und vom hohen Adel, mit Würdenträgern verschiedenen Grades in der malerischen Tracht jener Zeit, mit Soldaten, Dienerschaft usw., und nachdenklich darf man fragen, wie sich die nämlichen Allegorien wohl mit heutigen Uniformen und Kostümen, besonders mit den schwarzen Fräcken vertragen würden. Bei Rubens aber — seine und der Königin Denkweise einmal zugegeben — sind sie meist untrüglich richtig angewandt. Wohl meldet sich ja auch einmal ein sehr langweiliges Motiv, die sogenannte „Mehrjährigkeit Ludwigs XIII.“, wo Mutter und Sohn auf dem reichgeschmückten Ende eines Schiffes stehen und der letztere den Griff des Steuerruders in der Hand hat, während mehrere Tugenden rudern müssen oder sich mit den Segeln beschäftigen und am Mast Gallia mit Globus und Flammenschwert drohend aufragt, was sich andere Länder zu Herzen nehmen mochten; auch blasen oben auf den Wolken bereits zwei Ruhmesgöttinnen in Posaune und Trompete. Wie wundervoll aber ist in lauter Allegorie die „Erziehung der Königin“ gedacht! Die Ausführung ist unseres Erinnerns nur eine mittlere, von Schülerhand, und was die Erhaltung aller dieser Bilder betrifft, so sind nur schon zu unseren Zeiten zwei große Restaurierungen darüber ergangen; dieses Bild aber rettet der Gedanke. In eine kühle Schlucht strömt von oben das sonnige Licht und ein Wasserfall — der kastalische Quell — hernieder; im Schatten und Halbdunkel sitzt Minerva und lehrt die junge Prinzessin schreiben, und die Gebärde des rasch niederschwebenden Merkur mit dem Stabe soll die Mitteilung der Beredsamkeit bedeuten; vorn spielt Apoll auf der Baßgeige. Diesen allen gegenüber stehen an der Lichtseite der Schlucht in voller Helle die drei Grazien, deren mittlere einen Kranz darreicht, und von ihnen aus geht erst das Licht als Reflex auf alles Wissen und Lernen über, und dieser schönen und gewiß bewußten Symbolik wird man anderswo nicht wieder begegnen. — Sonst werden noch solche Momente mit Allegorien besonders reichlich bedacht sein, da ein herrschender allgemeiner Zustand versinnlicht werden sollte, und hier darf man vermuten, daß die leidenschaftliche Königin dem Maler die einseitigsten Beteuerungen aussprach, alle Welt, mit Ausnahme der Schlimmen, sei um selbige Zeit zufrieden und glücklich gewesen. In diesem Sinne ist der prächtige „Olymp“ aufzufassen, der ja in der Reihe der Bilder den Titel führt: „Effets du gouvernement de la Reine“, und ebenso unter den späteren Bildern die sogenannte „Félicité de la Régence“, wo man, mit Ausnahme der als Justitia thronenden Königin selbst, ausschließlich Abstrakta dargestellt findet. Hier erhält, beiläufig gesagt, auch das Mäzenat der Königin sein Lob: „Überfluß“ und „Gedeihen“ (Prospérité), reife, freundliche Frauen verteilen Medaillen, Lorbeerkränze usw. an die Genien der schönen Künste — nämlich drei Putten an der Basis des Thrones —, zu deren Füßen Unwissenheit, Übelrede und Neid am Boden kauern. Das ganze leicht ausgeführte, aber prachtvoll wirkende Gemälde, in seiner verhehlt symmetrischen Anlage, ist der profane Wiederklang eines Gnadenbildes mit Musikputten am Fuß eines Madonnenthrones. — Bisweilen mag es an Wenigem gehangen haben, ob einzelne Gestalten zum Hofgefolge oder zur Welt der Ideale gehören sollten: die Königin, in dem wichtigen Bilde, wo ihr der Gemahl den blauen Lilienglobus als Sinnbild der Regentschaft überreicht, ist begleitet von zwei schönen weiblichen Wesen, die jetzt deutlich Tugenden sind und doch wohl ursprünglich als Hofdamen gedacht waren, denn die Begleiter des Königs auf der anderen Seite sind Militärs. Bei kirchlichen Funktionen beschränken sich die Allegorien auf ein Minimum: Maria Medici wird mit ihrem Oheim Großherzog Ferdinand I. noch in Florenz per procura feierlich getraut, und nur ihr Schleppträger (Hymen) ist ein Götterknabe; dafür hat aber das Bild noch eine weitere sinnbildliche Zutat: auf dem Altar hinter dem offiziierenden Kardinallegaten erhebt sich eine Marmorgruppe des sitzenden Gottvaters mit der Christusleiche auf den Knien; in Florenz aber gibt es mehrere solche große Gruppen, z. B. von der Hand des Baccio Bandinelli, und für Rubens war damit höchstwahrscheinlich genügend die Stadt angedeutet, wo die Feier vollzogen worden war; es ist ein Symbol des Ortes, wie z. B. in einem anderen Bilde der Flußgott Arno. — Über der „Krönung der Königin“ begnügte er sich mit zwei schwebenden Genien des Überflusses und ließ dafür in diesem Zeremonienbilde, einem der herrlichsten der Welt, das ganze individuelle Leben der Teilnehmer walten in ihren unbefangenen Bewegungen und in den freien Wendungen schöner und ausdrucksvoller Köpfe. — Viel stärker ist dann die Einmischung der allegorischen Wesen bei der Huldigung an die thronende Witwe nach Heinrichs Tode, und die ganze linke Hälfte des Bildes, die diesem Element (unter anderem dem sehr unschön durch Jupiter und Saturn in die Lüfte getragenen König) überlassen ist, könnte man preisgeben; aber von größter Schönheit und Wirkung ist wiederum die Gruppe von Hofleuten, die, am Throne niedergeworfen, Treue schwören. — Sollte es sich jedoch im allgemeinen darum handeln, die mögliche Überlegenheit einer allegorisierenden Darstellung über die wirklichkeitsmäßige darzutun, so frage man, wie die Landung einer jungen Herrscherin am Ufer ihrer nunmehrigen Heimat innerhalb der Bedingungen und Umgebungen der Wirklichkeit noch irgendwie ergreifender könnte gemalt werden, seitdem Rubens das leuchtend schöne Bild vom Empfang der Maria Medici in Marseille geschaffen hat. Wäre Maria, woran so vieles fehlte, die größte Fürstin aller Zeit gewesen, so würde jetzt vielleicht auch die strengste Ästhetik vor diesem Werke in Entzücken sein und nur die Allegorik solcher Wunder für fähig und würdig erklären.

Das zweite mächtige Unternehmen, das offenbar derselben historisch-allegorischen Art würde angehört haben, das Leben König Heinrichs IV., unterblieb, wie oben gesagt wurde, durch den Sturz der Königinwitwe. Die beiden Riesenskizzen der Uffizien mit der Schlacht von Ivry und dem Einzug in Paris[48]) gewähren die allerhöchste Ahnung von derjenigen Machtfülle, die Rubens in diesem Zyklus würde geoffenbart haben, und die Klage darüber, daß dies nicht geschehen, ist nicht bloß Sache der Kunstgeschichte, sondern auch der französischen Nation. Statt ihrer hat dann England das malerisch idealisierte Leben eines Königs erhalten, an dem dem Rubens gewiß viel weniger gelegen war, während er für Heinrich IV. eine so große Sympathie empfunden haben muß.

Die großen allegorischen Malereien zum Preise König Jakob I. von England an der Decke des Festsaales von Whitehall in London, bestellt durch König Karl I. und in Skizzen entworfen 1629, vollendet abgeliefert 1635, sind uns weder im Original noch in Abbildungen bekannt, und wir müssen durchaus auf die Angaben anderer verweisen. Die Ausführung wird, wie bei den Deckenbildern des Dogenpalastes von Venedig, in Öl auf großen Tuchflächen erfolgt sein, die dann an Ort und Stelle irgendwie befestigt wurden.

Es ist uns überhaupt nicht vergönnt gewesen, ausgeführte Gemälde des Rubens an Decken oder Gewölben und damit seine vollständige Art von Darstellung in Untensicht kennenzulernen. Auch wird es uns schwer zu glauben, daß er, dessen Komposition für die senkrechte Fläche eine so höchst vollkommene und angemessene war, sich gerne auf diese stark und durchweg verkürzte Gestaltenwelt eingelassen habe. Allein von allen Seiten her muß dennoch solches von ihm verlangt worden sein, weil man Gedanken, Komposition und Stil des großen Meisters allem anderen wird vorgezogen haben, und die große Anzahl von erhaltenen Farbenskizzen des verschiedensten Inhaltes und Ausführungsgrades für Untensicht beweisen, daß er viele Aufträge dieser Art wirklich übernommen hat, wenn er auch die Ausführung den Schülern überließ und schwerlich je ein Gerüst selber bestieg. Die Präzedentien, wie er sie in Italien kennengelernt hatte, waren von der unbedenklichsten Art, denn dort hatte man an Gewölbe und Soffitti längst alles mögliche gemalt, und für das Malen auf große Distanz war dort niemand zu gut, und Paolos „vom Ruhm gekrönte Venetia" an der Decke der Sala del maggior consiglio wird auch dem Rubens sehr zu denken gegeben haben. Bei der weiten Zerstreuung der Rubens-Skizzen überhaupt sind wir hier auf einige Wahrnehmungen beschränkt[49]). Im Louvre, Sammlung Lacaze, sieht man Isaaks Opferung, Abraham und Melchisedek, Marienkrönung, die Kreuzaufrichtung, wahrscheinlich Entwürfe für ein Kirchengewölbe. In Wien besitzt die Galerie der Akademie eine Anzahl von Skizzen für Soffitten und höchst Ausgezeichnetes die Galerie Liechtenstein: hier der meisterliche Entwurf eines Merkur, der Psyche vor Jupiter bringt; dann für einen länglichen Soffitto: Apoll und Diana, die über den mit anderen bewegten Gestalten erfüllten Himmel sausend dahinfahren; ferner als Rund einen Olymp in Untensicht. In der Ermitage werden Skizzen zur Decke von Whitehall höchlich gerühmt, und in der National Gallery findet sich, feurig und meisterhaft gemalt, eine rundliche Skizze der Apotheose Jakobs I., oder, wie andere glauben, Wilhelms des Schweigsamen von Oranien, die indes nicht der entsprechenden Szene an der Decke von Whitehall, sondern einem Gemälde in englischem Privatbesitz gleichen soll; der Betreffende wird von zwei allegorischen Figuren in die Luft emporgehoben. Für das Gewölbe einer Kirche des Ordens der Minimen war ohne Zweifel bestimmt die Glorie des S. Francesco di Paolo (Dresden; Variante in München): der Heilige schwebt frei in der Luft; zu den Seiten an reicher Architektur und Stufenwerk sind Anbetende, Genesende, Kranke, auch Besessene gruppiert; im Exemplar von Dresden ist das Ganze gegeben in einem gelblichen Hauptton mit Andeutung einiger künftiger Hauptfarben; auch das Münchener Exemplar ist eine „teilweise in Farben gesetzte Grisaillenskizze".

Indem wir nochmals zu den geschichtlichen Darstellungen mit Hilfe von Allegorien zurückkehren, muß beiläufig von einer damals nicht seltenen Gattung von Porträts die Rede sein, deren Rahmen im pathetischen Geschmack der Zeit mit persönlich gegebenen Tugenden, Zuständen und Örtlichkeiten sowie auch mit Emblemen rings umgeben wurden. Der Holzschnitt hatte diese Art schon längst, auch bei Einfassungen von Wappen und Büchertiteln, mannigfach gepflegt; Rubens aber, mit seiner Halbfigur des Siegers am Weißen Berge Bucquoy, im Lorbeerrahmen und der reichlichen und prächtigen Umgebung von mythologischen und allegorischen Gestalten, erreichte wohl eine höhere Wirkung als alle seine Vorgänger und Nachfolger; als Vorlage für den Stecher Vorsterman malte er das sorgfältige Bild in Grisaille, das in der Ermitage noch vorhanden ist[50]).

Ein später, aber ganz großer Anlaß für historisch-allegorische Ausdrucksweise waren dann jene prächtigen Dekorationen, Triumphbogen, Wandarchitekturen usw., die für den Empfang des Kardinal-Infanten, für den Introitus Ferdinandi (16. April 1635), auf Plätzen und Straßen von Antwerpen errichtet wurden. Für den Sachinhalt sorgte der gelehrte Freund Gevartius; künstlerisch war alles von Rubens angegeben; auch hat er noch an der Ausführung mitgewirkt, und zu mehreren Stücken bewahren das Museum von Antwerpen und die Ermitage seine und van Thuldens Ölskizzen. Von den großen Gemäldeflächen, die dazugehörten und außer der Verherrlichung auch gute patriotische Wünsche versinnlichten, sind noch mehrere in anderen Galerien erhalten. So in Wien die Zusammenkunft der beiden Ferdinande (von Spanien und von Österreich) vor der Schlacht von Nördlingen in Gegenwart des Danubius, der im Vordergrunde ganz ruhig gelagert zwei symbolischen Frauen (deren eine, wahrscheinlich Germania, Helenens Züge hat) den nahen Ausgang voraussagt; ebendort zwei große heroische Einzelfiguren aus dem Hause Habsburg. In Brüssel, und zwar eigenhändig, die Porträts von Albert und Isabel; in Dresden das bereits erwähnte Quos ego!, die Bedräuung der Windgötter durch Neptun, womit die Tatsache versinnbildlicht ist, daß während der Seefahrt des Kardinal-Infanten auf dem Mittelmeer ein Sturm sich gelegt hatte. Ein schönes Hauptbild dagegen, der Infant zu Pferde, begleitet von Viktoria, die die vor ihm flehend kniende Gestalt von „Niederland" tröstet, ist unseres Wissens nur noch aus einer Skizze und aus dem Stiche bekannt. Alle diese Herrlichkeiten aber waren längere Zeit vor allem Volk ausgestellt geblieben, und die Kunde von ihrer Erzählungsweise beschränkte sich diesmal nicht auf die, die in Palästen wie des Luxembourg und wie Whitehall Zutritt hatten.

Kein Wunder, wenn die Mächtigen der übrigen Welt für diese Art von Verherrlichung ihrer Personen, Familien und Länder eine ewige Verfügbarkeit des Rubens gewünscht haben sollten, wenn sie auch nach dem Tode des Meisters in den Werkstätten von Antwerpen noch eine vererbte Kraft dieser Richtung anzutreffen hofften und wenn in einer dieser Werkstätten in der Tat ein Maler sich fand, der sich einbildete, er könne solchen Wünschen genügen.

Es war Jakob Jordaens; zwölf Jahre nach dem Tode Rubens' (1652) unternahm er es, in dem achtseitigen mittleren Saal des oranischen Palastes im Bosch bei Haag die Glorie des fünf Jahre zuvor verstorbenen Stadhouder Friedrich Heinrich in einer großen allegorischen Prachtdarstellung zu schildern, während andere, und zwar holländische Maler, die übrigen Flächen des Saales übernahmen[51]) und mit der Darstellung des ganzen übrigen Lebens des Fürsten seit dessen Geburt anfüllten. Man weiß, daß die starken Seiten von Holland überhaupt nicht in der idealen Komposition lagen, und nun kam noch schwerfällige holländische Gelehrsamkeit angezogen; wieweit auch die Witwe Friedrich Heinrichs, Amalia von Solms, an der Auswahl der Szenen teilnahm, bleibt ungewiß. Der berühmte Antwerpener aber konnte vielleicht alles übrige durch sein großes Hauptbild aufwiegen. Noch heute in sehr gutem Stande erhalten, soll dasselbe (bei 24 Fuß Breite und 27 Fuß Höhe) sowohl in manchen Einzelheiten als auch in der Kraft der Farben und Töne von großer Wirkung sein. Wir müssen dasselbe teils nach einer berühmten Farbenskizze im Museum von Brüssel, teils nach einem großen neueren Stich beurteilen.

Hier sollte es sich nun zeigen, daß die Palette allein nicht hinreicht, selbst wenn sie der des Rubens wenig nachsteht, und, von diesem Bilde ausgehend, würde man vielleicht am sichersten die hohen Eigenschaften gerade der Rubens-Allegorien erkennen lernen. Der enorm gehäufte Pomp ist der größte Feind des künstlerischen Eindruckes, und nun hatte sich Jordaens noch zwischen der Skizze und der großen Ausführung offenbar erstaunlich dreinreden lassen und die Überfüllung erst bis auf das höchste getrieben. Das Hauptmotiv ist das dem Beschauer entgegenkommende Viergespann, das den Triumphwagen des Oraniers zieht, diesen aber übertönt und in den Schatten stellt. Und doch hatte Rubens in einer seiner Allegorien vom Sieg der Kirche (wovon unten), die Jordaens mindestens im Stiche gekannt haben muß, so gut gewußt, weshalb er eine von Idealfiguren geführte und gerittene Quadriga in der Seitenansicht durch sein Bild gehen ließ, indem er damit der auf dem Wagen thronenden Ecclesia den vollen majestätischen Hauptanblick sicherte. Ferner können sich bei Rubens, dem Meister alles Bewegten, die Figuren wirklich überall im Raume bewegen, während bei Jordaens Menschen und Tiere einander tottreten müßten. Und nun drängen sich noch, außer Kriegern und Frauen, zu beiden Seiten Mitglieder der oranischen Familie herbei,

Wilhelm II. (der bereits ebenfalls verstorbene Sohn und Nachfolger des Friedrich Heinrich) sogar zu Pferde; klüglich aber taten diejenigen, die sich — zwischen Skizze und Ausführung — auf die Postamente der ehernen Ahnenstatuen rechts und links geflüchtet hatten. Wir fügen noch bei, daß die äußeren Rosse des Gespanns geführt werden von Mars und Herkules, die mittleren aber — auf der Skizze — geritten werden von Merkur und vom Gott der Zeit, während in der Ausführung auf dem einen derselben eine wohlgenährte jugendliche Figur, das Contentement, Platz genommen hat; unter den Hufen aber liegen „Neid" und „Haß", im großen Bilde sogar nur der „Neid". Zwei Löwen vorn bedeuten, laut dem gedruckten Führer, „Hochherzigkeit" und „Kraft", zwei Hunde „Wachsamkeit" und „Treue"; die (im Bilde) vorn beigegebenen Putten personifizieren „die Freude aller Lebensalter" (?). Der obere Teil des ausgeführten Bildes wirkt dann schon anarchisch: über dem Triumphator schwebt ein Skelett mit einem Spieß, dem ein männlicher Ruhmesgenius mit Trompete entgegensaust, und ganz oben, in kurios schwankender Stellung, sieht man eine Friedensgöttin. Ein Fruchtkranz mit Schwebeputten schließt das Ganze.

XX.

Für die große religiöse Allegorie wurde Rubens in Anspruch genommen durch Don Philipp IV. während seines zweiten Aufenthaltes in Madrid (1628 bis 1629), und es entstand jener Zyklus von neun Kompositionen, von denen schon vorläufig die Rede gewesen ist. Als Allegorien galten schon seit dem Mittelalter auch erzählende biblische Momente, zumal alttestamentliche Geschichten, die als Vorbilder des im Neuen Bund Erfüllten zu verstehen waren, und so sind in dieser Reihe Abraham mit Melchisedek, die Mannalese und der in der Wüste wundersam gespeiste Elias ebenso gewiß Vorbilder oder Vorgeschichten des Sakramentes wie in zahlreichen älteren Kunstwerken; zwei weitere Bilder enthalten Zusammenstellungen großer Heiliger in besonderem theologischem Sinne; und so bleiben noch vier übrig, die Allegorien in engerer Bedeutung, Hergänge in abstrakten, symbolischen Gestalten, allgemein gefaßte Augenblicke der Kirche und der Menschheit darstellen.

Über die Auswahl der Szenen, durch den König allein oder unter dem Beirat spanischer Theologen, fehlt jede Nachricht; die heutigen Benennungen der vier letztgenannten Bilder sind in den Galerien schwankend, und über die beabsichtigte Reihenfolge weiß niemand

Bescheid. Daß kein spanischer Maler mit der großen Aufgabe betraut wurde, kann daran gelegen haben, daß der königliche Kunstfreund schon im bloßen Verkehr den Übermächtigen erkannte; auch wußte ja Rubens über den Vortrag in Teppichen die vollkommenste Auskunft und konnte auch die Ausführung in der Wirkerei von Brüssel überwachen. Denn daß die Ausführung in Teppichen beabsichtigt war, ist schon durch die Einrahmungen wahrscheinlich, indem die Hergänge bereits wie auf reich bordierten Teppichen erzählt gegeben sind, auch spricht Palomino davon, und endlich hat es erweislich gewirkte Ausführungen nach einzelnen dieser Bilder gegeben. Skizzen, wie sie Rubens wohl unter den Augen des Königs, entwarf, glaubte man in England und namentlich in der Galerie von Madrid zu besitzen, aber auch bei den letzteren ist die Eigenhändigkeit nicht sicher, und wenn eine davon einer Wiederholung in Dresden entspricht, so entsteht ein neues Bedenken, denn diese offenbar ganz profane Dresdener Allegorie mit dem Zeitengott und der Wahrheit usw. kann überhaupt schwerlich in jene Reihe gehört haben. Die Ausführung auf großen Tuchflächen in Öl geschah dann in Antwerpen, offenbar rasch und nicht durch Schüler ersten Ranges, während Rubens zu Vorlagen für den Stich (woran ihm vielleicht am meisten gelegen war) sorgfältige Zeichnungen oder Grisaillen gefertigt haben wird. Inzwischen aber scheint man bei Hofe auf die Ausführung in Wirkerei vielleicht plötzlich verzichtet zu haben, und die gemalten Tuchflächen gingen nun statt dessen nach Madrid; der König aber schenkte dieselben jetzt an seinen allmächtigen Minister Olivarez zum Schmuck der Kirche eines von demselben gestifteten Karmeliterklosters in Loeches unweit der Hauptstadt. Hier befanden sie sich bis zur französischen Invasion unter Napoleon, da sie dem Raub seiner Generale unterlagen. Zwei finden sich noch, wie es heißt, an Ort und Stelle; ein Triumph der Kirche — und ein Sieg des Christentums über das Heidentum. — Von den sieben übrigen kamen mit der Zeit zwei (aus dem „Besitz" des Marschalls Sébastiani) in den Louvre; ein Triumph der christlichen Religion und der von Raben gespeiste Elias. — Drei gelangten in die Grosvenor Gallery zu London: Abraham und Melchisedek, die vier Evangelisten und die Mannalese. — Ein Bild war 1879 im South-Kensington-Museum ausgestellt; sechs große Kirchenlehrer mit der hl. Klara von Assisi. — Das neunte Bild, ein Triumph der Karitas, stark beschädigt, soll noch in unseren Zeiten in englischem Privatbesitz vorhanden gewesen sein.

Nun hat es das Mißgeschick gewollt, daß die beiden weit zugänglichsten Bilder der Reihe, die des Louvre, nicht nur zu den am schlechtesten erhaltenen gehören, sondern daß wenigstens der sogenannte „Triomphe de la Religion“ (laut deutlicher Inschrift: Fides catholica) eine besonders derbe und unangenehme Komposition ist: zwei Engel nämlich, gewiß allegorisch auszudeuten, ziehen den Siegeswagen, auf dem Fides mit dem Kelche steht, Religio auf ein Kreuz gelehnt kniet; dazu hier besonders zahlreich Engel und Putten, deren zwei am Wagen stoßen helfen; mehrere allegorische Figuren und als Andeutung der Missionen ein Neger und ein rothäutiger Indianer. — Dagegen gehören die beiden noch in Loeches befindlichen, durch schöne Stiche des Bolswert weitbekannten Bilder zu den vorzüglichsten Schöpfungen des Rubens. Der „Sieg über das Heidentum“ ist auf das genialste dargestellt in Gestalt eines Götzenopfers, das durch das hell leuchtende Niederschweben eines Engels mit dem Kelch in Verwirrung und Jammer gebracht wird. — Das andere, bereits bei Anlaß des Jordaens erwähnte Gemälde aber: „Ecclesia per sanctam Eucharistiam triumphans“ ist beseelt von rauschender, wahrhaft triumphaler Pracht und von der schönsten Bewegung der ganzen Quadriga, sowohl der Rosse als der sie führenden und reitenden Tugenden; besonders der Genius mit den Insignien des Papsttums auf dem vordersten Rosse ist von ganz anderer Art als das „Contentement“ auf jenem Bilde im Haag. Der über heulende Dämonen hinrollende, von einem herrlichen Putto gelenkte Prachtwagen, neben dem gefesselte Heiden dahergetrieben werden, trägt die siegesbewußte schöne Ecclesia mit der Monstranz, von der das Licht ausgeht, während ein Engel das Triregnum über ihrem Haupte schwebend hält. Ein gewaltiger Gesamtreichtum, und doch nicht überladen und von völlig freiem Atemzug. — Aus der „Mannalese“ entsinnen wir uns des visionär aufjubelnden Moses als des Hauptmotivs. — „Abraham und Melchisedek“ ist wohl zu unterscheiden von einer früheren Skizze in der Albertina (mitgeteilt bei Knackfuß), wo der weltliche und der geistliche Gebieter und ihr Gefolge einander noch wie gleichwertig begegnet waren, während hier Abraham wie huldigend und gebückt vor den Priester tritt. — Dann aber, in den beiden Bildern der vier Evangelisten und der sechs Kirchenlehrer mit der hl. Klara, wird ein ganz neuer Ton angeschlagen; es sind lauter mächtige Menschen, die als große Persönlichkeiten und wie als Zeugen des in den übrigen Bildern Erzählten nicht nur vor uns treten, sondern ganz nach Rubens' Art an uns vorüberzuwandeln scheinen. Die beiden betreffenden Stiche von Bolswert mögen als Erbauungsbilder in Klöstern und in andächtigen Bürgerhäusern von unschätzbarer Wirkung gewesen sein.

Oft und viel hat das Barock aller katholischen Länder an Kirchengewölben und auch an den Decken von Klosterbibliotheken die Herr⸗lichkeit der Kirche in Verbindung mit Empyreen usw. allegorisch ge⸗schildert, und die Kräfte waren oft keine geringen. Was käme aber hiervon in dieser ganzen Periode an künstlerischer Macht dem einen Triumphbilde von Loeches gleich?

XXI.

Das Genrebild scheint Rubens, auf den ersten Blick hin, völlig den übrigen Niederländern, Belgiern sowohl als Holländern, über⸗lassen zu haben, und leicht meldet sich die Erklärung, er sei eben, wie seine sämtlichen berühmten Zeitgenossen unter den Italienern (abgesehen von den Naturalisten), die das Genre laut verschmähten, eine pathetische Natur gewesen. Zunächst aber wissen wir wenigstens, daß er für seinen persönlichen Geschmack Genrebilder liebte und eine große Anzahl von Stücken des Adrian Brouwer für sich ankaufte. Ihm konnte nämlich, wie anderen wahrhaft Großen, noch Vieles ge⸗fallen, was nicht er selbst war. Bei der ungeheuren Arbeitsfülle in den größten Gattungen wäre es auch schon an sich erklärlich, wenn er seine Kräfte ausschließlich auf diese gewandt hätte. Allein der innere Reichtum seiner Natur war der Art, daß er, vermutlich im letzten Jahrzehnt seines Lebens, noch das berühmteste Bild aus dem ganzen niederländischen Volksleben — die Kermesse — und das herrlichste Gesellschaftsbild des 17. Jahrhunderts — den Liebesgarten — hat schaffen müssen. Die Kermesse (Louvre) befreit das Bauernleben mit einem Male vom Stil der Breughelschen Werkstatt, von der scharfen Herrschaft des einzelnen in den Typen und in den Späßen; sie ver⸗setzt dasselbe in das Reich der völlig freien und reichen Bewegung, der Einheit von Moment, Klang und Kolorismus und gibt dabei von der Örtlichkeit nur so viel mit, als der Gesamtwirkung dient. Das Bild muß zugänglich gewesen sein, vielleicht noch bei Lebzeiten des Meisters, und David Teniers der Jüngere, dem man doch (wie schon seinem Vater David dem Älteren) eine persönliche nahe Bekanntschaft mit Rubens kaum abstreiten kann, wird dasselbe gekannt haben, wenn auch seine eigenen Bauerntänze ungleich viel zahmer sind. — Neben die Kermesse tritt dann, wiederum ganz eigentümlich, der „Ringel⸗reigen" (Museum von Madrid und Galerie Weber in Hamburg, dazu der Stich von Bolswert). Erst hier erreicht die Einheitlichkeit ihren höchsten Grad: der Reigen, der hier alle Figuren in einen und den⸗selben Taumel gezogen hat, will sich eben nach der einen Seite auf⸗

lösen, nach der anderen verdoppeln, indem je ihrer zweie ein Tuch halten, unter welches andere hindurchspringen, und nun hält gerade noch alles zusammen, bevor sich alles auflösen wird, und diese Kraft der Augenblicksbewegung wirkt vollkommen betörend; dazu ist jede einzelne Figur wie bei jedem heftigen Tanz, mehrseitig bewegt. Lehrreicherweise hat Rubens hier, wo es schon mehr auf Schönheit der Erscheinung ankam, bei den Männern die eigentliche Bauerntracht verschmäht (das „Geknöpfte" und „Genähte") und wie in der Staffage einiger Landschaftsbilder die Kleidung derjenigen der italienischen Pastorale genähert, auch das Nackte mehr walten lassen. Weiß man einen anderen Maler, der diesen unvergleichlichen Moment hätte schaffen können, so nenne man ihn.

Als Resultat langer und vielleicht stark wechselnder Visionen, als eine der reifsten und herrlichsten Früchte eines Künstlerlebens ohnegleichen erscheint dann der „Liebesgarten".

Im Gesellschaftsbilde liegt, je nach der sozialen Tradition, je nach den künstlerischen Vorgängen, der Akzent an den verschiedensten Stellen, Rubens aber fühlte sich hier nach allen Seiten frei und überließ sich offenbar völlig der glücklichsten Stimmung, denn er hatte ja die Kraft, dieselbe in die schönste Bildlichkeit zu übersetzen. Das Italien seiner Zeit hätte ihm hier weniges geboten: etwa noch ein venezianisches Halb- und Kniefigurenbild mit Singenden und Musizierenden; schon vorüber waren die Gastmähler des Paolo Veronese mit ihrem reichen festlichen Personal, die letzte schöne Hochzeit von Kana aber (Padovanino, Akademie von Venedig) war noch nicht gemalt, als er in Italien weilte. Caravaggio in seinen düsteren und verwegenen Malereien war nicht daraufgekommen, die damaligen Menschen in holdem oder gar in liebendem Verkehr darzustellen. Bei den italienischen Idealisten sodann gibt es wohl Liebesgruppen, aber nur im Gewande der Mythologie; man hatte eine höhere Geselligkeit, allein man malte sie nicht und wartete es ab, bis Berghem und Lingelbach (vielleicht nach dem Vorgang des Agostino Tassi und neapolitanischer Marinemaler) neben allem anderen auch vornehme Herren und Damen in ihren Hafenansichten herumwandeln ließen. In den Niederlanden dagegen gab es vor und neben Rubens ein Gesellschaftsbild als Gattung. Für Holland darf hier schon einer malerisch verwandten Aufgabe, der Doelen- und Regenten-Stucke, gedacht werden, die bereits im 16. Jahrhundert bedeutende Kräfte in ihren Dienst nahmen, und mit dem 17. Jahrhundert wurde dann die Darstellung der eigentlichen Geselligkeit ein Ziel ausgezeichneter Künstler, wie Dirk Hals, Peter Codde, des einen Palamedes u. a. Dieselben malten, öfters in sehr figurenreichen Bildern, die Konversation, den Tanz, die Spiele, auch das Musizieren von kostbar gekleideten Männern und Weibern, mit nicht immer angenehmer Porträtähnlichkeit, sei es in Prachtsälen oder in Gärten. In Antwerpen aber hatte wenigstens derjenige Kreis, der in den Gesellschaftsbildern dargestellt wurde, einen ansprechenderen Typus, eine vornehmere Bewegung und in der Kleidung mehr Geschmack, und die Frauen waren Damen. Von der Generation vor Rubens, namentlich aus der Werkstatt der Familie Francken (wo wir die einzelnen Meister zu unterscheiden keinen Anspruch machen), gibt es eine ganze Anzahl solcher Gesellschaften in Prachtsälen, von Franz Pourbus dem Jüngeren aber, als Juwel der Gattung, den Hofball in Gegenwart der Erzherzoge (vom Jahre 1611) in der Galerie vom Haag. Gleichzeitig mit Rubens selbst lernt man dann die große Antwerpener Gesellschaft, wie sie sich in Prachtsälen und Gärten wirklich ausnahm, sehr genau kennen in den Bildern des Christoph von Laenen oder Laemen, deren eine ganze Reihe (neuerlich durch gute Photographien bekannt) sich in der Galerie Mansi zu Lucca befindet. In den Formen nur mäßig durchgebildet, aber fein und sorgfältig ausgeführt, wenn auch nicht ohne Wiederholungen im Detail, besitzen dieselben einen vollen sittengeschichtlichen Wert.

Rubens jedoch erhob im „Liebesgarten" diese Generation — oder irgendeine Auswahl derselben — zu einem gemeinsamen wonnevollen Dasein. Schon als Örtlichkeit gab er derselben nicht einen Ziergarten mit, sondern einen prächtigen Phantasieanblick im Freien: Grotten, ein Barockportal, eine Fontäne mit Venusstatue und Bäume mit einem Ausblick in die Ferne. Er offenbart uns nicht, wie es in der höheren Antwerpener Gesellschaft wirklich herging, und doch beruht manches auf Persönlichkeit derselben, und in einer der mittleren weiblichen Gestalten hat man stets gerne Helena Fourment erkannt; das Bild konnte noch immer als gesellschaftlicher Scherz erscheinen, aber als ein edel gegebener. Geflügelte Putten, also Liebesgötter, sind wie zur heiteren Erläuterung in allen möglichen Bewegungen munter im Bilde zerstreut. Die mittlere Gruppe der Damen und Herren, deren einer ganz unbefangen am Boden sitzt, enthält als Hauptereignis eine bevorstehende Züchtigung eines dieser Amorine, der sich an den Schoß einer Dame geflüchtet hat; diese aber hält die Hand derjenigen fest, die ihn züchtigen will. Andere kommen die Stufen herab von der Fontäne her, andere kosen, auf der Erde sitzend, oder halten sich stehend umschlungen.

Nun wird man sich nicht wundern dürfen, wenn Wiederholungen und Kopien verschiedenen Ranges und Maßstabes sich finden, und

Rubens kann dringend darum angegangen worden sein, wobei er freilich seine Probleme neu anzufassen gewohnt war. Höchstwahrscheinlich ist das früheste Bild dasjenige im Besitz Rothschilds zu Paris, ehemals beim Herzog de la Pastrana zu Madrid, und dieses ist uns bekannt aus dem noch immer vortrefflichen Werkstattbilde von Dresden und aus der Kopie des Jan van Balen in der Galerie von Wien, und auch letztere könnte noch unter den Augen des Meisters entstanden sein. Als die vermutlich spätere und von Rubens als vollkommener betrachtete Redaktion erscheint jedoch die des Museums von Madrid, wo das Verhältnis der Figuren größer und dafür der Raum beschränkter wurde, so daß das Portal niedriger gediehen und die Venusstatue der Fontäne zu einer Vénus accroupie geworden ist. (Eigenhändig, uns nur aus der Photographie bekannt.) Wahrscheinlich weil inzwischen der Ruhm der Darstellung weit herumgekommen war, zeichnete dann Rubens für den Holzschneider Jegher die Hauptszenen in sehr freier Verbindung noch einmal und gab der entfernten Mitte noch einen mutwillig bewegten Hergang mit[52]).

Die folgenden belgischen Genremaler, die in der Malweise dem Rubens so vieles verdankten, sind auf den Ton des Liebesgartens doch nicht eingegangen, selbst Teniers in seinen Bildern aus der feineren Gesellschaft nicht, und ebensowenig Tilborgh, Gonzales Coques, Siberechts u. a. Dafür ist später der Halbniederländer Watteau samt seinen französischen Nachfolgern ohne (direkte oder indirekte) Kenntnis des Liebesgartens gar nicht zu erklären.

Vielleicht befremdet es, wenn hier schließlich noch von einer Parabel des Neuen Testaments die Rede ist: auch Rubens hat der unvergänglichen Geschichte vom verlorenen Sohn einmal seine Huldigung dargebracht. Lange wußte man nur von dem meisterhaften Stiche des Bolswert, bis das im Privatbesitz von Hand zu Hand gegangene Gemälde 1894 für das Museum von Antwerpen gewonnen werden konnte. Ist es nun als Genrebild, als Tierbild, als baulicher Anblick, als Stilleben von allerlei Gerät aufzufassen? Rubens, der all dieser Terminologie gespottet haben würde, malte vor allem, wie ihn der Geist führte, und es wurde ein Ganzes von seltenster Art. Dieser durchsichtige Balkenanbau einer Meierei mit Ausblick ins Freie gehörte vielleicht sogar zur Ökonomie seines Landgutes Steen, was er hier mit aller Hingebung dargestellt hat[53]), waren vielleicht seine durch eifrige Knechte gepflegten Ackerpferde, seine Rinder, seine Mutterschweine am Trog samt ihren Jungen, und hier erst, im letzten Drittel des Bildes, ist ein armer Verlorener (der im Gemälde von höchst ergreifendem Ausdruck sein soll) aufs Knie gesunken, und eine

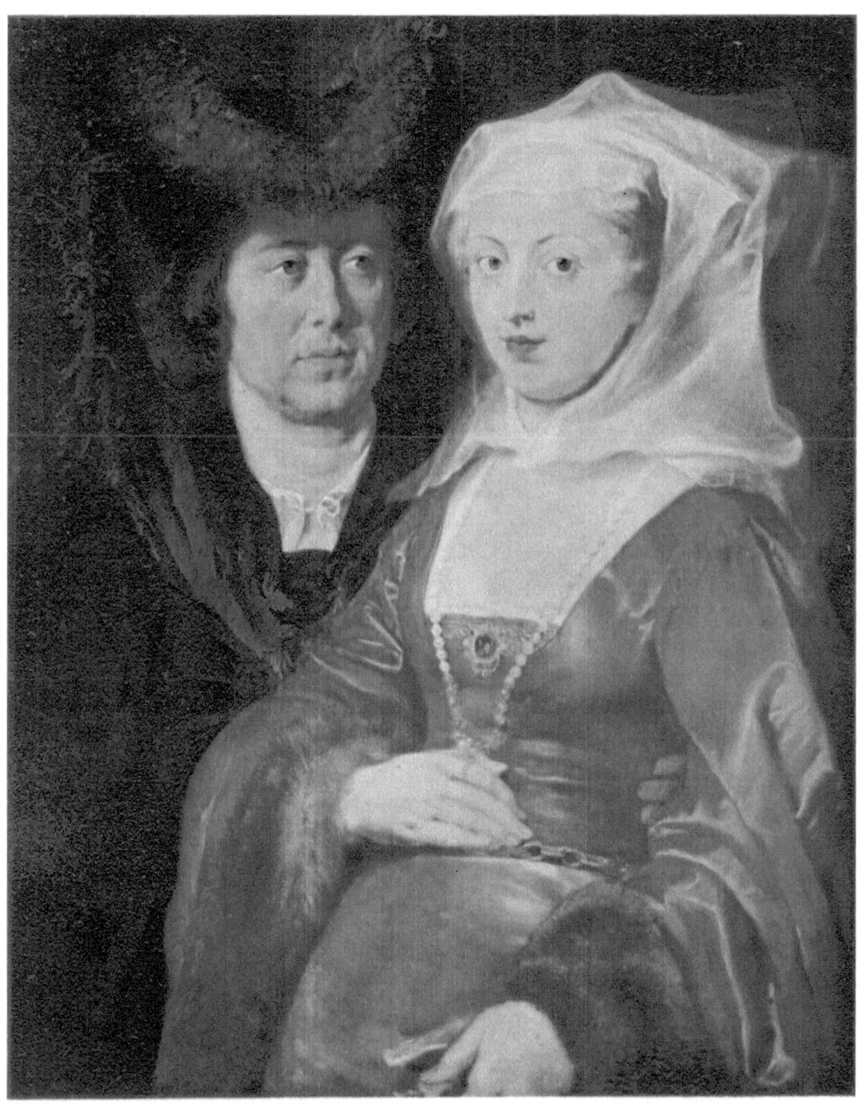

Der heilige Pipin und die heilige Bega
Wien, Kunsthistorisches Museum

Magd und ein Knecht schauen ihn erstaunt an; diese Menschen aber sind nicht roh und werden ihn nicht verhöhnen; er hat bei braven Leuten Unterkommen gefunden. Der große Maler und vielleicht Herr dieses Hofes, der hier den Adel der tiefen Reue schildert, könnte einst sogar in dieser Umgebung etwas dieser Art beobachtet haben.

XXII.

Rubens als Porträtmaler wird in der allgemeinen Meinung bekanntlich durch seinen großen Schüler van Dyck überschattet, und in neuerer Zeit hat es hier der geistvolle und tiefsinnige Fromentin an einer scharfen, allgemeinen wie speziellen Kritik nicht fehlen lassen. Hier mögen einige zerstreute Wahrnehmungen gestattet sein.

Diese Gattung ist die einzige, in der Rubens ein großes, unmittelbares niederländisches Erbe antrat, indem schon die dortigen Manieristen, Franz Floris nicht ausgenommen, vortreffliche Bildnisse hinterlassen hatten. Außerdem traf er in Italien auf die Werke Tizians und das übrige Venedig, und ihm selbst hätte es, wie oben gesagt, ganz nahegestanden, der große Bildnismaler von Genua und vielleicht der große Maler von Italien zu werden. Von der Heimkehr an gibt es dann nicht nur Porträts aus seiner ganzen übrigen Lebenszeit, sondern seine ganze sonstige Malerei, auch für ideale oder zeitlich entfernte Erzählung, setzt ein unermeßliches Studium nach dem Einzelleben voraus, ohne daß selbst der größte Meister und das glänzendste Gedächtnis mit der Zeit der äußerlichen Wiederholung verfallen. Sodann war ihm in gewissen historischen Malereien selbstverständlich die Porträtmäßigkeit wenigstens der Hauptgestalten vorgeschrieben. Daneben aber gehen in mächtiger Anzahl einher die Einzelbildnisse und Gruppenbildnisse der Fürsten und Großen, der Vornehmen und Berühmten, der Leute des vertrauten Umganges und endlich der Familie, der beiden Frauen und ihrer Kinder.

Das früheste dieser Familienbilder glauben wir dem Rubens allerdings absprechen zu müssen, so gewiß es auch ihn mit der ersten Gattin, der noch jungen Elisabeth Brant, unter einer Geißblattlaube sitzend, darstellt: es ist das höchst liebenswürdige Gemälde der Pinakothek von München. Wir glauben, Rubens habe sich einmal einen freien Tag gemacht und sich von einem befreundeten Kollegen, etwa Cornelis de Vos, malen lassen, die Gründe für diese Meinung aber mögen hier zurückbehalten bleiben.

Alle sonstige Attribution wird man der jetzt so hoch ausgebildeten

Spezialforschung zu überlassen haben. Wer hätte einst geglaubt, daß die wunderliebliche „Junge Dame“ der Galerie von Dresden, mit den Rosen in der Linken, nur ein Schulbild sei? Dasselbe hat noch ein kostümgeschichtliches Interesse: es war der Augenblick einer Änderung der Tracht, da die steife, vielfältige hohe Halskrause vor dem liegenden oder wenigstens offen um den Nacken gehenden Kragen wich, und nun ist zwar die Krause noch da, hat sich aber in der Mitte weit geöffnet, und der Hals mit dem Korallenbande wird sichtbar.

Mehreres ist in neuerer Zeit auch zwischen Rubens und van Dyck streitig geworden; wieder anderes ist jetzt fraglich in betreff der Benennung des dargestellten Wesens. Helena Fourment, die man doch schon in München allein aus mehreren Bildern so sicher kennenlernt, hat früher auch anderen Porträts, z. B. eben jener Dame mit den Rosen und (ebenfalls in Dresden) der reizenden Witwe mit dem Perlenhalsband, ihren Namen leihen müssen, den dieselben nunmehr verloren haben. Von dem Wunder der blonden Jugendanmut im leuchtendsten Helldunkel, dem sogenannten Chapeau de paille (eigentlich Chapeau de poil), in der National Gallery[54]) glaubt man wenigstens zu wissen, daß die Dargestellte ein Fräulein von Lunden sei; die vornehme Dame mit den mächtig großen Augen, im Louvre, ist aus der Familie Boonen. Eine ganze Anzahl sonstiger Damenbildnisse — abgesehen von den Fürstinnen — mit einem deutlichen Klang nicht bloß aus der Kunst des Rubens, sondern auch wohl aus seiner sozialen Nähe ist in den Galerien, selbst den italienischen, zerstreut. Auch die nicht mehr jugendlichen darunter haben wohl noch bedeutende Erinnerungen von Schönheit, dazu allerlei Ausdruck vom Spöttischen bis zum tief Seelenvollen, nur daß sich dieses ganz anders äußert als in den sehnsüchtigen Idealfiguren des Guido Reni. Über das Air de famille dieser Damen, das wesentlich doch von Rubens herstamme, hat Fromentin[55]) sich umständlich vernehmen lassen und bei diesem Anlaß noch von dem Konventionellen in der Bildnisauffassung einer späteren Generation, nämlich der berühmten und vornehmen Französinnen des Hofes und der Zeit Ludwigs XIV., in geistvoller Weise gesprochen.

Für alle diese Bildnisse, namentlich die der Helena, bleibt die Frage offen, ob die nicht nur oft prachtvollen, sondern wunderschönen und unter sich höchst verschiedenen Trachten samt ihrer geheimnisvollen Anpassung an die einzelne Dame eine bloße Tat der Antwerpener Mode, ob sie Frucht des Geschmackes der dortigen Frauenwelt oder ob sie wesentlich von Rubens angegeben gewesen seien. Derselbe Zweifel drängt sich öfters auch bei van Dyck auf, z. B. in Gegenwart seiner Luisa de Tassis (Galerie Liechtenstein), einer Erscheinung von ähnlicher Herrlichkeit, nur daß hier die Stoffe gedämpfte Töne haben. — Den erstaunlichsten Zauber unter den Bildern Helenens soll, laut Augenzeugen, dasjenige der Ermitage, stehend in ganzer Figur, hervorbringen.

Von den Selbstporträts des Rubens wissen wir die jetzt als sicher eigenhändig geltenden der früheren Zeit nicht anzugeben; in Wiederholungen und Kopien ging natürlich dieser sprechend schöne und belebte Kopf weit herum. (Als Hauptexemplar gilt, wie man vernimmt, dasjenige von Windsor.) In den sicher zu datierenden späteren Bildern klafft ein starker Sprung zwischen dem Münchener „Spaziergang im Garten" (um 1630) und dem Porträt der Galerie von Wien (1635); dort ist Rubens noch in kräftiger Frische des Mannesalters, hier schon in physischer Abnahme und mit einem Zuge des Leidens, aber wundersam und anders sympathisch als früher dargestellt.

Die Gruppenbilder der Familie, sämtlich in schönen und unbefangenen Motiven, erreichen ihren anerkannten Höhepunkt in dem Bilde des ehemaligen Besitzers Marlborough (jetzt Rothschild in Paris): vor einer offenen Prachthalle wandelt Rubens mit Helena in stattlicher Robe und einem Kinde am Gängelband. Es ist nur zu wiederholen, daß diese Bilder, schon wenn sonst nichts von Rubens übrig wäre, einen vollen Malerruhm und ein volles Erdenglück feststellen würden.

Wenn aber der Maler und die Seinigen in kirchlichen, historischen und mythologischen Bildern vorkommen sollen, so glauben wir nur an unwillkürliche Ähnlichkeiten, wie sie sich auch bei anderen Malern gewiß von selbst ergaben und vollends sich ergeben mußten bei Rubens, der so stark mit der eigenen, so köstlich ausgestatteten Familie künstlerisch beschäftigt war. Daß sodann die Persönlichkeit eines Meisters selbst, Züge und Wuchs, in den geistlichen und weltlichen Historien öfter in die männlichen Gestalten des mittleren Lebensalters bis zu einem gewissen Grade übergeht, ist ein nicht seltenes Phänomen. Bei Rubens haben wir dasselbe sogar in seinem Christustypus konstatiert, müssen aber dessen Vorkommen in zahlreichen anderen Fällen ablehnen. So begreifen wir namentlich nicht, daß man den Rubens erkennen will in jedem St. Georg, ja in jedem römischen Hauptmann (z. B. in der Kreuztragung von Brüssel, in dem Coup de lance des Museums von Antwerpen usw.), während doch alle diese Köpfe unter sich auf das stärkste abweichen, und zwar in den entscheidenden Hauptzügen. Vollends wird nie zuzugeben sein, daß Rubens in solchen Bildern auf sich und die Seinigen zwar absichtlich, aber verstohlen durch eine entfernte Ähnlichkeit gleichsam hingewiesen oder angespielt habe; wohl aber haben spätere Zeiten durch solche Behauptungen einem Gemälde einen besonderen Wert zu geben vermeint[56]). Es lautet recht schön, vor dem Altarbilde über seinem Grabe in St. Jacques zu hören, Rubens habe hier alle seine Nächsten um sich versammeln wollen, allein es ist eben falsch.

Unter den übrigen Gruppenporträts ist das der Familie Arundel in der Pinakothek von München besonders darauf gerichtet, einer Hauptfigur, der Gräfin, die volle Höhe des Pompes zu sichern: zu ihr gehören als Gefolge zunächst der mächtige Jagdhund, dann der Narr, dann rechts der Gemahl und vor demselben der Page oder Zwerg mit dem Falken; das übrige ist ein Vorhang mit Wappen, eine Prachtarchitektur mit gewundenen Säulen und ein reichgemusterter Bodenteppich. Die Beschauer mögen darüber entscheiden, ob und wie weit Rubens in seinem Innern ironisch über seiner meisterlichen Darstellung (auch über den diesmal sich stark präsentierenden Händen) könne gestanden haben. — Mit welch einer ganz anderen Sympathie malte Rubens in London einen Antwerpener Landsmann und dessen zahlreiche Familie, die Gattin und neun blühende Kinder! (Windsor; vgl. die Abbildung im „Klassischen Bilderschatz", Tafel 429.) Es war der bei Karl I. in hohem Vertrauen stehende Balthasar Gerbier, selber Maler und mit diplomatischen Geschäften betraut wie Rubens, und dieser letztere muß sich hier in jeder Beziehung „zu Hause" gefühlt haben. Umgebung und Tracht sind auch hier vornehm; was jedoch völlig überwiegt, ist die Unbefangenheit der Anordnung und die Schönheit dieses ganzen Geschlechtes. Der Besteller aber, der hier einen Niederländer durch den anderen verewigen ließ, war König Karl I. selbst.

Ein Gruppenbild von wesentlich anderem Charakter, schon frühe in Italien und vermutlich beim ersten Besuch in Rom gemalt, sind dann (Pal. Pitti) die sogenannten „Vier Philosophen", um einen Tisch mit Büchern versammelt, oben in einer Nische rechts eine antike Marmorbüste desjenigen öfters vorkommenden Typus, den man für den des Seneca hielt (jetzt als Philetas von Kos geltend!); die Dargestellten sind Rubens und sein Bruder Philipp, dann als Hauptperson ein alter, vielleicht italienischer Gelehrter (irrig für Justus Lipsius gehalten) und noch ein guter Bekannter aus den Niederlanden (vollends irrig als Hugo Grotius erklärt); die Handbewegungen des Alten und des Philipp Rubens schneiden sich nicht gut, und man hat hierin eine Befangenheit des Anfängers erkennen wollen; allein das Bild scheint überhaupt nicht ganz freiwillig gemalt zu sein.

In betreff der männlichen Einzelporträts darf man, bei der sonstigen Arbeit, die Rubens auf sich nahm, wohl über deren beträchtliche Zahl staunen, und wenn nicht jeder tüchtige Niederländer selbstverständlich ein geborener Bildnismaler gewesen wäre — zum großen Unterschiede von den damaligen Italienern —, so würde sich dies nicht so verhalten. Immerhin mag es eine große Gunst gewesen sein, von Rubens gemalt zu werden, und man hat durchweg den Eindruck von bevorzugten, auserlesenen Menschen. Er gibt sie meist in völliger Ruhe, und sie sollen so normal gestimmt sein, wie er selber war; Momentanes, Aufdringliches findet sich hier nicht, aber Charakter und Geist sprechen mit voller Kraft. Sollten sie im Bilde interessanter geworden sein, als sie wirklich waren, so läge dies an der geheimnisvollen Überlegenheit hoher Kunst über die Natur und an der Schönheit der malerischen Mittel. Unnütz, sie hier einzeln aufzuführen: dem Beschauer prägen sie sich ohnehin ein, und Beschreibungen in Worten sind hier ganz besonders ohnmächtig. Man möge einfach in Verkehr treten mit dem Gevartius des Museums von Antwerpen, dem des Gordes des Museums von Brüssel, dem de Vicq des Louvre, dem herrlichen Dr. van Thulden der Münchener Pinakothek, dem Mann mit der aufwärts wallenden Stirnlocke in Dresden (neuerlich bei van Dyck eingereiht; man möge auch diese und jene Mönchshalbfigur nicht übersehen, wie sie in den Galerien als „Beichtvater des Rubens" betitelt wird; der Dominikanerpater Michael Ophovius (Galerie vom Haag) war eine bedeutende Persönlichkeit, und es konnte für Rubens wahrhaft erwünscht sein, denselben zu malen. — Im ganzen ist es eine völlig andere Gesellschaft als die holländische von Mierevelt an durch all seine zahlreichen Nachfolger. Stand, Besitz, Beschäftigung, Denkweise haben bereits Zeit gehabt, dem Holländer und auch der Holländerin einen verschiedenen Typus und Ausdruck zu geben.

Die fürstlichen Porträts beginnen bei Rubens schon sehr frühe. Wenn vom mantuanischen Hofe schwerlich mehr andere Bildnisse nachweisbar sind als die der Knienden im Altarbilde der Dreieinigkeit (Bibliothek von Mantua), so mag dies seinen Grund haben in der Zerstreuung der dortigen Kunstschätze schon durch die Verkäufe des ersten Herzogs der neuen Linie, Charles Gonzaga-Nevers (seit 1627), besonders aber durch die furchtbare Plünderung und Verwüstung der Stadt, den berüchtigten Sacco di Mantova (18. bis 21. Juli 1630). Von diesen Greueln, die ganz sicher auch Werke seiner Hand betrafen, muß Rubens genaue Kunde erhalten haben.

Vor allem aber das Haus Habsburg, das einst Tizian in seinem Dienst gehabt hatte und nun bald Velasquez zum Hausgenossen annehmen sollte, machte dazwischen von der Kunst des Rubens reichlichen Gebrauch. Am spanischen Hofe, wo man die Porträtkunst eines Alonso Coello und seines Schülers Pantoja mit ihrer treuen und fleißigen, aber trockenen Ähnlichkeit hoch gewürdigt hatte, mag Rubens während seines ersten Aufenthaltes 1603 durch seine freie malerische Darstellung bei Philipp III. und dem Herzog von Lerma schon einen entschiedenen Sieg davongetragen haben. Seit seiner Rückkehr nach Antwerpen (1609) würden dann „die Erzherzoge" Albert und Isabel sehr bald mit einer großen Bestellung den Anfang gemacht haben, dem Altar des hl. Ildefons, auf dessen Flügelbildern sie andächtig im Schutz ihrer Namenspatrone knien; allein die frühe Entstehung (oder wenigstens die frühe Vollendung) des Werkes unterliegt neuerlich einigen Zweifeln. Beim Erzherzog sind hier und anderswo die unbedeutenden und vermutlich etwas schlaffen Formen belebt, veredelt und mit durchaus fürstlicher Haltung verbunden. Die Infantin, Isabel Klara Eugenia, geboren 1566 (jene, die schon als Kind in Schillers „Don Carlos" vorkommt), ist auf dem Altar noch mit etwas scharfen, höchst lebendigen Zügen dargestellt, wie sie einem Alter von kaum über vierzig Jahren entsprechen, und dieser Flügel des Altars müßte daher schon zu den am frühesten vollendeten Partien gehören. Ein Jahrzehnt später, als sie schon Witwe war und sich meist als Klarissin trug, wurde sie öfters von van Dyck gemalt, und hier, nach außen gealtert und beruhigt, ist Isabel lauter Geist und Charakter. Endlich aber hat Rubens sie noch einmal, zwei Jahre nach ihrem Tode — post fata atque funera — gemalt, als er 1635 beim Introitus Ferdinandi über der Mittelpforte eines der Triumphbogen Albert und Isabel, hinter Balustraden stehend, darzustellen hatte, und jedes dieser Porträts soll in einem Tage vollendet worden sein. (Jetzt im Museum von Brüssel.) Er versetzte sie wie in eine frühere Zeit zurück, so glänzend, wie sie dieselbe nie gehabt hatten, und die Infantin, strahlend von Macht und Leben, ist hier die begeisterte Huldigung nicht bloß des großen Meisters, sondern des treuen und vertrauten Dieners. Heutigestags freilich wird ja nur die Treue „gegen Prinzipien", nicht die gegen Menschen geschätzt. Rubens aber hatte hier vielleicht die besten Erinnerungen aus einem langen Verkehr zusammengenommen.

Bei den übrigen Porträts des Hauses (von denen wir weit entfernt sind, eine vollständige eigene Anschauung zu besitzen), herrscht in den Galeriebenennungen hie und da eine Unsicherheit, an der Rubens nicht schuld ist. Verwechselt werden z. B. Philipp IV. (geboren 1605) und sein Bruder der Kardinal-Infant Ferdinand (geboren 1609); ungewiß bleibt bisweilen die Taufe der ersten Gemahlin Philipps IV., Elisabeth von Frankreich, Tochter Heinrichs IV., die zwar wohl von ihrer Schwester Henriette von England, nicht immer, aber sicher von ihrer anderen Schwester Christine von Savoyen zu unterscheiden ist; in betreff der Maler aber wird etwa wiederum gestritten: ob Rubens oder van Dyck?

Ein Beispiel schwieriger und widersprechender Attributionen erscheint hier besonders lehrreich. Jeder Besucher der Uffizien in Florenz kennt das große Reiterbild Philipps IV., das dort längst den Namen des Velasquez getragen hat. Weiter hörte man[57]), dasselbe sei eine Wiederholung (réplique) eines in Madrid befindlichen Velasquez. Wer nun diesen Meister nur außerhalb Spaniens kennengelernt hat, wird auf jedes Urteil über die Möglichkeiten in seiner malerischen Behandlung von vornherein gerne verzichten; in betreff der Erfindung aber konnten von jeher zu denken geben die Zutaten: der dem König nacheilende Helmträger und die Figuren in den Wolken, nämlich die zwei Putten mit dem Globus, die Friedensgöttin mit Kreuz und Lorbeerkranz und die Kriegsgöttin mit dem Blitzstrahl; hier mußte man sich in der Nähe der Allegorik des Rubens fühlen. — Nun wurde gerade dieser Name schon früh durch ein Mißverständnis des Baldinucci irrig in die Sache hineingemischt: von einem Reiterbild Philipp IV., das wirklich von Velasquez ist und sich noch in Madrid befinden soll, wurde eine Wiederholung nach Florenz übersandt für den berühmten Bildner Tacca, als dieser die eherne Reiterstatue des Königs modellieren sollte, und von diesem Exemplar (jetzt im Pal. Pitti) .glaubte Baldinucci, dasselbe sei von der Hand des Rubens; allein hier fällt schon die chronologische Unwahrscheinlichkeit in die Augen, daß Rubens, dessen späteste mögliche Anwesenheit in Spanien auf 1630 zu setzen ist, dort sollte nach dem so viel jüngeren Velasquez kopiert haben, und abgesehen davon wird heute niemand in dem Bilde des Pal. Pitti[58]) seine Ausführung erkennen, vielmehr gilt dasselbe als vorzügliche Wiederholung der Werkstatt des Velasquez selbst. Und nun stellt es den König schon älter dar, als Rubens ihn gekannt und z. B. in dem Kniestück der Ermitage (laut Abbildung) und in dem der Pinakothek gemalt hat, da er 24- bis 25jährig war. — Unter den damaligen Porträts des Königs aber befand sich in der Tat auch ein berühmtes Reiterbild von Rubens (1629); dieses kann jedoch nicht dasjenige der Uffizien sein, indem es bei einem Brande untergegangen ist. — Nun mischt sich die Darstellung des Kardinal-Infanten im Harnisch zu Pferde ein: in dem Bilde der Münchener Pinakothek, aus der Werkstatt des Rubens, sieht man den Infanten in später Abendluft auf einem feurigen Braunen dahersprengend, rechts eine Baumgruppe, in der Ferne eine Schlacht und ein großer Horizont. Man könnte hier dieses Bild unerwähnt lassen, wenn es nicht einen Stich danach von Paulus Pontius gäbe, auf dem in der Luft die ganz deutliche Kriegsgöttin aus dem Philipp IV. der Uffizien wiederholt ist, diesmal von einem Adler begleitet. Stich und Bild mögen entweder unmittelbar nach dem Siege von Nördlingen 1634 oder beim Einmarsch in die Niederlande 1635 entstanden sein, und Pontius hat die Göttin in den Lüften gewiß nur mit Gutheißung des Rubens hinzugefügt; wer sich aber diese Entlehnung aus dem Bilde des königlichen Bruders gestattete, mußte doch wohl irgendein Anrecht auf das letztere haben? Inzwischen erkannte man immer deutlicher etwas Niederländisches in dem Bilde der Uffizien, und als Urheber wurde (wir können nicht sagen, durch wen zuerst) Gaspard de Craeyer vorgeschlagen. Von diesem gibt es außerdem zwar nicht ein Reiterbild des Königs, wohl aber des Kardinal-Infanten (Louvre), der barhaupt, im Harnisch, mit Schärpe und Kommandostab, nach links sprengt wie bei Rubens. Eine weitere Konsequenz hievon lag dann darin, daß man auch von dem Bilde der Uffizien annahm, es stelle nicht den König, sondern seinen Bruder, den Kardinal-Infanten, vor. — Allein auch diese Fährte wurde aufgegeben, und die neueste Ansicht geht dahin, daß das Bild der Uffizien die Kopie eines Spaniers, vielleicht des Juan Carenno, nach dem berühmten untergegangenen Reiterbilde des Rubens sei. Carenno (1614—1685), der den König erst in dessen späteren Jahren gekannt hatte, würde dann statt der jugendlichen Gesichtszüge, die Philipp noch bei Rubens gehabt haben muß, die der reiferen Lebenszeit substituiert haben? Auf diesem Umwege endlich käme Rubens zu seinem Rechte; vielleicht aber dürfen wir nun noch weiter schließen: wenn ein mediceischer Großherzog, vielleicht erst längere Zeit nach dem Tode des Rubens, eine Kopie nach diesem Don Philipp IV. sollte gewünscht und erbeten haben, so müßte das Original ein weitbekanntes und hochbewundertes Werk gewesen sein.

XXIII.

Von den historischen Persönlichkeiten der Galerie des Luxembourg ist Königin Maria Medici selbst gewiß so günstig dargestellt, als es sich mit der Ähnlichkeit vertrug: immerhin waren ihre auch sonst so genau bekannten Züge der Art, daß sie sich sowohl intim als offiziell mit einem gewissen Ausdruck von Großartigkeit geben ließen. Die zunehmenden Jahre sind höchst diskret angedeutet; lieber gab Rubens sie in der früheren Zeit (z. B. in dem Bilde der Vermählung per procura) reifer, als sie damals gewesen sein mochte, um ihr dafür in den späteren Bildern etwas mehr Jugend zulegen zu können. Ihre Kamarilla war von bedenklicher Art, allein in der vielen königlichen Repräsentation, die daneben herging, hatte sie sich eben jenes sichere Ansehen von Majestät zu erwerben gewußt, das auch aus ihren sonstigen Porträts spricht. Hiermit sind nicht jene schnell gemalten Zugaben zur Galerie des Luxembourg gemeint, jene Darstellung als kriegerisch aufgeputzte Minerva oder Bellona usw., sondern die Bildnisse der Galerien von Madrid und Wien; dort thront sie, laut Nachbildung, offenbar höchst würdevoll als Witwe; hier, in Schülerausführung, aber vortrefflich, ist sie in ihrer großen vornehmen Üppigkeit gegeben, so wie sie überhaupt gewünscht haben wird, weiter gemalt zu werden. — Ihr Gemahl, König Heinrich IV., ist in der Galerie des Luxembourg zweimal in ganzer Figur dargestellt: in der Szene, da er das Bildnis Mariens betrachtet, und in derjenigen, da er ihr die Regentschaft übergibt, und diese beiden Gemälde, an die sich dann die späteren Künstler wesentlich hielten, sind für sein ganzes großes Andenken entscheidend geworden[59]). Die kleinen Bildnisse vom jüngeren Franz Pourbus (Louvre) hätten dies Andenken in keiner sonderlichen Höhe gehalten; schon in dem Stiche des Cherubino Alberti und vollends in dem großen Stiche des Goltzius erscheint Heinrich bei allem Geist und Leben doch abgemergelt und wunderlich, und in seiner letzten Zeit hat er, nach Aussagen, ein erschüttertes Aussehen gehabt. Ob und wann Rubens den König gesehen hat, ist völlig unbekannt; es könnte am ehesten geschehen sein bei der Reise nach oder aus Italien (1600 oder 1609), und nun hat er dem König einen hohen Wuchs und eine frische offene Großartigkeit gegeben, und diese hat seither die Vorstellung von demselben beherrscht. Hohe, verklärende Kunst hat hier dem ganzen Königshause, das von Heinrich abstammte, einen großen Dienst geleistet. — Eine dritte, geschichtlich äußerst erwünschte Physiognomie in diesem Zyklus ist in der „Krönung der Königin" die inmitten des nächsten Geleites stehende fürstliche Frau von schönen, nur etwas gealterten und ins Fette gegangenen Zügen: zunächst eine staatsgeschichtliche Kuriosität, denn es ist Heinrichs geschiedene erste Gemahlin, und sie wohnte der Feier bei und ging im Zuge ihrer Nachfolgerin mit, weil sie die letzte vom Hause Valois, die Schwester der drei vorangegangenen Könige war, ohne die der Hof gleichsam unvollständig gewesen wäre; für die älteren Zeitgenossen war sie noch immer die einst in ihrer Jugend zauberschöne Marguerite de Valois, und wir können nicht sagen, ob es (abgesehen von geringen Stichen) ein sicheres frühes Porträt von ihr gibt; für die Geschichte von Frankreich aber ist sie eine unentbehrliche Zeugin durch ihre so lebendig lautenden Memoiren[60]). — Für zahlreiche andere vornehme Anwesende in all diesen Bildern hat man Namenangaben, die für sicher gelten, und bei der Vollendung (1625) lebten noch so viele Leute, die über deren Kenntlichkeit entscheiden konnten, daß man im ganzen die Bildnistreue annehmen kann.

XXIV.

Für die Tiermalerei steht Rubens in der Mitte der Zeiten als größter Herr und Meister; es gibt eine solche vor ihm und eine andere seit ihm. Er vereinigte die zwei großen Eigenschaften, die hier in Frage kamen: den stärksten Drang der Erkenntnis und Darstellung monumentaler Tiere und die höchste Lust an allem Bewegten überhaupt. Dem ruhigen und auch dem ruhenden Tier kann Schönheit und Würde innewohnen, aber erst das stark und frei bewegte Tier offenbart das so höchst besondere Leben vollständig. Wer nun auf diese Weise begabt und vorherbestimmt ist, dem wird alles zur Anregung, und man wagt es kaum, ihm im einzelnen nachzurechnen, was alles ihn könne gefördert haben. Was Rubens aus der älteren niederländischen Kunst und aus deutschen Stichen und Holzschnitten mit auf den Weg empfing, war gewiß wenig, und kein Zug davon verrät sich z. B. in seinen Pferden. In Mantua aber waren es zwei große Eindrücke, die ihn unvermeidlich in Anspruch nahmen: in der Tiermalerei Mantegnas Triumph des Cäsar und in der Wirklichkeit der berühmte Marstall der Herzoge, dessen edelste Rosse sogar einzeln in den Fresken der Sala de' cavalli (Palazzo del Tè) verherrlicht zu werden pflegten; als Kavalier des Vincenzo Gonzaga begleitete er sogar ein Geschenk desselben, das aus Rossen und einem Prachtwagen bestand, an den Hof Philipps III. nach Valladolid (1603), und hier entstand ja sogleich ein großes Reiterbild, dasjenige des damals allmächtigen Herzogs von Lerma. In Italien redeten zu ihm aus dem Altertum vielleicht am deutlichsten die bewegten Rosse der Amazonenschlachten und Keltenschlachten an vorzüglichen Sarkophagen und hie und da ein schöner Marmorlöwe; aus der Renaissance aber erhielt er — abgesehen vielleicht von den ehernen Reitern des Donatello und des Verrocchio — wenigstens einen tiefen und ganz mächtigen Eindruck. Ihm kam vor Augen eine Zeichnung von oder nach Lionardo da Vinci, die den Reiterkampf um die Standarte aus dessen florentinischem Schlachtkarton wiedergab, und nun ist seine Nachbildung derselben unsere einzige Urkunde über dieses gewaltige

Motiv. (Louvre, Handzeichnungen; dazu der Stich von Edelinck.) Ob er noch eine weitere Tradition von den Pferdestudien des Lionardo oder noch etwas von dessen Entwürfen zum Reiterbild des Francesco Sforza auf sprengendem Roß antraf, ist völlig unermittelt; von Michelangelo dagegen kannte er unvermeidlich jenes Fresko der Cappella Paolina im Vatikan mit dem wild, aber hölzern dahinjagenden Roß in Pauli Bekehrung; die sonstige Tierwelt des Michelangelo aber geht auffallend nahe zusammen: der vordere Zentaurenleib im Relief des Palazzo Buonarroti; der Fisch im Fresko des Jonas und das halbe Lasttier in der Sündflut (Cappella Sistina) sowie die teilweise sichtbaren Widder im Sagrifizio (ebenda). Sehr viel Größeres hatte Raffael dem Pferde abgewonnen (im Heliodor, im Attila, in der Konstantinschlacht, für die doch wohl ein genauer Karton von seiner Hand vorauszusetzen ist), und dasselbe ist mindestens so mächtig belebt und durchgeführt, daß es die großen pathetischen Momente in würdiger Erscheinung darstellen hilft. Dagegen ist für die ziemlich zahlreichen Tiere verschiedener Art, die in den Erzählungen der vatikanischen Loggien vorkommen, wie es scheint, den ausführenden Gehilfen zu viel freie Hand gelassen worden.

Auch den Venezianern verdankte Rubens in der Tierbildung wenig oder nichts. Von Giorgione kann er, wenn auch mangelhaft erhalten, am Fondaco de' Tedeschi jenes Fresko von „Reitern zwischen Säulenperspektiven" gesehen haben, das noch Ridolfi erwähnt. Tizian hat Tiere gut gemalt, wenn sie ihm stillhielten, zum Beispiel ganze Schafherden in einiger Ferne oder das Lamm des Johannes und auch das Kaninchen der Vierge au lapin (Louvre); seine Pferde aber (selbst dasjenige Karls V.) sind von mangelhafter Bewegung, und die sprengenden und stürzenden Rosse in seiner Brückenschlacht (sogenannte Schlacht von Cadore), die Rubens ohnehin nur aus den noch heute vorhandenen unsicheren Nachbildungen gekannt haben kann, zeigen eine sehr konventionelle Bildung. Sein bestes Tier möchte (Galerie von Kassel) der vorzügliche Jagdhund in dem Porträt des rot gekleideten Herrn sein, und trefflich ist noch dieses und jenes kleine Spaniel, aber nur ruhend, nicht bewegt, denn die natürlich bewegten Spaniele beginnen wohl erst mit Rubens und van Dyck. Am schlimmsten aber ist es in Venedig den Löwen ergangen. Man sollte erwarten, daß in einer Stadt, die dem Seetransport wilder Tiere so offenstand und den heiligen Markus zum Schutzpatron hatte, wenigstens der Löwe keine andere als eine vortreffliche Darstellung finden würde; allein selbst bei Tizian ist z. B. der Löwe des hl. Hieronymus (Brera) ein ganz konventionell gegebenes Tier, und von demjenigen im Votivbild des Dogen Grimani mit der Fides (Dogenpalast) kann man nur hoffen, daß er nicht von dem Meister selber gemalt sei; bei Tintoretto und Paolo sind die Löwen vollends geringe, wie aus einem untreuen Gedächtnis und widerwillig dargestellte Geschöpfe, und bei späteren gerät der Löwe sogar lächerlich sentimental. Die Pferde des Tintoretto sind kläglich, und selbst Paolo Veronese hat sich im Grunde nur geschickter durchgeholfen, ohne Liebe für das Tier. Die Köpfe gibt er vielleicht von allen bisherigen italienischen Malern am besten, und in seinen Pferdekulissen, d. h. Reiterfiguren am Rande von Bildern, ist er, wie man zugeben kann, selbst für Rubens lehrreich geworden; sobald aber das Pferd auch nur zur Hälfte in Seitenansicht auftreten soll, macht sich das Konventionelle geltend (Kreuztragung von Dresden), und bäumende Rosse sind trotz aller beabsichtigten Augenblicklichkeit von höchst dubioser Wirkung. (In S. Sebastiano zu Venedig einer der ovalen Soffitti aus der Geschichte der Esther; in der Sala del maggior consiglio des Dogenpalastes, in der vom Ruhm gekrönten Venetia, die Rosse der beiden Offiziere unten.) Wer sich aber näher von Paolos Gleichgültigkeit in Tierbildungen überzeugen will, vergleiche das Haupt des Stieres bei der Entführung der Europa in allen drei Varianten (Anticollegio-Saal des Dogenpalastes; kapitolinische Galerie; National Gallery). Erst bei Paolos Hunden hat man die Überzeugung, daß sie ganz freiwillig und um des schönen Anblickes willen gemalt seien, besonders der unvergeßliche falbe Hund, der an so vielen Stellen wiederkehrt; und hier lernte auch Rubens, wie in großen historischen Schildereien die Mitte eines Vordergrundes anmutig zu beleben sei durch eine Gruppe auserlesener Hunde. Von den Affen dagegen, die im vornehmen venezianischen Hause beliebt sein mochten und von Paolo selbst in heilige Malereien, wie z. B. in das Gastmahl Gregors des Großen (Monte Berico) aufgenommen wurden, hat Rubens keinen Gebrauch gemacht[61]). Wohl fand er nun bei Jacopo Bassano (1510—1592) eine ganze, naturwahre und in Licht und Farbe vortrefflich zu Bildern zusammengestimmte Tierwelt vor, allein es war nicht diejenige, an der ihm gelegen sein konnte, sondern Schafe, Ziegen, Rinder, Esel, Schäferhunde usw. Dafür hatte allerdings der Florentiner Antonio Tempesta in seinen Stichen neben anderen Tieren auch die der fernen Wildnis, Löwen, Tiger, Elefanten usw., verewigt und noch eben, als Rubens nach Italien kam, ein Heft ausgehen lassen, das sogar die wildesten Kämpfe derselben abzuschildern vorgibt, allein es sind meist Tiere wie auf Hörensagen, und selbst Tempestas Haustiere lassen noch sehr viel zu wünschen übrig, auch die Rosse, mit denen er in zahlreichen historischen Kompositionen für den Stich so freigebig ist. — Ja, von dem Pferde darf man ganz im allgemeinen behaupten, daß mit Ausnahme des Lionardo alle italienischen Maler sich vor dem edlen Tiere eher gefürchtet haben, wenn sie es auch in Schlachten und Triumphen reichlich darstellen mußten. Gute Tierbildungen in Fresken des Annibale Carracci wurden oben erwähnt; die Pferde der bolognesischen Schule sind nirgends bedeutend in der Bildung, wenn auch diejenigen am Wagen des Apoll in Guidos Aurora eine vortreffliche Kontur machen.

Rubens nun mag von Jugend an Reiter gewesen sein; im mantuanischen Dienst wurde ihm dann die vollkommenste Kennerschaft des vornehmen Pferdewesens eigen, und in Antwerpen besaß er herrliche andalusische Rosse und „ritt wie andere Kavaliere und Herren von Rang mit goldener Kette angetan durch die Stadt". (Bellori, le Vite etc., p. 246.) Allerdings ist seither eine starke Änderung des europäischen Geschmackes eingetreten, der die (durch Kreuzung mit arabischem und dann mit englischem Blut erzielte) schlankere Bildung des Reitpferdes bevorzugt. Gerne aber wird man sich doch das damalige edle Tier vergegenwärtigen, dargestellt von Rubens zunächst nicht einmal in einem Historienbilde, sondern einfach als Reitpferd: es ist jenes (nicht mehr aufgestellte) Gemälde im Besitz des Museums von Berlin: draußen in freier Landschaft drei Herren zu Pferde, die die Schule machen, so daß einer sein Tier in Schritt, der andere in Trab, der dritte in Galopp gesetzt hat. Den Krieg hat Rubens, wie es scheint, nie gesehen: er ist nicht, wie später Bourguignon, drei Jahre lang den Feldlagern nachgezogen, und dennoch schildert er, wie vor ihm kein anderer, die Teilnahme des Rosses an der allgemeinen Leidenschaft, wie es den Menschen schon schnell und wild ins Gewühl hineinträgt; er kennt das Tier in Gefahr und Wut und erhebt es zum wesentlichen Träger der großen, furchtbaren Augenblicke in Schlachten und Tierkämpfen. Über die höhere Divination, die ihn geführt haben wird, als er die Amazonenschlacht, den Untergang des Decius und Sanheribs Reiterscharen dichtete, möge sich jeder Beschauer seine Gedanken machen; mit dem bloßen Studium wären jene wildesten Momente der schrecklichen Verkürzung wohl nicht zu erreichen gewesen; nochmals aber ist an jenen Lichtstrahl zu erinnern, der von Lionardo auf Rubens übergangen war.

In den Reiterbildnissen (deren einige schon erwähnt worden) hat dann etwas wie eine Prädestination gewaltet. Es geschah nicht von ungefähr, daß diese bisher in der Malerei so selten gepflegte Gattung im Morgenrot des kriegerischen 17. Jahrhunderts auf einmal einen so mächtigen Vertreter fand, wie Rubens war, mit seinem Lerma (1603), seinem Erzherzog Albert (1621?, Windsor), seinem Philipp IV. (um 1629); auch die vorhergegangenen Könige soll er beim ersten oder zweiten spanischen Aufenthalt zu Pferde gemalt haben, den Philipp III. vielleicht also noch nach dem Leben, den Philipp II. „in idealer Auffassung“ nach dessen Tode. Fürstinnen zu Pferde hatte man längst in Illustrationen von Einzügen, Hochzeiten usw. abgebildet, die Galerie des Luxembourg aber enthält, als Erinnerung der Einnahme von Pont-de-Cé (im Krieg der Hofparteien), die dem Beschauer triumphal entgegenreitende Maria Medici auf elegantem Schimmel mit eingestütztem Kommandostab, umschwebt und begleitet von Viktoria, Fama und Fortitudo, und wir wüßten nicht, daß eine ähnliche Aufgabe noch einmal wäre mit solcher prachtvoller Wirkung erledigt worden. — Es ist hierauf der Mühe wert zu beobachten, wie das Reiterbild der Fürsten und Generale, gemalt oder gestochen, vom Dreißigjährigen Kriege an eine fast allgemeine Sitte wird. Bei Rubens aber wird man sich von den zeremoniös verwendeten Tieren immer wieder denjenigen in den Bildern der freien Phantasie zuwenden, jenen Rossen der Tierkämpfe und der Schlacht des Decius, jenem herrlichen Rappen und Schimmel im Raub der Leukippiden oder, im Martyrium des hl. Lievin, jenem im Profil steigenden Schimmel, der seinen Reiter abgeworfen hat, oder in einer ruhigeren Welt jenem braven Gaul des sich im Bügel zurücklehnenden Reitersmannes, der hilflosen Armen Gehör gibt und für einen derselben ein Stück von seinem Mantel abschneidet. Dies Bild in Windsor darf bei Anlaß des Rubens (selbst nach einer bloßen Photographie) nicht unerwähnt bleiben, schon weil es das energischere Vorbild eines freilich anekdotisch berühmten Gemäldes des van Dyck (in der Kirche von Saventhem) ist, das sonst irrig als Erfindung des letzteren gilt: der Wohltätigkeit des hl. Martin.

Sonst tritt dieser größte Schüler neben den Lehrer mit einer ganzen Reihe von vornehmen und fürstlichen Reiterbildern, die, von Rom, Genua und Turin bis nach Paris und England zerstreut, überall zum höchsten Glanz der betreffenden Galerien gehören. Wer will dann ferner sagen, wie weit mittelbar und unmittelbar der Einfluß des Rubens durch Gemälde und Stiche gereicht habe, wenn in Holland, neben einer höchst vielseitigen Tierdarstellung überhaupt, Philipp Wouvermans das Lob des Pferdes tausendfach verkündet hat, wenn Belgien Kriegsmaler, d. h. Reitermaler, wie Sanyers, van der Meulen und andere, in die verschiedensten Armeen stellte[62]), wenn in Italien durch Neapolitaner und kosmopolitische Nordländer eine gewaltig ausgedehnte Bataillenmalerei emporkam? Gewiß war es ein Zug der Zeit, es hängt aber doch etwas daran, wer das Zeichen gibt. In diesen

Bataillen herrscht oft viele Flüchtigkeit und viel Plagiat, aber wenigstens unter der Voraussetzung der Naturwahrheit und Lebendigkeit. Die manieristischen, konventionell bewegten Rosse des 16. Jahrhunderts sind ausgestorben, und Rubens ist es im ganzen doch, der ihnen ein Ende gemacht hat.

Außerdem hat Rubens noch eine weitere Welt für die Malerei erobert: die der mächtigeren wilden Tiere, in ihrem Dasein als Gefolge von Göttern, in ihrem Wildnisleben (das große Bild von Löwen und Tigern, Dresden) und in ihrem furchtbaren Kampf mit meist berittenen Menschen. Es war ein hoher Wille seiner Natur: er muß bisweilen einsam auf seinem Kahn hinaus in die allerwildeste Sturmflut des Geschehenden, und es wird weder von Malern noch von Beschauern verlangt, daß sie ihm dorthin zu folgen hätten; einmal aber, wie es scheint, hat es einen Menschen dieser Anlage geben müssen. Und dieser war so mächtig und so glücklich, daß er in seiner Nähe wenigstens einen würdigen Genossen und Gehilfen finden und ausbilden konnte: Frans Snyders von Antwerpen (1579—1657), der aus den Werkstätten der Breughel und van Balen zu ihm herüberkam, man sagt: „nicht mehr zur Schülerschaft, sondern zur Mitarbeit". Allein dies ist ein Wortstreit; Snyders mußte vollkommen von ihm geschult werden, um ihm — hier und in so vielen anderen Malereien — helfen zu können.

Auch die eigentlichen Schüler jedoch lernten nach Entwürfen des Meisters die gewaltigsten Kampfszenen dieser Art in Formen, Farben und Licht glänzend ausführen, und die große Löwenjagd von Dresden würde gewiß wie diejenige der Pinakothek von München für eigenhändig gelten, wenn nicht genaue Spezialforschung das Gegenteil erwiesen hätte; die Augenblicklichkeit nämlich, dieses Schwelgen in schon vergangenen und künftigen Sekunden des Kampfes erreicht hier ihren Höhepunkt. Einen Löwen hat Rubens bekanntlich längere Zeit gehalten, und gerne möchte man dieses Tier erkennen etwa in dem schön und ungeduldig schreitenden Markuslöwen in dem Bilde der Evangelisten. (Zyklus der Allegorien für Philipp IV.) Für das Studium des Tigergeschlechtes muß er jeden Anlaß eingehend benutzt haben, allein diese Anlässe hätten anderen Malern auch nicht gefehlt; wer jedoch würde sonst die wundervolle, gegen das Krokodil schnaubende Tigerin des Bildes der vier Weltströme (Galerie von Wien) gemalt haben? Durch seine Stecher, namentlich Bolswert und Soutman, ging nicht nur der Ruhm von den genannten und anderen Tierbildern, besonders den Kämpfen, weit herum, sondern es konnte fortan überhaupt im Ernste von einer Gattung dieses Inhaltes die Rede sein.

Schon Eberjagden und Bärenjagden von Snyders treten ruhmvoll neben die Bilder des Meisters, und in der Pinakothek von München sind seine zwei jungen Löwen, die einen Rehbock verfolgen, „von erstaunlicher Lebendigkeit und trefflich komponiert". Doch wird unter den Eberjagden wohl immer den höchsten Rang einnehmen das eigenhändige Bild des Rubens in Dresden, eine ganz vielartige dramatische Szene in Figuren von kleinerem Maßstab, in einer herrlichen Waldlichte, gleichsam eine „Moralität" von der Unentrinnbarkeit des Schicksals, indem das Ende des gefährlichen alten und mächtigen Tieres durch Bauern und Jäger, durch Reiter und eine ganze Anzahl von Hunden herbeigeführt wird. Doch sagte es dem Rubens zu, selbst hier den noch nicht völlig entschiedenen Kampf darzustellen, und sogar in einer Hirschjagd (Museum von Berlin) setzt sich das Tier noch gegen die Hunde zur Wehr. Von den Wolfsjagden soll diejenige (ehemals) bei Lord Ashburton (London) sehr früh (1612) und völlig eigenhändig sein und unter den berittenen Jägern auch Rubens und seine erste Gattin enthalten. Aus einem Stich kennt man eine Jagd von Mauren zu Roß und zu Fuß samt Hunden auf ein Nilpferd und ein Krokodil, und auch hier, wo von keiner Wahrnehmung die Rede sein kann, herrscht doch eine gewaltige Kraft der Vergegenwärtigung, und die kolossalen Tiere sind so geschoben und verkürzt, daß sie möglichst weniges verdecken. Begonnen aber hatte die Besitznahme der wilden Tierwelt bei Rubens mit der schon so lebensvollen Wölfin des Romulus und Remus.

Von den Hunden bei Rubens ist schon beiläufig die Rede gewesen. Abgesehen von Rasse und Gestalt, hat dies Tier bisweilen noch malerisch eine besondere Funktion: springende Hunde, indem sie eine stark bewegte Szene, wie z. B. den Ringelreigen, begleiten, können den Eindruck der Augenblicklichkeit wesentlich verstärken. Der Jagdhund bei Rubens wird wesentlich als „Wolfswindhund" definiert, doch kommen in seinen Jagdbildern auch schöne schlanke Hühnerhunde der besten heutigen Art vor, und auch die Dogge fehlt nicht. Seinen eigenen Haushund der Zeit nach 1630 samt seinen Pfauen und Puterhähnen lernt man kennen in dem köstlichen Familienbilde der Pinakothek von München: „Der Spaziergang im Garten." Den Schäferhund schildert er in den Anbetungen der Hirten. Und nun wird als selbstverständlich meist mit Stillschweigen übergangen, daß dies Ganze zu seiner hohen Stellung in der Malerei gekommen ist. — Für den Esel, der in den Anbetungen der Hirten und der Könige sowie in der Flucht nach Ägypten unentbehrlich war, ist in neuerer Zeit ein ansehnliches Studienbild des Rubens bekanntgeworden. — Die Katze hat Rubens dem Jordaens überlassen, der dieses Tier vortrefflich wiederzugeben verstand.

XXV.

In der großen Gesamtarbeit des Rubens sprechen seine Landschaften eine ganz besondere Sprache und stehen auch zu ihrem Urheber seelisch in einem ganz besonderen Verhältnis.

Hier war die Tradition von Antwerpen nicht unwichtig; aus Gemälden und aus Stichen, auch ziemlich umfangreichen, seiner nächsten Vorgänger, der Breughel, Vinckeboms u. a., war Rubens von Jugend an vertraut mit Darstellungen von heiligen, auch mythologischen Geschichten und Gestalten, die gleichsam nur den kleinen Vorwand geliehen hatten zu großen phantastischen, meist überreichen landschaftlichen Anblicken. In Italien, dessen Landschaftsmalerei von allem Anfang der Renaissance an nicht völlig vom niederländischen Einfluß auszuscheiden ist, lebte gegen Ende des 16. Jahrhunderts ein ähnlicher Phantasiestil wie in den Niederlanden, und hier kam eine monumentale Anwendung in Fresko hinzu, und die römischen Historienmaler der Manieristenzeit nahmen in Kirchen und Palästen sogar öfter Niederländer zu Hilfe für das Landschaftliche. Doch war, als Rubens in Rom erschien, bereits eine Wandlung eingetreten: bei Annibale Carracci und (wie man annimmt) durch diesen bei einem hochstehenden Landsmann des Rubens, Paul Bril, waren die Phantastik und der Überreichtum gewichen zugunsten der Vereinfachung, der Beschränkung auf wenigere und mächtigere Formen und der größeren Wahrheit der Vegetation. Rubens muß Bril in Rom gekannt haben, und mit einem anderen Hauptrepräsentanten der veredelten Landschaft, Adam Elzheimer von Frankfurt, trat er wohl in nahen Verkehr, wovon bei Anlaß des Bildes der Flucht nach Ägypten vermutungsweise die Rede gewesen ist. Dagegen hat die Landschaftsmalerei von Venedig den Rubens, wie es scheint, nur wenig berührt. Einen gewissen Eindruck der Landschaftsgründe tizianischer Mythologiebilder in der Proportion und in der Zusammenstimmung zu den Figuren wird man jedoch nicht ganz leugnen können, und auch Tintoretto mit seinen phantastischen Lichteffekten der Formen könnte ihm einige Anregung geboten haben. — Irgendeinen bestimmten landschaftlichen Anblick aus Italien hat Rubens nicht dargestellt und von der dortigen großen Vegetation nichts in seine Bilder aufgenommen. Die einzige eigentliche Vedute von ihm ist wohl das mehrmals, aber jetzt wahrscheinlich nur noch von Schülerhand vorhandene Eskorial, vielleicht schon eine Frucht seiner ersten spanischen Reise. Laut dem Exemplar von Dresden erscheint dasselbe sehr frei und wie aus dem Gedächtnis gemalt; durch das ganze Bild ziehen sich Sonnenblicke zwischen tief sich hinabsenkenden Wolken, und noch unmittelbar hinter dem großen Bau geht ein schwacher Lichtstrahl nieder.

Bekanntlich lernt man in den erzählenden Bildern des Rubens einen ganz anderen Himmel kennen; es sind jene weichen, herrlichen, feuchten Lüfte mit den schön gebildeten Wolken, und oft glaubt man gerne, er habe eigenhändig damit den Ton angegeben auch in Groß=malereien, wo sonst das meiste von Schülern ausgeführt wurde. Sollte hier ein italienischer Vorgänger Eindruck auf ihn gemacht haben, so wäre es Paolo Veronese gewesen, bei welchem er eine ähnliche Har=monie der Erzählung mit den Lüften vorfand wie die, welche dann die seinige wurde.

In der Heimat angelangt, traf er wieder auf seinen Freund Jan Breughel, den sogenannten Sammetbreughel (1568—1625). Derselbe hatte früher ebenfalls in Italien geweilt, aber nicht als Schüler der dor=tigen Kunst, sondern vielmehr um seiner niederländischen Phantasie und Feinarbeit willen als hoch geltender Fiamingo. Nunmehr jedoch, in Antwerpen, vertrat er eine höchst ehrenwerte, ja große besondere Stellung des Überganges in der landschaftlichen Komposition und in der reichen Staffage derselben, die teils biblisch, teils niederländisch volkstümlich ist. In beiden Beziehungen ist er über das Phantastische und Grelle hinausgelangt und hängt mit den Früheren nur noch durch einen allgemeinen Überreichtum zusammen. Jan Breughel resümiert noch einmal sehr glänzend die Kunst des Vielen, Kleinen, Einzelnen, während mit Rubens die Größe im Anzug ist, und in der Landschaft ist er ein recht ansehnlicher Poet und der letzte Große der älteren Art; von seinen Staffagen aber sind namentlich die spätesten vorzüg=lich lebendig, zumal die der Reisenden mit Wagen und Rossen, öfter in ganzen Karawanen. Außerdem hat er auf seine früheste Übung, die Blumenmalerei, nie verzichtet. Für ideale, zumal mythologische Gegenstände verband er sich gern mit anderen, und so nunmehr mit Rubens, und für kostbare Bilder. Wir nennen hier nur, was die Pina=kothek von München enthält: die schlafende Diana mit Nymphen, von Satyrn belauscht, und die ausruhende Diana mit ihrem Geleit (das erstere Bild eigenhändig in den Figuren von Rubens) haben Land=schaften und Tiere von Breughel; um die berühmte Madonna mit dem Kinde aber malte dieser den „Blumenkranz“, nach dem das Bild jetzt benannt wird und um den die elf Putten schweben. Hier, wo man eine Rosengirlande in der großen malerischen Art des Daniel Seghers vorziehen würde, ging vielleicht die kollegiale Verträglichkeit zu weit, denn die herrlichen, vielartig ausgewählten Blumen Breughels gehören noch dem gewissenhaften, eher miniaturartigen älteren Stil an, allein die beiden großen Künstler haben nun einmal jeder dem anderen seine Empfindung frei lassen wollen. Auch in dem prächtigen Paradies (Hauptexemplar in der Galerie von Haag), wo von Rubens Adam und Eva gemalt sind, durfte Breughel, der die Landschaft und die zahlreichen Tiere übernahm, den Vordergrund mit allerlei einzelnen schönen Blumen schmücken. Die merkwürdigste Kollaboration endlich zeigt (wiederum in der Pinakothek von München) das Bild der Flora mit den Putten und Nymphen, wo Breughel, durch sein reiches und prächtiges Blumendickicht in einer Waldlichte mit Ruinen sogar den Vorrang zu behaupten scheint.

Sonst hat Rubens in seinen Erzählungen selber über die Landschaft verfügt und dieselbe — wenigstens in den Großmalereien — nebst dem Terrain des Vordergrundes und den Akzessorien hauptsächlich durch Lucas van Uden und Jan Wildens ausführen lassen. Die landschaftlichen Gründe, und vollends die eigenhändigen, wird man nun bei näherer Betrachtung oft viel bedeutender finden als beim ersten Anblick. Bilder wie der „Raub der Leukippiden", wie das „Urteil des Paris", wie der „Liebesgarten" verraten einen mächtigen Landschaftsmaler, der zu seiner Erzählung die Wirkung der großen freien Natur meisterlich hinzuzunehmen vermag und Licht und Luft, Vegetation und Ferne sich zu dienenden Genossen macht. Schon die landschaftlichen Fernen in der Galerie des Luxembourg (wo er außer den Genannten auch Jodocus Momper zum Gehilfen hatte), so wenig sie zu bedeuten scheinen, wirken bei öfterer Betrachtung ungemein poetisch. Von den Jagdbildern geht die kleinere Eberjagd von Dresden (eigenhändig) am Rande eines wundervollen Waldes vor sich, dessen Bäume noch alle einzeln auf das fleißigste charakterisiert sind, und dies frühe Bild läßt außer den Eindrücken von Jagd und Spazierritt noch ganz andere Studien erkennen.

In den selbständigen Landschaften aber offenbart sich unmittelbar ein nordischer Mensch mit einem Rest von Traumfähigkeit, die sich als Landschaft zu äußern begehrt und noch Kraft und Lust dazu übrig hat neben einer riesigen sonstigen Schöpfung. Was die Natur zu ihm redete, oft gewiß nur leise Worte, das setzte sich in seinem Innern zu eigenen, ergreifenden Visionen um, und so schenkte er es der Welt wieder. Deshalb sind es auch, soviel uns bekannt ist, lauter ausgeführte Bilder der vollständigen Palette und keine bloßen Skizzen oder vorläufigen Studien. Entstanden sind sie in verschiedenen Zeiten der großen Laufbahn, einzelne schon in Italien; sehr überwiegenden Teiles aber stammen sie aus der spätesten Zeit, und bei ihrem mäßigen, oft nur geringen Umfang waren sie wohl eine besonders erwünschte Staffeleiarbeit für den bereits von der Gicht in Anspruch Genommenen, der seine gesunden Zwischenzeiten auf jene obenerwähnten Hauptwerke für Altäre und Paläste gewandt haben wird. Die Landschaften scheint er meist für sich gemalt zu haben, und wenn gleichwohl eine große Anzahl davon gestochen worden ist, so geschah dies in einer Zeit, da sein Weltruhm und das Begehren nach irgendwelchen Schöpfungen von ihm die volle Höhe erreicht hatten. Auch die Stecher mögen es gewünscht haben, und namentlich Bolswert war in hohem Grade fähig, auf die Intentionen des großen Meisters einzugehen. Von etwa fünfzig anerkannten Landschaften sollen sechsunddreißig gestochen sein.

Irgendein Bedenken über Größe und Wichtigkeit der Staffage hat Rubens nicht gehabt, und man wäre ihm wunderlich vorgekommen mit Untersuchungen darüber, ob die Figuren in einer Landschaft ein ganzes Ereignis darstellen und von welchem Maßstabe sie sein dürften. Zu dem Schloß mit Wassergraben und Vorturm im Sonnenuntergang (Louvre) ist vielleicht der dreifache Lanzenkampf geharnischter Reiterpaare samt Herolden und Knappen erst durch einen zweiten Entschluß hinzugekommen, und nun ist das Gemälde überwiegend ein tragisches Genrebild, ein Turnier geworden. Und wer will genau nach Gattungen scheiden, wenn die ländlichen Beschäftigungen in herrlichen lebendigen Gruppen von Menschen und Tieren die Vordergründe bis in ziemliche Nähe erfüllen? Und die vortrefflichen Rinder, Pferde, Schafe usw. sind hier gewiß nicht von Snyders ausgeführt, sondern von dem Meister selbst, und vielleicht gehörten sie zu seinem eigenen ländlichen Besitz. Man betrachte z. B. die Münchener Landschaft mit dem Regenbogen und ebendort diejenige mit der weidenden Kuhherde und nehme im Pal. Pitti hinzu die abendliche Heimkehr von den Feldern zur Zeit der Heuernte. Das letztgenannte Bild gewährt, beiläufig gesagt, auch noch eine örtliche Andeutung, denn in dem weit entfernten hohen Turm wird man kaum einen anderen erkennen als den der Kathedrale St. Rombout zu Mecheln, in dieser Gegend aber lag Steen, der adelige Sitz, den Rubens 1635 erworben hatte. Dieses Steen selber lernt man dann kennen (National Gallery) in einer großen strahlenden Landschaft mit Morgenlicht; der nicht große Schloßbau erhebt sich links in den Bäumen; als Staffage duckt sich nur ein Jäger und legt auf Feldhühner an, und ein Wagen kommt vom Schlößchen her gefahren. Hier kennt Rubens jede Hecke und jeden Rain, jede Reihe von Weiden, jede Gruppe von Birken und jedes Bächlein. Er hat, ähnlich wie Philipp de Koninck und bisweilen selbst Ruysdael, den Augpunkt künstlich hoch nehmen müssen, um eine große, fast ebene Weite bis in alle Ferne zur Anschauung bringen zu können; das Ganze aber ist mit derjenigen heiteren Wonne behandelt, aus der die tiefste Teilnahme spricht, und schon die Luft (soweit sie unberührt geblieben) ist von den schönsten, die Rubens gemalt hat. Auch sonst bisweilen sind seine Fernen ein ganzes Land, mit Waldgruppen, Dörfern, Landhäusern, Wiesen, Feldern und Wasserflächen, und die Sonnenscheine herrschen weit und herrlich. — Der geschlossene Wald kommt hie und da vor, z. B. laut Stich des Bolswert in einem wundervoll von der Abendsonne durchglühten Bilde mit einer Jagd; sonst gibt der Meister dem Waldesrande den Vorzug und verleiht der Baumkulisse den höchsten Reiz, je nachdem das Licht hindurchgeht. — Von anderen ländlichen Szenen, die zugleich berühmte landschaftliche Anblicke sind, müssen hier nach Aussagen anderer erwähnt werden: in der Ermitage: La charrette embourbée, mit Sonnenuntergang und Mondaufgang, und in Windsor: die sogenannte Wiese von Laeken[63]).

Der Louvre besitzt außer dem „Turnier" das namhafteste Pastorale, jenes auch in schönen, sogar wohl eigenhändigen Varianten und mehreren Stichen weitverbreitete Bild, das — Menschen, Schafherde und Landschaft zusammen — einen so reinen Eindruck abendlichen Friedens hervorbringt. Von den Hirtenleuten, zum Teil in frei antiker Tracht, kommt ein Paar eben von links heran, dann sitzt unter einem Baum ein Hirt in lautem, enthusiastischem Gesang, mit Flöten in den Händen; neben ihm ruht im Grase eine junge Frau, die zu jenem Paar hinaufschaut; in der Mitte des Vordergrundes aber ist ein reizendes Liebespaar gelagert, das unmittelbar aus der vornehmen Welt des „Liebesgartens" in das Hirtenleben herübergenommen ist und vielleicht auch die gleiche Entstehungszeit voraussetzen läßt. Die Landschaft, links mit Baumgruppen, deren verschiedenes Terrain durch Sonnenblicke dem Auge klargemacht wird, geht von der Mitte an in eine bedeutungsvolle, reich und schön abgestufte Ferne aus, über der die Wolken eines vergangenen Gewitters von dannen ziehen. — Von höchster Eigentümlichkeit ist dann, ebenfalls im Louvre, die kleine Landschaft mit dem Vogelnetz, der leider, wie der eben genannten, die unverletzte Erhaltung fehlt. Rubens malte hier zunächst zu seinem Vergnügen, wie er es auch sonst wohl tat, die Sonne in das Bild, und zwar in ihrem Kampf mit einer duftigen Atmosphäre; rechts ein Bach mit einem Brückchen, weiterhin eine Windmühle, ein Kirchturm und ein mäßiges Hügelland; links über eine Art von Hohlweg hat ein Vogelsteller ein großes Netz ausgespannt, und drei Leute sitzen am Boden und sehen ihm zu. Daß das Bild überaus originell wirkt, ist außer Frage; wie es sich aber aus alltäglichen Wahrnehmungen so hat gestalten können, darüber darf man weiter staunen. Wiederum mag man hier innewerden, daß es weniger darauf ankommt, was der Landschaftsmaler darstellt, als darauf, wie lieb ihm das ist, was er malt.

Manches andere ließe sich noch aus den Stichen hinzunehmen, und auch hier zeigt es sich mehrmals, was für bescheidene Motive des Terrains Rubens begeistern konnten. Doch hat auch hier der Waldesrand einmal seine erhabenste Darstellung gefunden, als ihm Bolswert jenen Stich schuf, wo ein hoher Waldhügel durch ein Gewässer begrenzt wird und unten ein Schafhirt seine Tiere hütet.

Freiheiten verschiedener Art hat sich Rubens immer herausgenommen; seine häufige Anwendung des Regenbogens muß man ihm nachsehen, zugleich aber bekennen, daß diese Aufgabe wenigstens keinem anderen besser gelungen ist. Und wie merkwürdig, daß er das Licht, und zwar auch lebhaftes Sonnenlicht, von zwei verschiedenen Seiten darf kommen lassen, ohne damit zu stören! Seine beständige und große Magie aber liegt in dem Wechsel von Wolkenschatten und Sonnenblicken. Diese letzteren lenkt er dann im Vordergrunde besonders auf die Staffage, auf Menschen und Herden; aber auch ausgetretene Wege, kleine Brücken, gefällte Baumstämme, Hecken und irrendes kleines Gewässer erhalten einen Sachwert und Raumwert, weil Licht und Schatten des Rubens sich ihrer angenommen haben. Dazu die wundervollste Abtönung gegen den Mittelgrund und eine manchmal nur ganz bescheidene Ferne, und auch der Schönheit aller Wasserspiegel darf man gedenken. Der Horizont ist nicht so tief angenommen wie bei den meisten Holländern, sondern eher um die Mitte des Bildes. Die Baulichkeiten, erst im Mittelgrunde beginnend, Meiereien, Kapellen usw., machen keine eigenen Ansprüche. Die herrschende Macht ist immer die Lichtwirkung gewesen.

Allein Rubens wurde bisweilen von seinem Geiste geführt, daß er das Meteorisch-Furchtbare darstellen mußte. Aus dem dritten Buch der Äneide entnahm er den Schiffbruch des Äneas an den Strophaden (Bild der Galerie Hope in London und ein, wie es scheint, entsprechender Stich): das Schiff ist an einem steilen Fels zerschellt, der einen Leuchtturm trägt; man sieht Gerettete flüchten; in der Ferne eine feste Hafenstadt; „ein glühendes Morgenrot erhellt die schwarzen Sturmwolken und die empörte See“ (Waagen). Das erstaunlichste dieser Bilder aber ist (Galerie von Wien) jene schon oben, bei Anlaß von Philemon und Baucis erwähnte „Wasserflut von Phrygien“: ein weites Hochtal, schrecklich überschwemmt von einer Flut, die schon tote Tiere mit sich dahinführt; in den Lüften eine Feuer- und Wassermasse, in allen Wolken Blitze; das Licht von allen Seiten kommend, und links unten ein Regenbogen; die Wasserniveaus sind unmöglich und widersprechen einander, und dabei ist es ein Werk hohen Ranges. — Zu diesem Bilde scheint dann wie ein Gegenstück zu gehören der gewaltige Stich von Bolswert, wo nicht nur der Himmel in voller Empörung erscheint bis zum Wolkenbruch und das Steilgebirge auf schwarzem Wolkengrund von furchtbaren Blitzen erhellt ist, sondern auch das Meer von einem Orkan bis weit ins Land hineingejagt wird, gegen eine turmreiche Stadt und gegen ein näheres baumreiches Gelände mit Kirchen. Eine Unterschrift in zwei Distichen mahnt, diesen Kampf der Elemente als ein Sinnbild der Zwietracht auf Erden aufzufassen.

Endlich aber, in einem der herrlichsten Bilder des ganzen Pal. Pitti, nehmen die Sturmwolken über dem Meere ihren Abschied, und in der Höhe, als ferne ätherische Erscheinung, sieht man Pallas bittend vor Jupiter; weiche, warme Morgenlüfte nehmen den übrigen Horizont ein, und in schönstem Fabellicht ragt ein Gebirge steil empor mit Wasserfällen, Burgen und einer Gartenanlage von Terrassen und Prachtbauten. Es sind die Gärten des Alkinoos, Königs der Phäaken, deren Hafenstadt in der Ferne sichtbar wird. Im Vordergrunde erscheint, bittend und nackt, der schiffbrüchige Odysseus, für den sich Pallas bei Jupiter verwendet hat, und die Königstochter, deren Dienerinnen hatten vor ihm flüchten wollen, verfügt mit ruhigem Gebot, wie ihm mit Kleidung zu helfen sei; es ist Nausikaa.

So treffen sie denn zusammen, der aus Ionien und der aus Brabant, die beiden größten Erzähler, die unser alter Erdball bis heute getragen hat: Homer und Rubens.

NACHWORT

Jacob Burckhardts Rubens-Monographie nimmt in der Kunstliteratur eine ganz besondere Stellung ein. Sie verbindet große Sachkenntnis mit menschlicher Wärme und steht daher völlig fern jenen mit Trockenheit und Pedanterie geschriebenen Kunstbetrachtungen. Burckhardt liebt seinen Künstler, und der Leser folgt ihm bereitwillig, wenn er ihm das Auge schärft, um das künstlerisch Wertvolle zu erkennen.

In einer Hinsicht ist die Neuherausgabe des Burckhardtschen Rubens-Werkes geradezu aktuell. Was unsere Zeit vom Kritiker fordert, die Achtung vor dem Künstler und dem Kunstwerk, das Vermeiden der Einspannung der Werke in starre Formen und des Spiels mit leeren Schlagworten, alle diese Forderungen hat Burckhardt in selbstverständlicher Weise erfüllt als ein Forscher, dem das Menschliche und Künstlerische wichtiger war als das Wissenschaftliche in der Kunstbetrachtung.

Die vorliegende Ausgabe verfolgt den Zweck, dem Leser den Text durch das Bild verständlich zu machen und ihn zu den Originalen hinzuführen, die sich größtenteils in den europäischen Museen: Madrid, Paris, Wien, Antwerpen, München, Berlin befinden. Infolge ungeheurer Schaffenskraft dieses Künstlers enthalten allein die Museen in den Ländern deutscher Zunge, München, Berlin und Wien, eine derartig große Anzahl von Rubens-Bildern, daß die meisten Leser durch den Besuch eines einzigen Museums einen tiefen Einblick in das Schaffen des großen Niederländers erlangen können.

Für die neue Ausgabe wurde ein großes Format gewählt, da die Bilder des Künstlers selbst meist in sehr großen Formaten, zum Teil in monumentaler Größe, gemalt sind.

Burckhardts Rubens-Werk erschien nach dem Tode des Verfassers, der 1897 entschlief, in einer Ausgabe, die die Familie Burckhardts im Jahre 1898 herausgab. Die vorliegende Ausgabe bringt den Text und die Anmerkungen ungekürzt. Änderungen wurden lediglich hinsichtlich der modernen Rechtschreibung und Interpunktion vorgenommen und einige veraltete Ausdrücke durch neue ersetzt. Dagegen hat es der Verlag für richtig befunden, den Titel abzuändern. Burckhardt selbst hat sein Werk „Erinnerungen aus Rubens" genannt. Der Verlag hat vorgezogen, es kurzweg „Rubens" zu nennen.

Der Verlag

ANMERKUNGEN

[1]) Wir folgen hier, ohne entscheiden zu wollen, einer vorherrschenden Ansicht; nach andern wäre dies Abendmahl erst in Antwerpen gemalt worden.

[2]) Von denjenigen Werken Tizians, die Rubens in Italien kennenlernte, möchte im ganzen die Madonna di casa Pesaro in den Frari zu Venedig den allergrößten Eindruck auf ihn gemacht haben. — Hier wird natürlich abgesehen von den späteren Kopien nach Tizian, wovon unten.

[3]) Laut neueren Forschungen wäre die wirkliche Ausführung oder wenigstens die Vollendung des Werkes erst beträchtlich später anzusetzen.

[4]) Näheres, zum Teil hievon abweichend, in Waagen: Text zu dessen Rubens-Album, S. 16. Die drei großen, aus dem Brand geretteten Altarblätter, jetzt in der Galerie von Wien.

[5]) Damals in Madrid entstanden jene Kopien nach Tizian, von denen Palomino (Kap. 129) sagt, sie überträfen die Originale. Der Spanier, der hier zwischen dem Italiener und dem Niederländer das Urteil spricht, wird wohl einer allgemeineren Ansicht seiner Zeit, um 1700, den Ausdruck verliehen haben. — Beiläufig ist zu erwähnen, daß nach dem Aufenthalt des Rubens in England vielleicht 1630 eine abermalige Reise nach Madrid stattgefunden hat.

[6]) Vgl. Passeri, Vite de' pittori etc. Ed. Roma 1772, p. 284, 285, 288.

[7]) Les maîtres d'autrefois, p. 133.

[8]) Geschichte des Barockstiles, II, S. 20 ff.

[9]) Er schreibt aus Susa, 22. April 1629, an die Königin: Madame, j'ai creu que Votre Majesté n'auroit pas désagréable que je lui dise que j'estime qu'il seroit à propos qu'elle fit peindre la galerie de son palais (nämlich die zweite) par Josepin (Arpino), jui ne désire que d'avoir l'honneur de la servir et d'entreprendre et parachever cet ouvrage pour le prix que Rebens a eu de l'autre galerie qu'il a peinte. Der Briefsteller hätte mindestens den Namen des Rubens orthographisch schreiben dürfen, der gegenwärtig der Welt wohl so angelegen sein möchte als der seinige.

[10]) Es ist uns nicht bekannt, ob und wo die Kunden über das damalige Ausstellungswesen, besonders den in Italien und auch außerhalb mit Ausstellungen verbundenen St.-Josephs-Tag, 19. März, schon zusammengestellt sein mögen. Über den damaligen Kunsthandel finden sich viele einzelne Angaben aus Italien und namentlich aus Holland. — Im 17. Jahrhundert werden dann, insbesondere für Rom und Neapel, noch mehrere andere mit Gemäldeausstellungen verbundene Heiligentage genannt, z. B.: bei De' Dominici.

[11]) Ein großes Altarbild, das der Verfasser in St. Paul immer übersehen zu haben bedauert und hier nur nach Lafenestre, La Belgique, p. 272, und nach einigen ungenauen Worten des Bellori, S. 223, erwähnen kann, stellt die Kirchenväter und andere heilige Theologen versammelt vor einer Halbkuppel mit Säulen dar und in der Mitte einen Altar mit einer Monstranz. Da nun schon Bellori „i quattro Dottori che parlano del divino pane" erwähnt und das Bild bis heute La dispute du Saint-Sacrement genannt wird, so mögen die Väter von St. Paul auf Kunde, vielleicht sogar auf Anschauung von Raffaels vatikanischem Fresko hin, wie man es damals irrig deutete, von Rubens eine Disputa gewünscht haben. Das Werk ist eines der allerfrühesten nach der

Rückkehr aus Italien gemalt (1609) und soll bei einiger malerischen Befangenheit von höchstem Fleiß der Ausführung zeugen.

[12]) Für Neuburg übernahm er, außer dem Großen Jüngsten Gericht, den Großen Engelsturz, die Anbetung der Hirten und das Pfingstfest, für den Dom von Freising das Bild des Weibes der Apokalypse, sämtlich jetzt in der Pinakothek zu München. Außerdem, ebenda, die 1618 für Herzog Max von Bayern gemalte Löwenjagd, denn der Ruhm der weltlichen Kunst gesellte sich zu dem der religiösen.

[13]) Passeri, Vite de' Pittori etc. Ed. Roma 1772, p. 272, v. di Mitelli.

[14]) Vgl. Waagen, Textheft zum Rubens-Album, S. 25.

[15]) Laut Bellori, S. 233.

[16]) Der Gedanke eines solchen Zyklus wäre nicht neu gewesen: über die große Reihe von Teppichen, die schon ein Augenzeuge des tunesischen Zuges, Jan Vermayen, im Auftrage Karls V. komponierte, vgl. den Wiener Galeriekatalog von Engerth, Band II, S. 522 ff., wo man Auskunft findet sowohl über die jetzt der Wiener Galerie einverleibten großen Gouache-Kartons als über die kleinen Skizzen und über die beiden noch erhaltenen Ausführungen in Wirkerei. Die gewirkte Serie in Madrid wird Rubens ohne Zweifel gekannt haben, aber in ihm erwachten wohl andere Vorgänge als in dem guten Vermayen. — Die Skizze von Berlin prägt sich besonders ein durch die Gruppe eines tunesischen Anführers, der kopfabwärts von dem hochsteigenden Rosse stürzt, während ein spanischer Anführer auf ihn einhaut.

[17]) Weitere Auskunft über die verschiedenen bei Rubens nachweisbaren Techniken s. bei v. Frimmel, Handbuch der Gemäldekunde, S. 52 f.

[18]) Über die sämtlichen Verlags- und Geschäftsverhältnisse muß auf das Urteil anderer verwiesen werden. — Die ganze Übersicht der Stecher des Rubens vgl. bei Woermann, Geschichte der Malerei, III, S. 440.

[19]) Rubens konnte das jetzt in der Galerie von Wien befindliche Tizianische „Mädchen im Pelz" gesehen haben. Karl I. von England hatte dasselbe „in Spanien gekauft", und dies geschah wahrscheinlich vor 1630, und dann konnte das Bild dem Rubens unmöglich vorenthalten bleiben. Er sah es dann noch in derjenigen Integrität, die es gehabt haben mag, bevor es die Wiener „Stallburg" passierte, wobei die wichtigsten Gemälde zu Ehren der Symmetrie zurechtgestutzt wurden. Die Wendung des „pelsken" ist eine andere, aber eine Verwandtschaft bleibt, und in beiden Bildern richtet sich der rechte Arm nach der linken Schulter.

[20]) Diese Elfzahl könnte denken lassen, daß die künftigen Apostel (ohne Judas) vorangedeutet seien. Auch die alten Darstellungen der sogenannten „heiligen Sippe", wo die Apostel als Kinder vorkamen, waren wohl noch nicht ganz vergessen.

[21]) Wobei in der Stimmung auch eine Verwandtschaft mit dem sogenannten „Liebesgarten" nicht geleugnet werden soll, der hier wie ins Mythische umgedeutet nachklingt.

[22]) Les maîtres d'autrefois, p. 147.

[23]) Man wird wohl tun, diese ganze Betrachtung auf das sicher Eigenhändige zu beschränken. Auch die prachtvollsten Werkstattbilder (Hl. Familie usw.), die in den Galerien als Originale gelten, werden die Schülerausführung meist durch einige Versüßung und durch geringere Charakterkraft verraten.

[24]) Über Porträts bejahrter Frauen, die hie und da in Galerien für die „Mutter des Rubens" ausgegeben wurden, fehlt uns die nähere Kunde.

[25]) Für Ausdruck und Formenbildung der Köpfe im allgemeinen verweisen wir hier besonders dankbar auf die Worte bei Woermann (Geschichte der Malerei, Bd. III, S. 410): „Diese kühn gewölbten Stirnen, die mächtig geschwungenen Brauen, diese großen Augen, diese vollen fleischigen Wangen, diese kräftigen Lippen. Die einzelnen

Teile setzen sich schärfer gegeneinander ab als bei den italienischen Typen; die ganzen Gesichter erscheinen energischer und eigenwilliger." — Über die Karnation des Rubens die bekannte Frage des Guido Reni, als er ein Bild desselben sah: Mischt denn dieser Maler Blut unter seine Farben?

[26]) Der Hymnus bei Fromentin, Les maîtres d'autrefois, schließt S. 104 mit den Worten: il faut pour aujourd'hui quitter le Musée.

[27]) Über die Dispute du Saint-Sacrement in St. Paul zu Antwerpen vgl. die Anmerkung 11 im Anhang.

[28]) Dies ist ja nicht so zu verstehen, als hätte er langsam gemalt, und von einzelnen sehr berühmten Bildern ist die erstaunlich geringe Anzahl von Tagen urkundlich bekannt, binnen welcher sie vollendet wurden. Ein Beweis mehr für die vorhergegangene vollständige innere Ausreifung sowie auch für die Zuverlässigkeit der Schüler, ohne deren Beihilfe diese rasche Vollendung auch bei der größten physischen Kraft des Meisters kaum denkbar wäre.

[29]) Indem dieser Johannes im Bilde des Daniele herumläuft, erinnert er an das große Hauptgemälde eines Niederländers, der bei der Betrachtung des Rubens nicht gänzlich unerwähnt bleiben darf: des so emsigen und gewissenhaften, für das Porträt so wichtigen Philippe de Champaigne von Brüssel (1602—1674). Es ist die „Klage um den Tod Abels" in der Galerie von Wien, gemalt 1656 für Erzherzog Leopold Wilhelm, ein akademisch sehr vollkommenes Werk großen Maßstabes, in dem jedoch der höhere dramatische Antrieb durch lauter Berechnung ersetzt ist. Hier vergleiche man, wie Adam händeringend ebenfalls im Bilde herumläuft, und erwäge, wie undenkbar eine solche Figur bei Rubens sein würde.

[30]) Die Anwesenheit dieser Kinder ist erst ein schönes poetisches Postulat der neueren Kunst; Livius (I, 13) läßt die Kinder nur in der Rede der Weiber erwähnen.

[31]) Hat Rubens vielleicht zuerst den Joseph als Begleiter hinzugefügt? Derselbe wird Luk. 1, 39, nicht erwähnt.

[32]) Die Einwirkung des Caravaggio wird man hier etwa dahin definieren können, daß das Bild des Rubens im ganzen und einzelnen wohl anders lauten würde, wenn es keinen Caravaggio gegeben hätte.

[33]) Seine äußerste, hochachtbare Anstrengung in dramatischer Malerei wird man wohl (Museum von Brüssel) erkennen dürfen in dem prachtvoll gemalten Bilde des hl. Martin, der den besessenen Sklaven des vornehmen, noch heidnischen Römers heilt (des Vir proconsularis Tetradius, vgl. Sulpic. Sever., Vita S. Martini, c. 16); dieser letztere, der sich hierauf bekehrte, ist dargestellt — gewiß freilich anders, als dies bei Rubens geschehen wäre — in dem aus dem oberen Bogen zusehenden Manne. In derselben Galerie das anerkannt schönste mythologische Gemälde des Jordaens, La Félicité; in Kassel sein sehr vorzügliches Familienbild. — Von der großen Allegorie des oranischen Triumphes im Bosch bei Haag wird weiterhin die Rede sein.

[34]) Im Chor eines Nonnenklosters zu Fosaldanna unweit Valladolid sah noch Palomino (Kap. 70) ein schönes und gewaltig großes Gemälde des Rubens, vielleicht das größte Bild von ganz Spanien. Er sagt nichts und man kann bloß darauf raten, daß es eine Madonna mit Heiligen sei, und das Werk wird hier nur erwähnt, um auf die Aussage aufmerksam zu machen. Da Rubens bei seiner ersten Reise nach Spanien 1603 jedenfalls nach Valladolid kam, möchte das Werk damals entstanden sein.

[35]) Umsonst befragt man den Katalog nach dem Namen der vier heiligen Frauen, die doch aus irgendwelchen Akten der betreffenden Bruderschaft noch sollten zu ermitteln sein. Auf den Flügelbildern ist der als Kardinal gegebene Schutzpatron des Erzherzogs weder St. Hieronymus noch St. Bonaventura, sondern derjenige Kardinal

St. Albert vom Hause Brabant, der 1192 zu Reims ermordet wurde. Die Schutzpatronin der Infantin scheint die hl. Klara von Assisi zu sein, könnte jedoch auch auf die hl. Elisabeth (Isabel) von Ungarn, Landgräfin von Thüringen, gedeutet werden, die als Witwe im Gewande der Dominikanerinnen dargestellt wäre, und dann hätte man die Rosen über dem Buche in ihren Händen auf das bekannte Rosenwunder zu beziehen.

[36]) Aus Lafenestre, La Belgique, p. 289.

[37]) Doch kommt auch die Assunta zwischen Engeln in der kirchlichen Skulptur und Malerei des Nordens hie und da vor. Ein sehr eigentümliches altflandrisches Triptychon des Museums von Brüssel enthält im Mittelbilde unten die Apostel am offenen Sarkophag, in den Lüften zwischen Engeln die hl. Jungfrau, emporgetragen durch Christus und den Heiligen Geist (nicht durch zwei Heilige, wie der Katalog angibt), und ganz oben den segnenden Gottvater.

[38]) Hat Rubens die Assunten des Andrea del Sarto gekannt? Hier wie bei anderen scheinbaren oder wirklichen Anklängen an diesen bleibt man im Ungewissen. Von der Assunta des Paolo Veronese (Akademie von Venedig) ist weniges auf ihn übergegangen.

[39]) In der sogleich zu erwähnenden Assunta der Pinakothek von München hat eine derselben vollständig den bekannten Magdalenentypus des Rubens.

[40]) Das erstere Bild hat 1,82 m Höhe zu 1,20 m Breite, das letztere 2,86 m Höhe zu 2,24 m Breite. — Das erstere hat $^3/_5$ Tageslicht zu $^2/_5$ Höllenlicht und Nacht.

[41]) Die Stecher scheinen Episoden aus diesen Bildern oder Varianten davon stückweise verwertet zu haben, wie z. B. Soutman den Sturz der Verdammten in seinem „Lapsus Draconis". — Einen St. Michael über einem gewaltig bewegten schwebenden Knäuel von gefallenen Engeln, in einem Stich des Vorsterman, hat Rubens dem König Philipp IV. dediziert (also nach 1621). — Ein Sturz der bösen Engel (etwa diese Komposition?) ging unter beim Brand der Jesuitenkirche zu Antwerpen. — Gemalte Skizzen an mehreren Orten. — Das „Aufsteigen der Seligen", in der Pinakothek zu München, ohne Zweifel von der Erfindung des Rubens, steht ihm in der sehr schlanken Bildung der Gestalten und in der ganzen Behandlung eher ferne.

[42]) Vgl. Preller, Griechische Mythologie. — Panisken auch in pompejanischen Malereien.

[43]) Wenn es nicht doch Rhea Silvia ist. — Vgl. Preller, Römische Mythologie, S. 511.

[44]) Es ist eine erlaubte Frage, ob das Bild noch seinen ursprünglichen Umfang habe oder beschnitten worden sei? Mit einem sehr großen Teil der kaiserlichen Sammlung teilte es unter Karl VI. das Schicksal, in der „Stallburg" angebracht zu werden, wo man die Gemälde symmetrisch in eine Wanddekoration verteilte. Über die gräßlichen Operationen, denen hiebei sehr viele unterlagen, findet sich einige gelinde Auskunft im großen neuen Katalog, Bd. I, S. XLVIII, der Einleitung und im Text S. 134 des II. Bandes.

[45]) Was Giulio Romano im Palazzo del Tè zu Mantua (Camera di Faetonte) als Amazonenschlacht gemalt hatte, ließ den Rubens wohl völlig unberührt.

[46]) Die Ausführung im Großen, ohne Zweifel auf Tuchflächen, geschah mit Hilfe der Schüler in Antwerpen. Über zwei der noch in Madrid geschaffenen Skizzen, bei Lord Ashburton in London, vgl. Waagen, Rubens-Album, S. 25.

[47]) Eine wenig ansprechende Variante, im Grunde ein Stilleben mit heroischen Figuren, wo der Held und die Victoria über erschlagenen Leichen sitzen und der ganze Rest des großen Bildes durch Haufen von Waffen und Wehr angefüllt wird, in der

Pinakothek von München, Werkstattbild. — Auch in der Galerie von Wien ein Sieger, von Victoria gekrönt, von Minerva begleitet, ebenfalls in rohester Weise auf Leichen sitzend, den rechten Fuß auf die Schulter einer solchen gestützt, diesmal vorzügliche eigenhändige Ausführung. — In einem wichtigen eigenhändigen Bilde der Galerie von Kassel kann man die Leichen wenigstens als Allegorien von Neid und Zwietracht fassen. In einer Variante (Privatbesitz in Paris) zieht ein Amorin heimlich dem Helden das Schwert aus der Scheide.

49) In diesen erstaunlichen Malereien erscheint Rubens, von sicher gewonnenen Hauptmotiven aus, doch wieder bereit zum Umwerfen und Umgestalten des übrigen; man lernt ihn mitten im Feuer des Kampfes mit einer eigenen Schöpfung kennen; einstweilen ist alles noch eigenhändig, und man sieht nicht ab, wie jemals ausführende Schüler hätten herbeigezogen werden sollen. Über einen abweichenden Entwurf zum „Einzug in Paris" sowie über Skizzen, die auf andere Bilder des Zyklus bezogen werden, sind neuere Forschungen und Angaben zu vergleichen.

49) Von den ehemaligen Gewölbemalereien der Jesuitenkirche in Antwerpen ist oben das Nötigste gesagt worden und ebenso von der Geschichte der Psyche an der Decke eines Schlafgemaches im Palaste von Greenwich.

50) Wir verdanken die Kunde und den Eindruck davon der trefflichen, reich illustrierten Biographie des Rubens in den „Künstlermonographien" von Knackfuß, die uns in manchen Beziehungen förderlich gewesen ist.

51) Auch Theodor van Thulden malte hier mehrere Szenen, und dieser, geboren im holländischen Herzogenbosch, war einer der wichtigsten jüngeren Schüler des Rubens und Hauptgehilfe beim Introitus Ferdinandi gewesen. Wir vermuten, seine Kompositionsweise möchte sich vorteilhaft von derjenigen des Jordaens unterscheiden.

52) Eine ähnliche gesellschaftliche Sphäre hat Rubens in derjenigen Skizze der Galerie von Wien dargestellt, die dort der „Schloßpark" heißt: ein Schloß in einem Weiher und im Vordergrund einige sehr belebte Figuren in einer Art von Fangespiel begriffen.

53) Diese Vermutung läßt sich einigermaßen begründen. Der Bau mit seiner ganzen absonderlichen Ausstattung muß wirklich so vorhanden gewesen sein, und nun ist es schwer, sich Rubens vorzustellen, der auf einem fremden Landgut diese geduldigen Studien angestellt hätte. — Nicht dieselbe Stimmung, aber einen verwandten Anblick gewährt (laut „Klassischer Bilderschatz", Blatt 1162) ein Bild in Windsor, ebenfalls ein offener Schuppen mit Leuten und Tieren, wegen des Schneegestöbers im Freien als „Winter" benannt. Ob ein ganzer Zyklus der Jahreszeiten von Rubens vorhanden war, wissen wir jedoch nicht zu sagen.

54) Leicht und rasch wie hingehaucht, im durchsichtigsten Ton, macht diese Halbfigur mit den dunkelblauen großen Augen und den lieblich übereinander gelegten Händen auf dem Grund von blauer Luft mit Gewölke einen unbeschreiblichen Eindruck. War es noch Rubens selbst, welcher nachträglich die schwarzen Pinselstriche in die Wimpern und Augenbrauen hineingesetzt hat?

55) Les maîtres d'autrefois, p. 113 sq.

56) Über die vermeintliche Darstellung des Rubens und seiner Frauen in mythischen Liebespaaren, vgl. S. 94.

57) Und noch neuerlich bei Lafenestre, Florence, p. 83.

58) Mit dem Bilde der Uffizien hat dasselbe vollends nichts mehr gemein, als zwei in vornehmer Rüstung dahinsprengende Reiter unvermeidlich haben müssen. Wenn das Bild der Uffizien ebenfalls nach einem Madrider Reiterbilde des Königs von Velasquez gearbeitet sein sollte, so müßte dieses von dem Original des Bildes im

Pal. Pitti völlig verschieden gewesen sein. — Bei diesem Anlaß wollen wir die Vermutung wagen, daß Velasquez zum Malen von Reiterporträts gerade erst durch die in Spanien befindlichen Vorbilder von Rubens seit dem Lerma (1603) möchte angeregt und befähigt worden sein. Zwar muß er auch den Karl V. von Tizian gekannt haben (vgl. Woermann, Geschichte der Malerei, II, S. 760), der als Wundervolk aller Bildnismalerei gilt, allein sprengende Rosse des Rubens wirken doch noch ganz anders als das Pferd des Kaisers, dessen Bewegung dem Tizian noch große Mühe scheint gekostet zu haben. Müntz (La fin de la Renaissance, p. 142) findet, die mangelhafte Kunde vom Bau des Pferdes habe sogar dem Reiter geschadet: on dirait Don Quichotte sur Rossinante.

[59]) Wir lassen als unvollendet außer Vergleichung die Darstellungen Heinrichs auf den beiden Riesenskizzen in den Uffizien, und ebenso mag auch noch in der Galerie des Luxembourg seine sonderbar geratene Apotheose außer Betracht bleiben. Wäre es aber nicht von allen Seiten, von der Geschichte und von der Kunst her, ein nützliches und lehrreiches Werk, mit Hilfe von einigen Photographien die Wandlungen in den Urkunden über das Aussehen des Königs zusammenzustellen? Er wäre dessen doch gewiß würdiger als sein Enkel Ludwig XIV. — Woher aber war dem Rubens jene tiefe Sympathie mit Heinrich IV. und jener Wille der Verklärung gekommen?

[60]) Sie lebte zu Paris aus (1615) in einem großen Palast mit Prachtgarten auf dem linken Seine-Ufer.

[61]) Etwa mit Ausnahme des Bildes vom Cimone (aus der Novelle des Boccaccio, Gal. von Wien), wo ein naschender Affe vorkommt.

[62]) Über die ganze Reihe der Antwerpener Schlachtenmaler des 17. Jahrhunderts vgl. besonders Woermann, Geschichte der Malerei, III, S. 491 ff.

[63]) Aus eigener Anschauung fügen wir noch bei: in der National Gallery zwei kleine Bilder: ein sanft gegen einen fernen Waldrand hin steigendes Terrain mit herrlichen Baumgruppen, vorn rechts eine Furt, gegen die ein Wagen hinlenkt; und ein fabelhafter Sonnenuntergang mit einer Herde vorn und einem Schlößchen rechts; der Horizont über der Hälfte des Bildes — Galerie Baring (Lord Northbrook) in London: eine allerhöchste kleine Landschaft, wo vorn ein Wagen in ein Gewässer fährt. — Bridgewater Gallery: ein Bild, dessen Attribution fraglich bleiben mag, oben vier Pendentifs aus der Farnesina, darunter eine brillante Landschaft mit Gebirge, Wasser, Inseln, Städten, fast in der Art des Paul Bril. — Dudley House: Mondscheinlandschaft mit Bäumen, einem Gewässer mit Mondspiegel und bescheidener Ferne, vorn ein weidendes Pferd. — Grosvenor Gallery: ein fein ausgeführtes Bildchen, angeblich schon aus der voritalienischen Antwerpener Zeit: auf einer Höhe rechts Windmühlen, links ein tief eingeschnittenes Tal mit einem Schloß, Park und sanfter Ferne und mit etwas Meer; Bauern kommen von der Arbeit mit einem Wagen den Berg nieder. (Notizen von 1879.)

BILDERVERZEICHNIS

FARBIGE TAFELN

SCHWARZE ABBILDUNGEN

INHALTSVERZEICHNIS

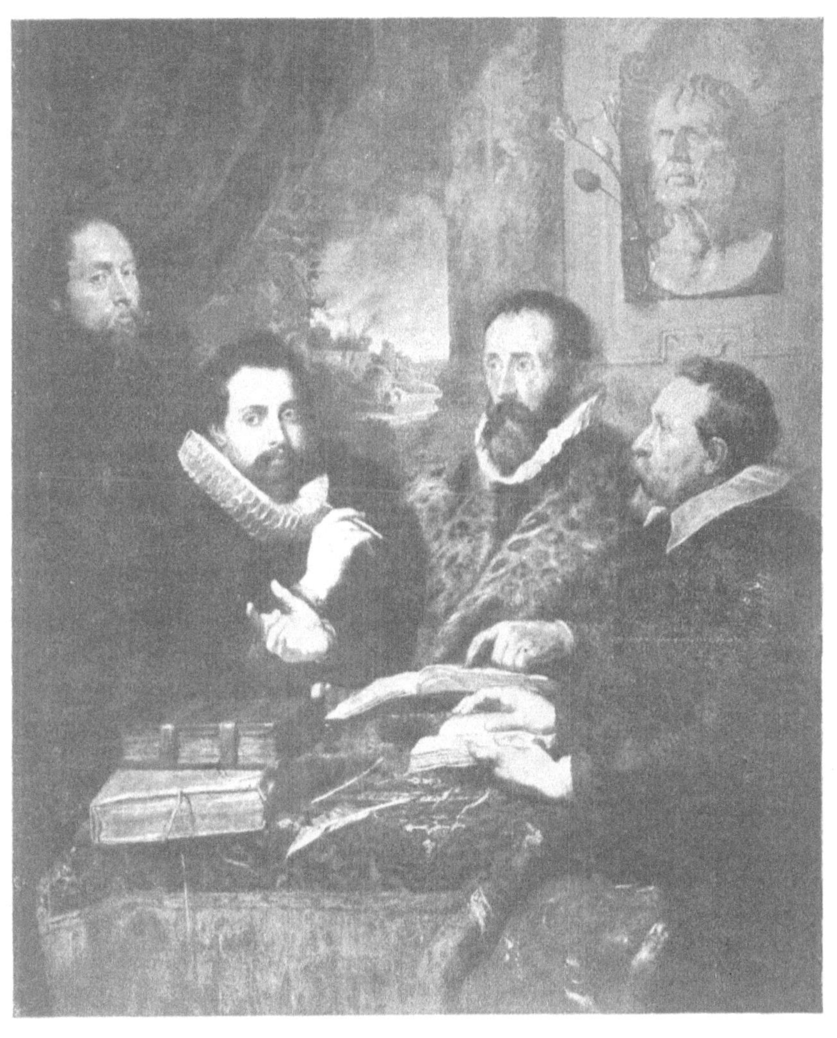

Justus Lipsius und seine Schüler (von Burckhardt „Die vier Philosophen" genannt)
Florenz, Galerie Pitti

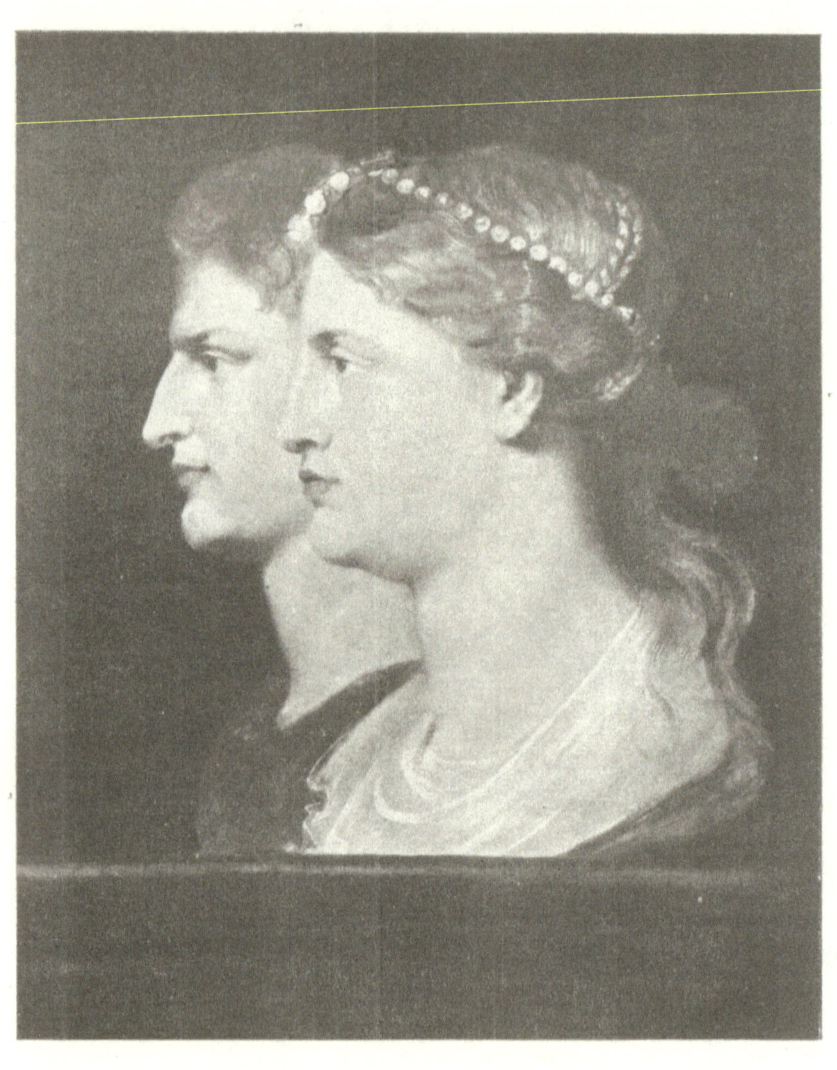

Tiberius und Agrippina
Wien, Liechtenstein-Galerie

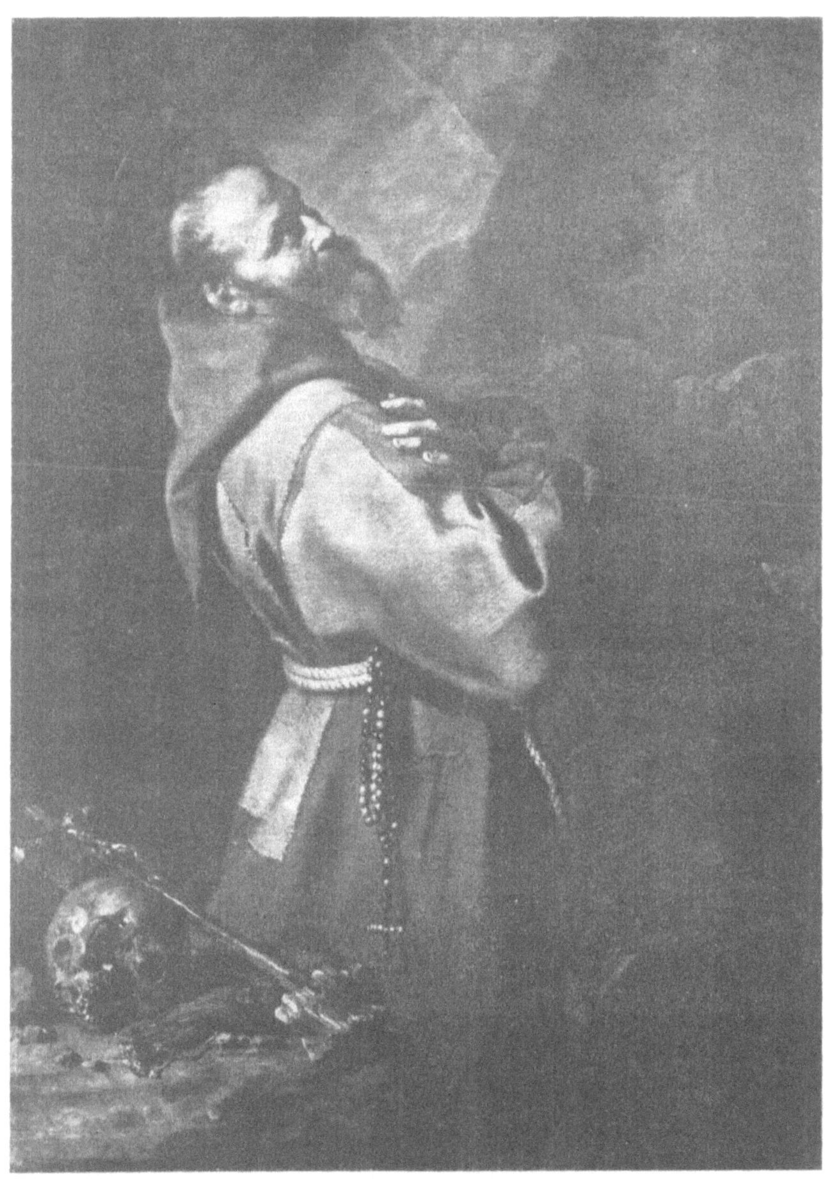

Der heilige Franziskus
Florenz, Galerie Pitti

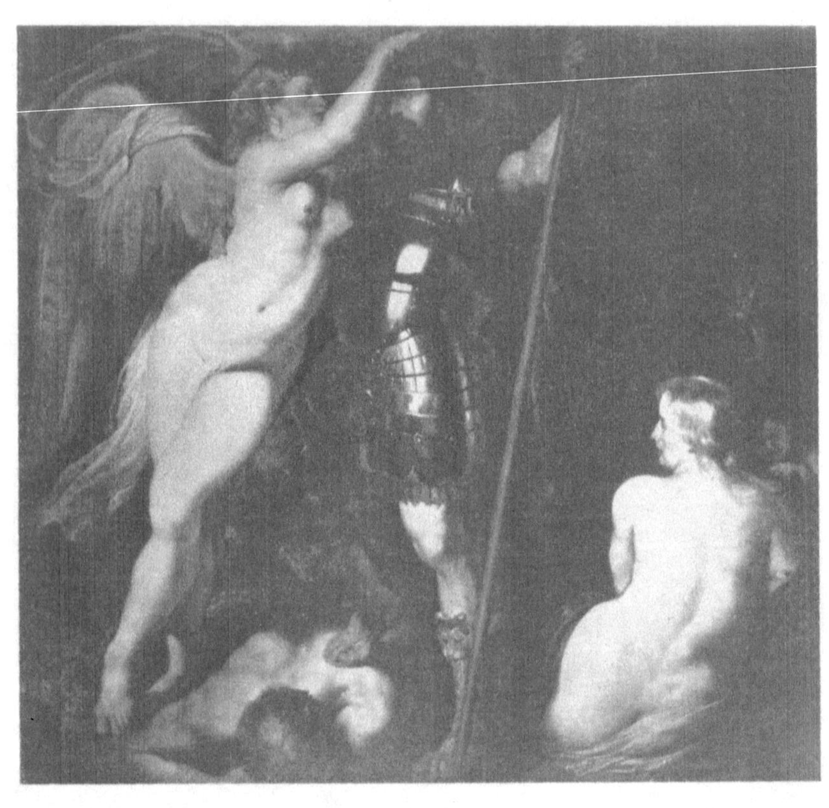

Krönung des Tugendhelden
Dresden, Gemäldegalerie

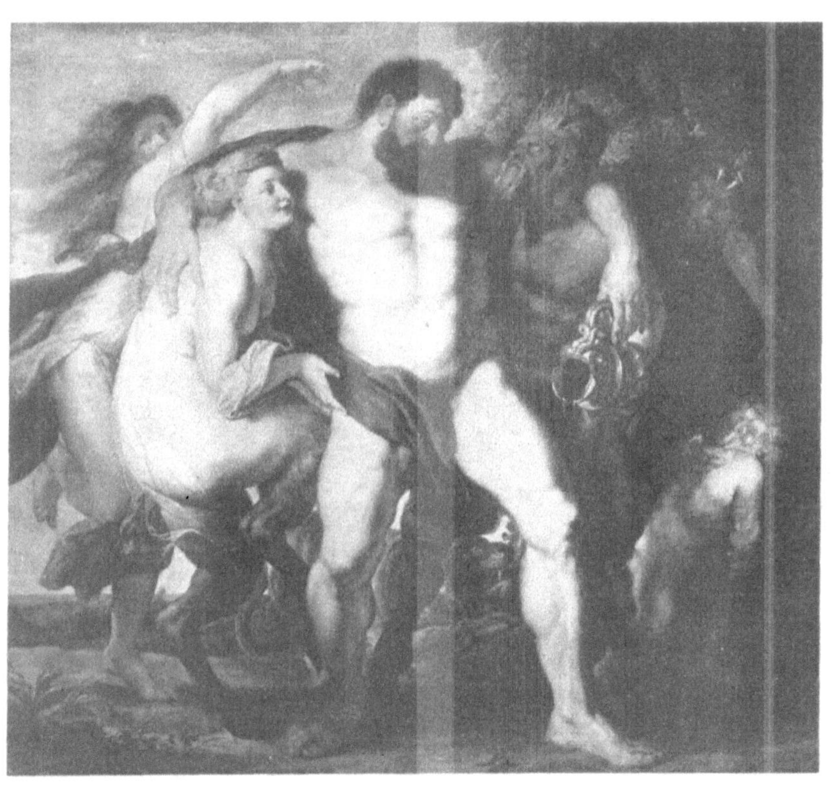

Der trunkene Herkules
Dresden, Gemäldegalerie

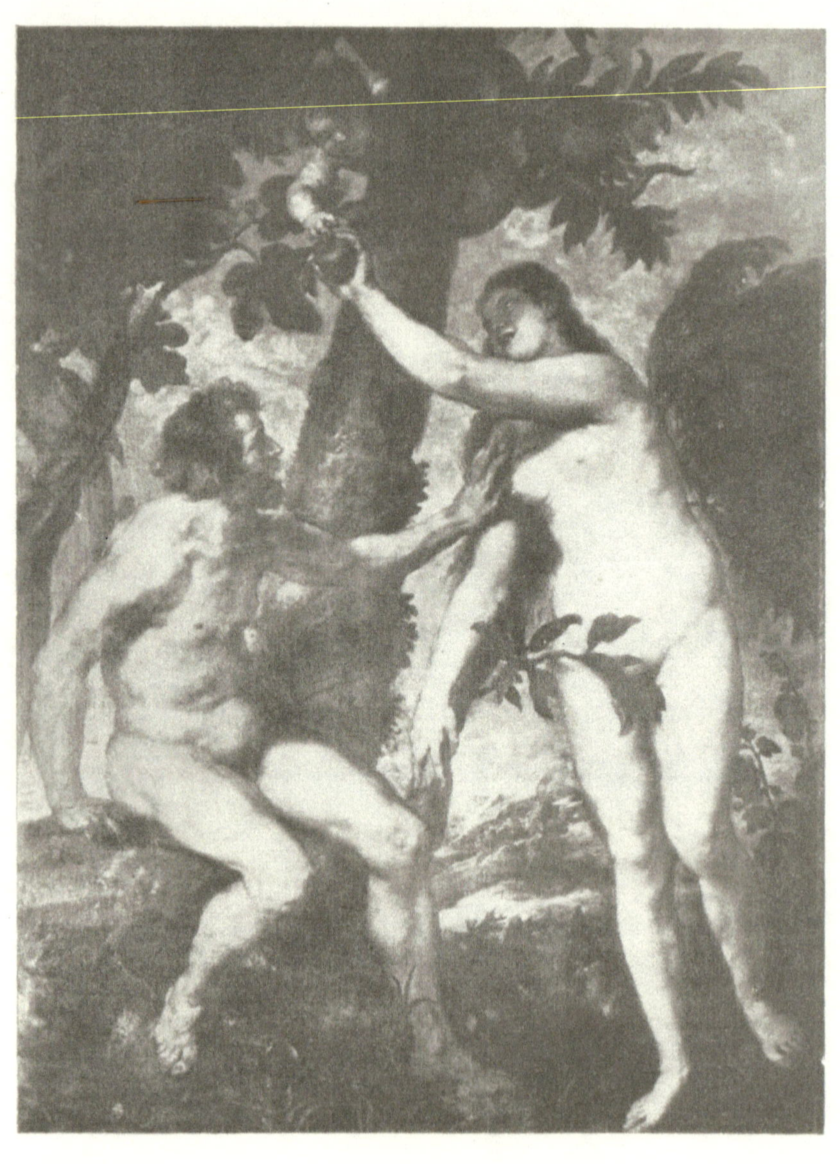

Adam und Eva (nach Tizian)
Madrid, Prado

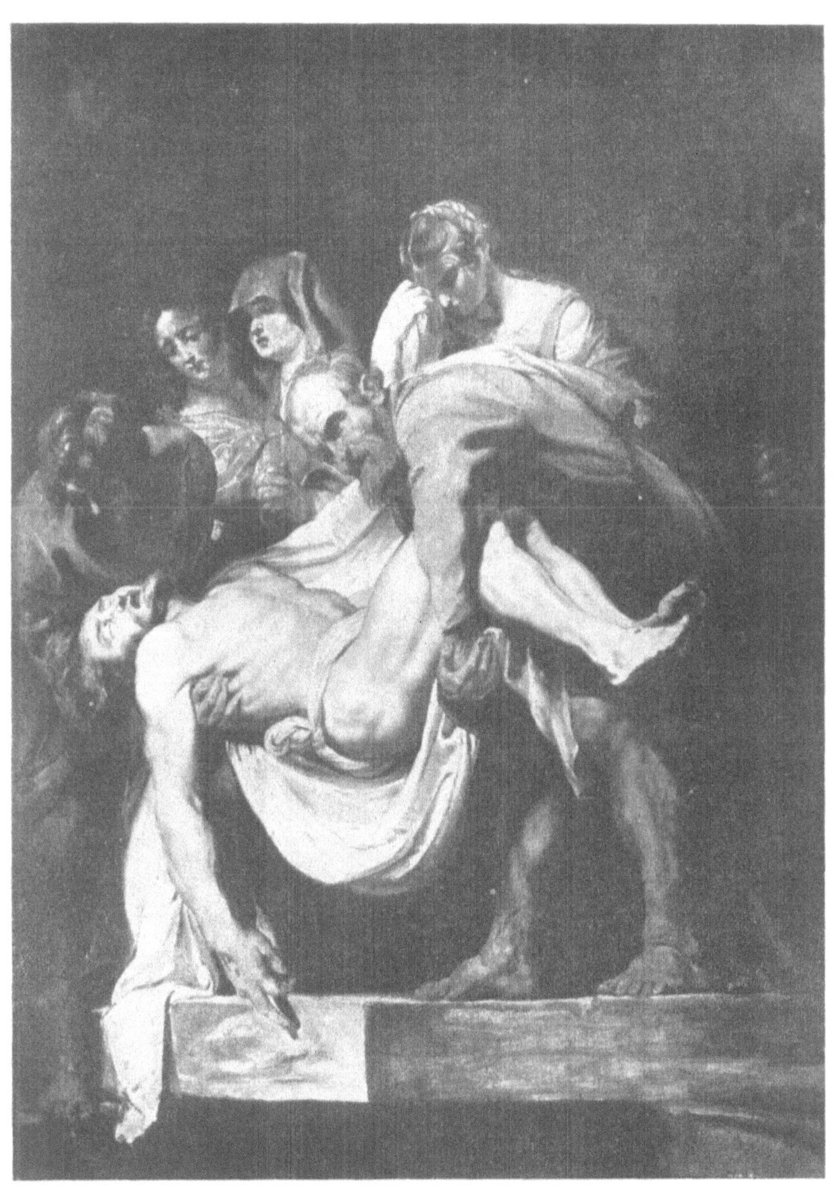

Grablegung Christi
Wien, Liechtenstein-Galerie

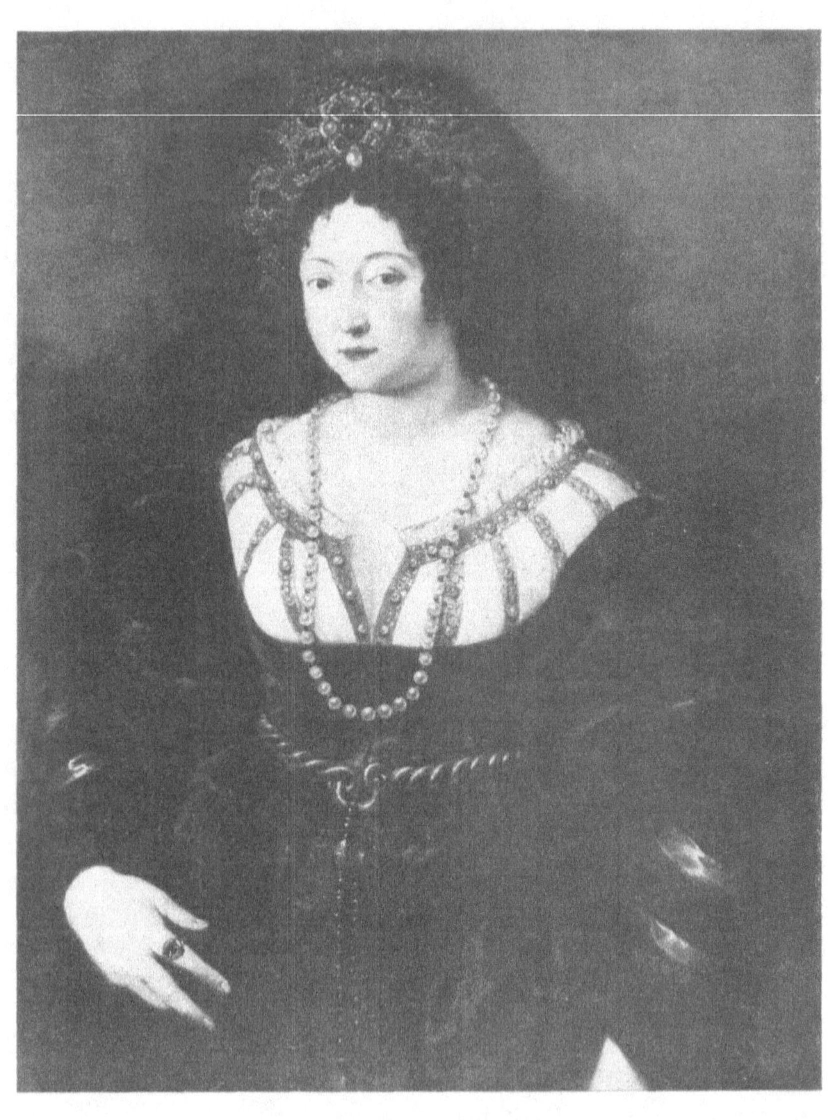

Isabella von Este
Wien, Kunsthistorisches Museum

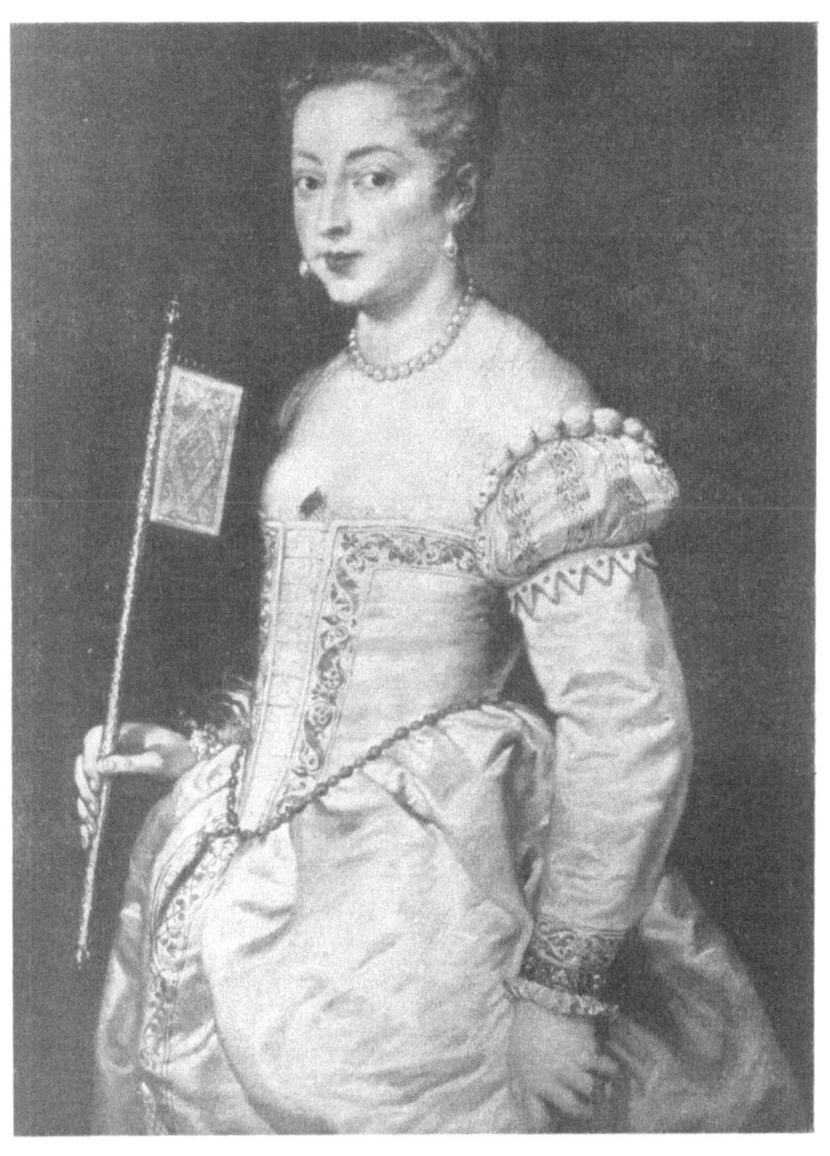

Bildnis einer Venezianerin (Kopie nach Tizian)
Wien, Kunsthistorisches Museum

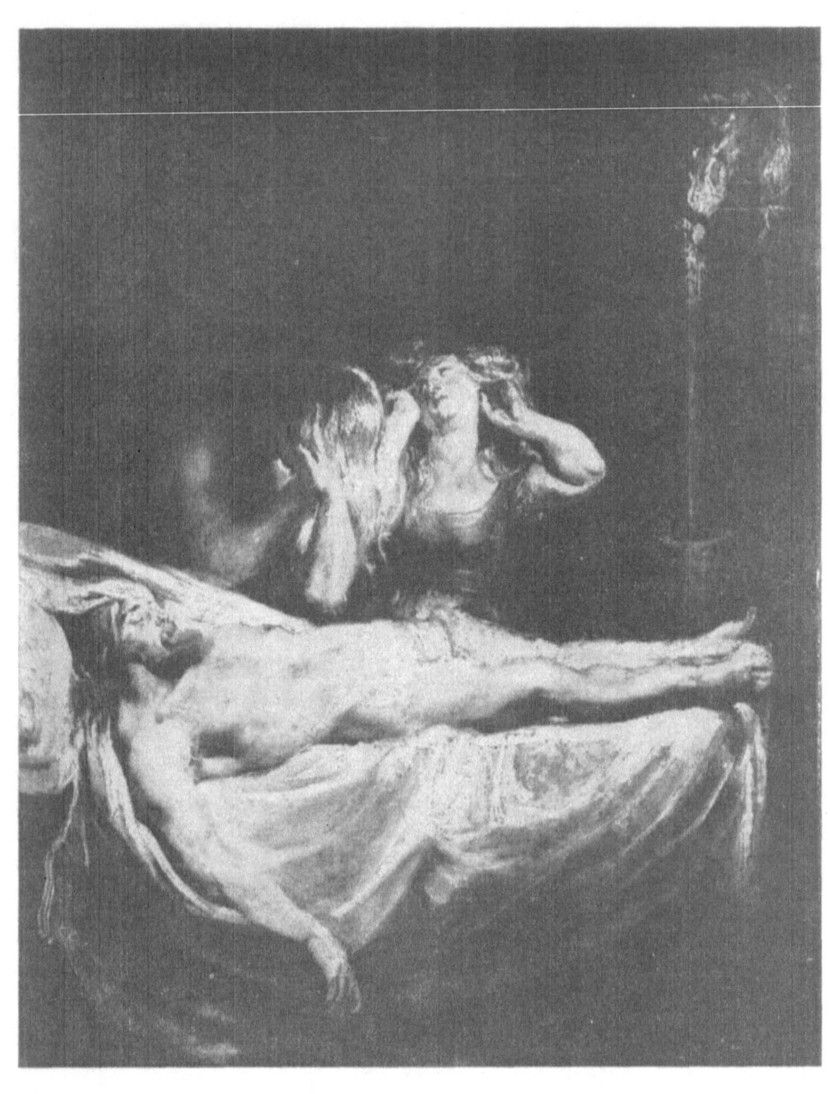

Beweinung Christi
Berlin, Kaiser-Friedrich-Museum

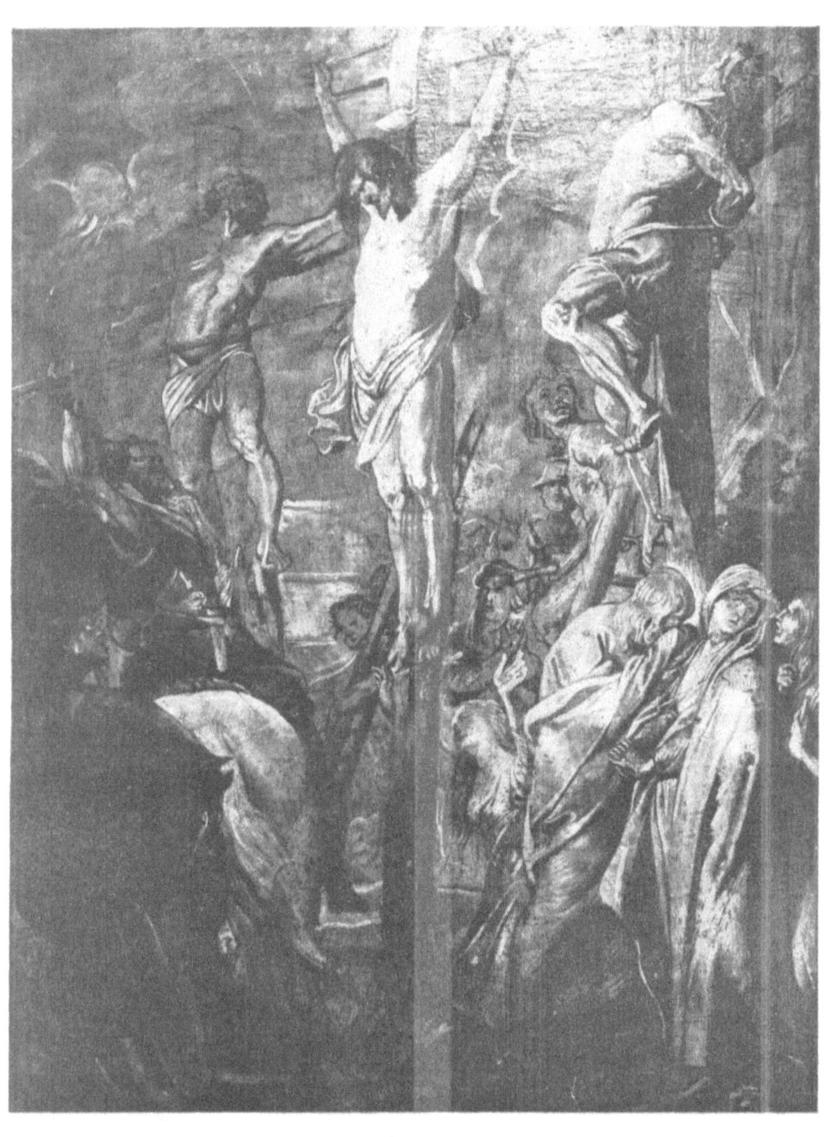

Skizze zu einer Kreuzigung
Brüssel

Familie des Sir Balthasar Gerbier
Windsor Castle

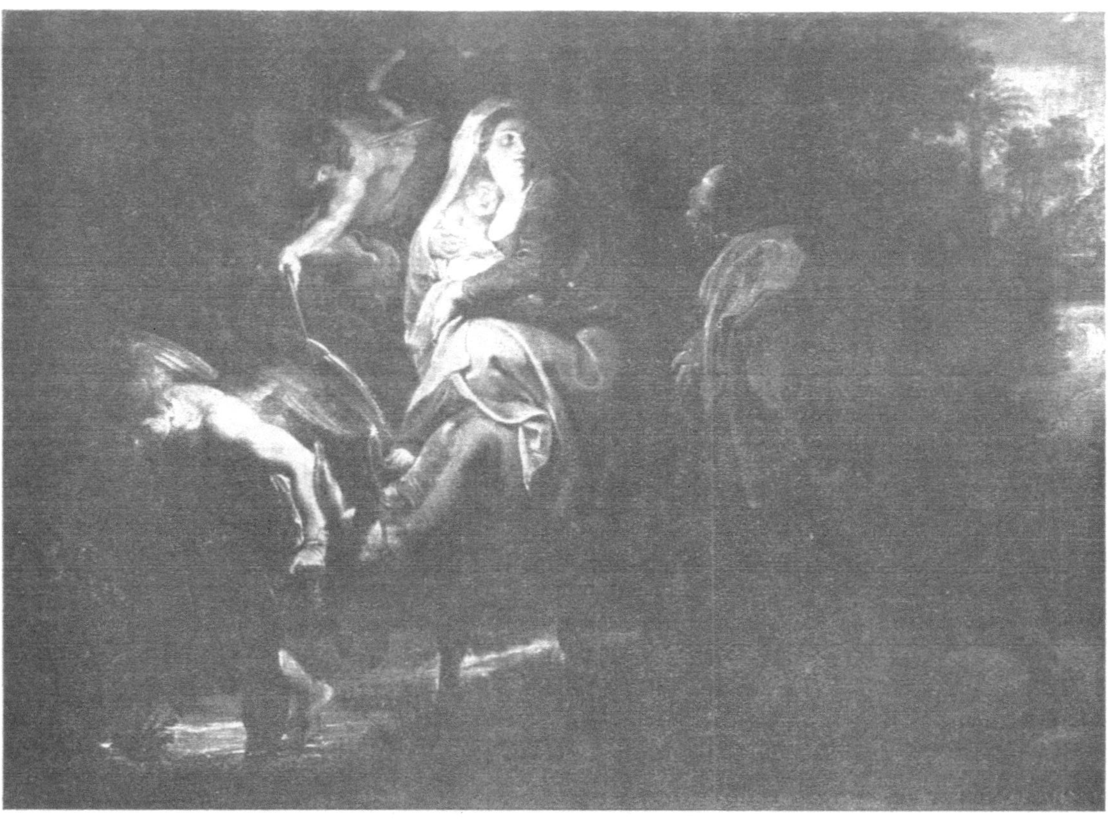

Die Flucht nach Ägypten
Kassel, Gemäldegalerie

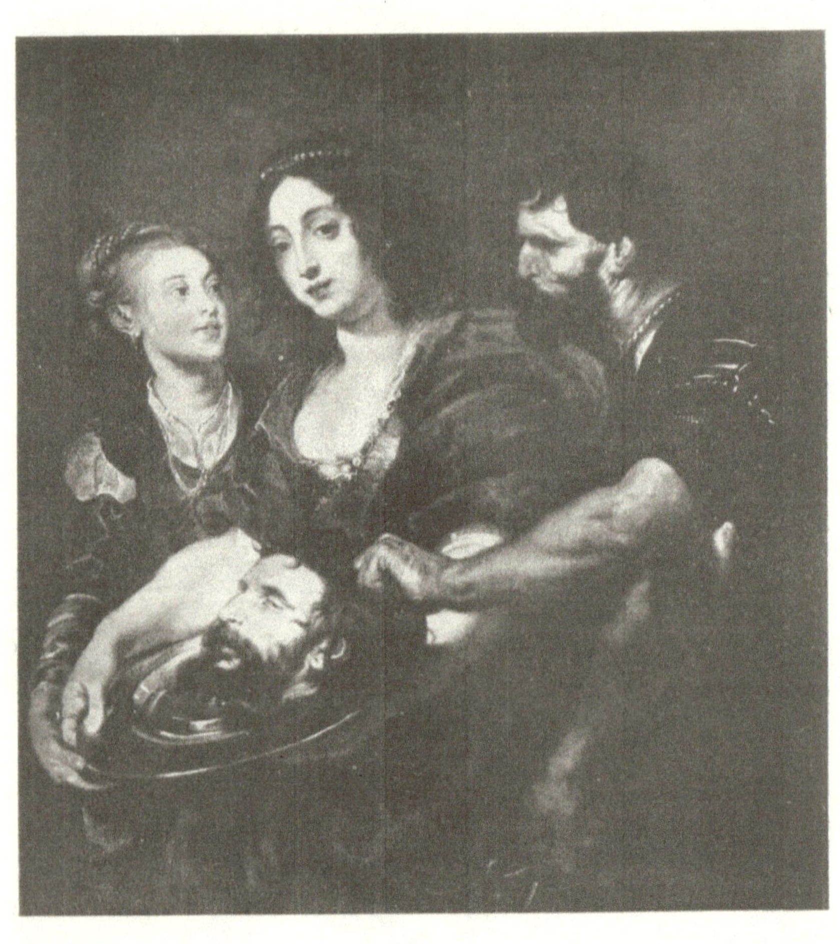

Salome
Dresden, Gemäldegalerie

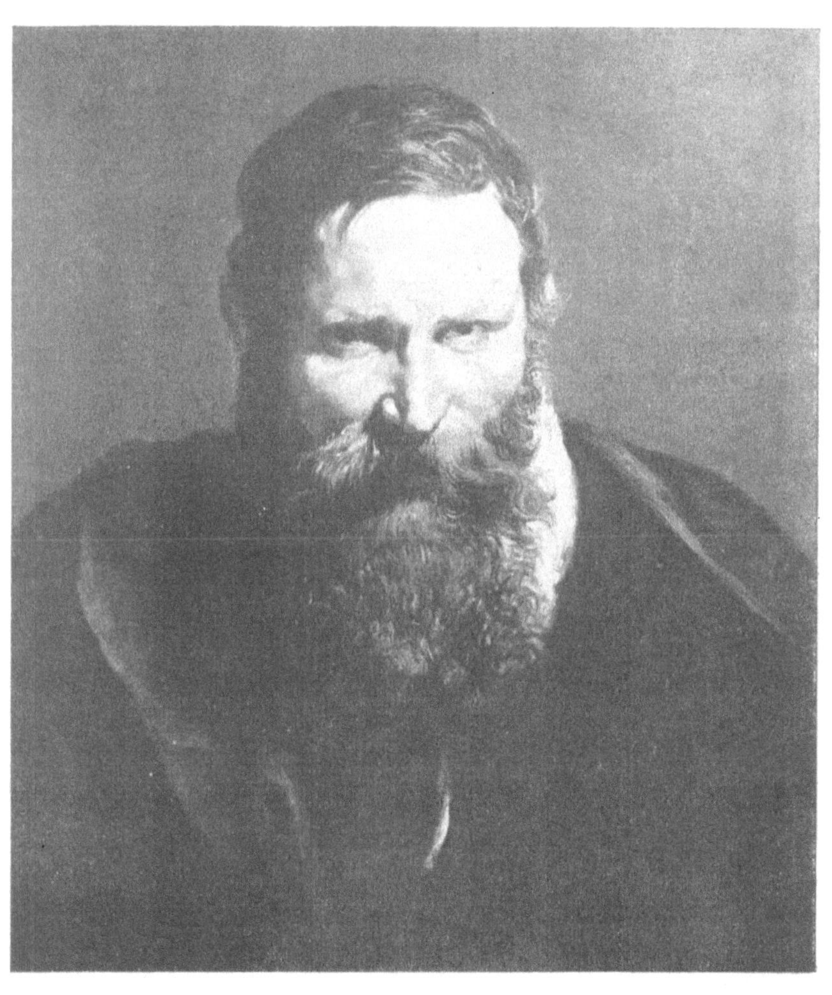

Bildnis des Malers Rombouts
Wien, Liechtenstein-Galerie

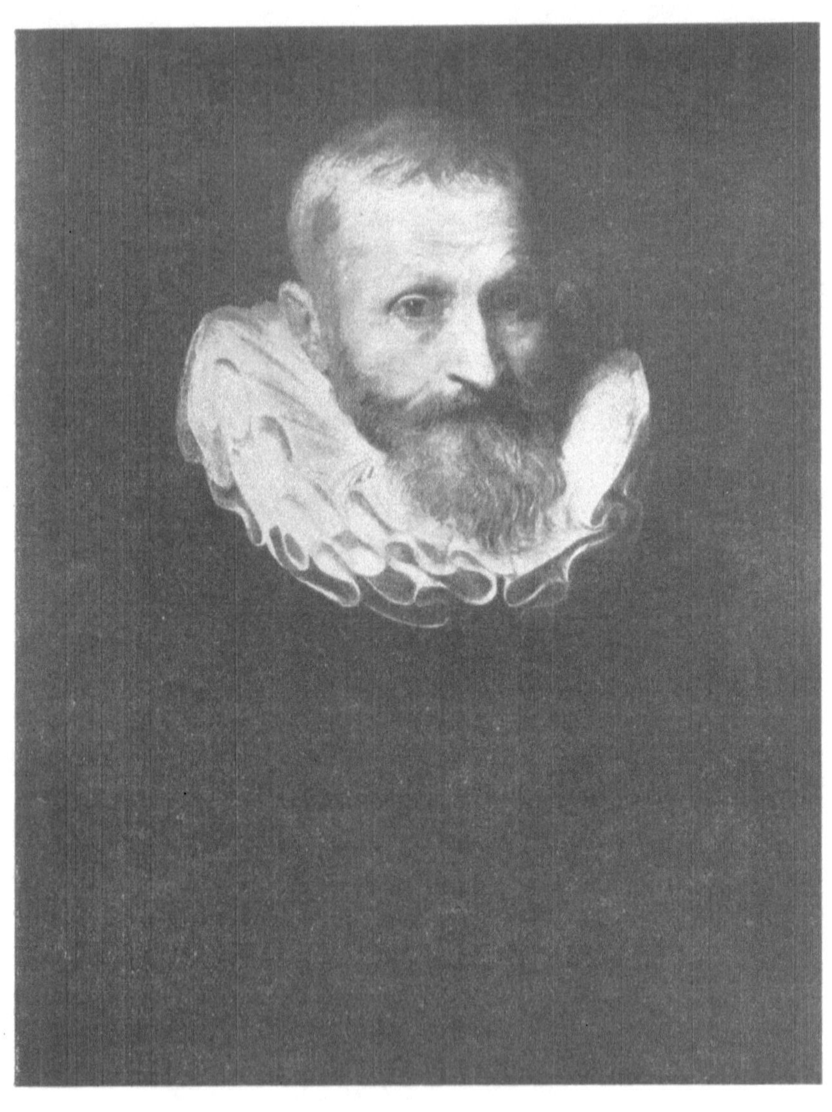

Männliches Bildnis
Dresden, Gemäldegalerie

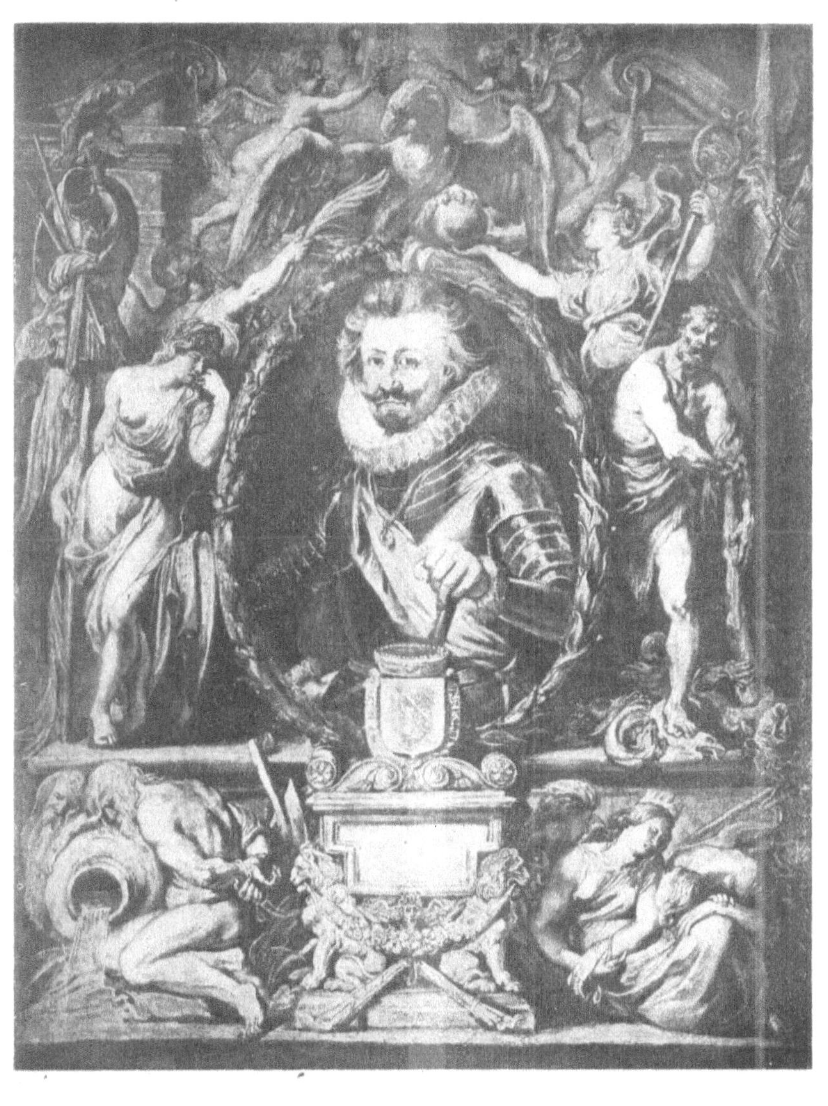

Bildnis des Charles de Longueval
Leningrad, Ermitage

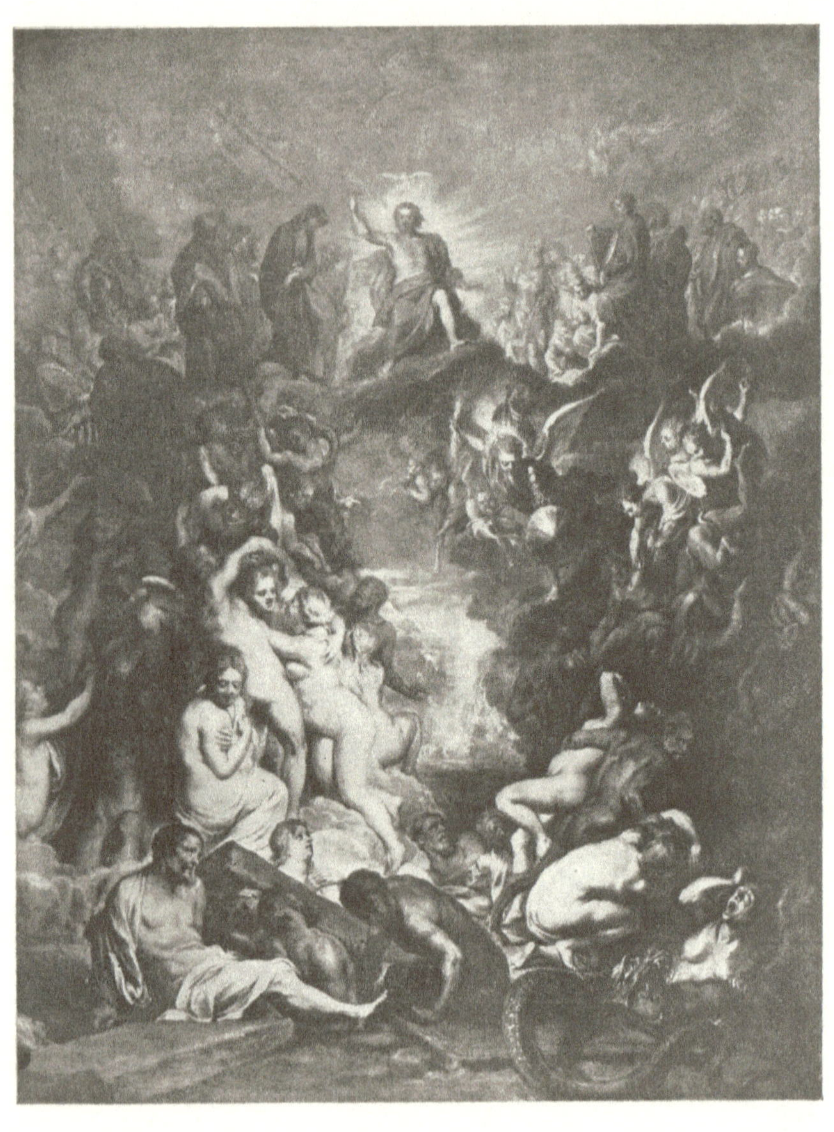

Das „Große" Jüngste Gericht
Dresden, Gemäldegalerie

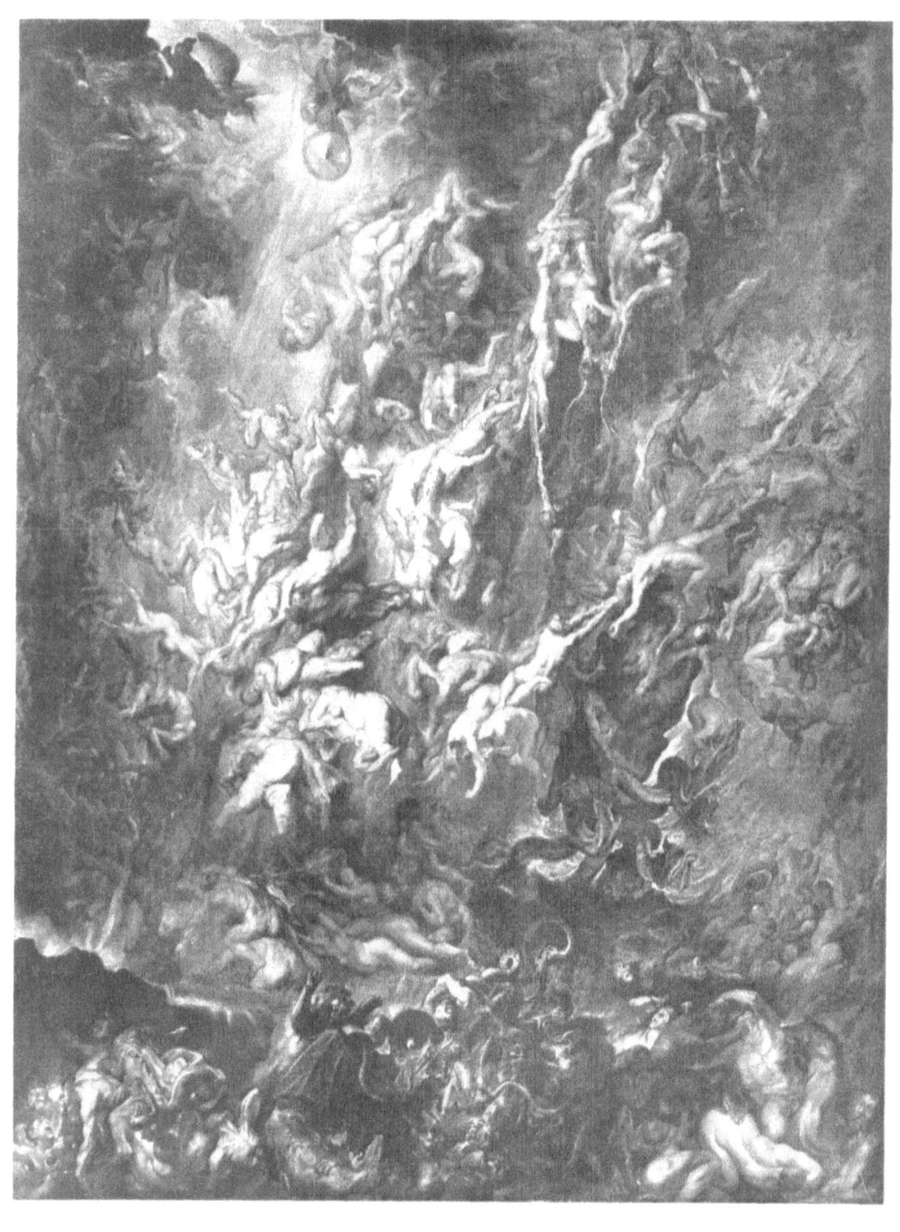

Der Höllensturz der Verdammten
München, Alte Pinakothek. Nach Originalaufnahme von Hanfstaengl, München

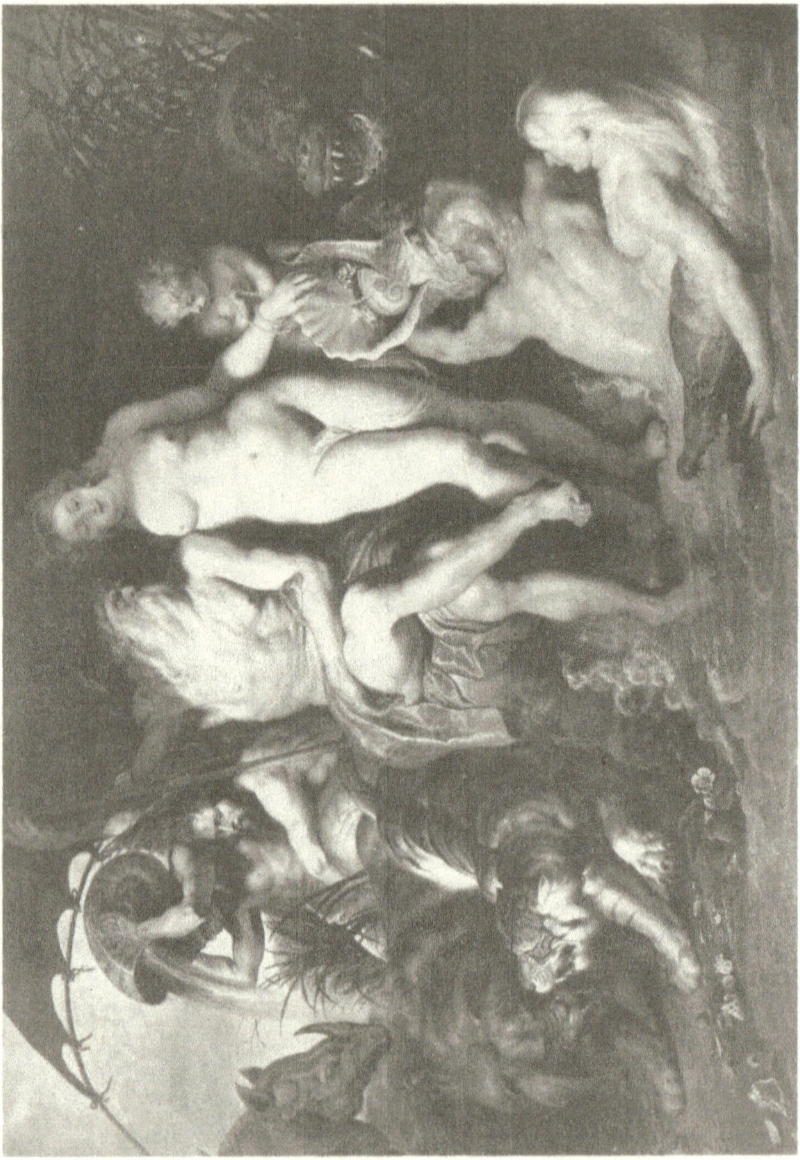

Neptun und Amphitrite
Berlin, Kaiser-Friedrich-Museum

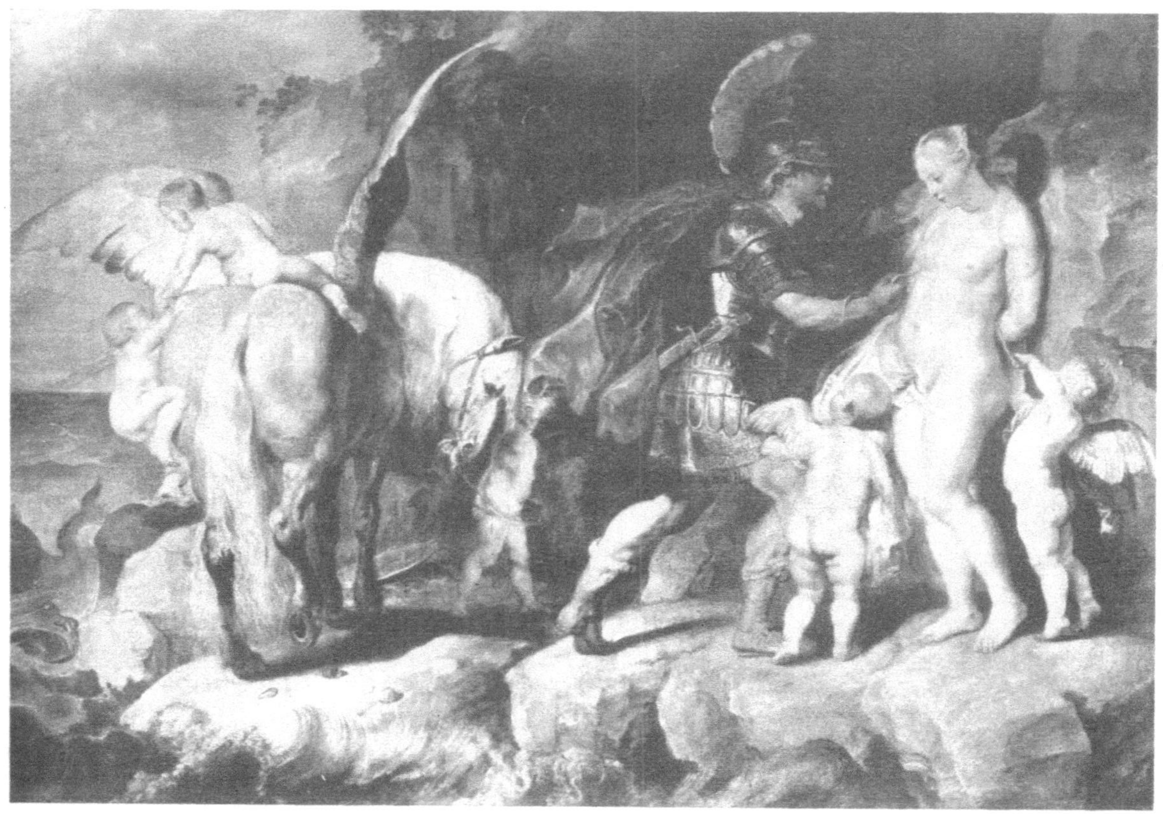

Perseus und Andromeda
Berlin, Kaiser-Friedrich-Museum

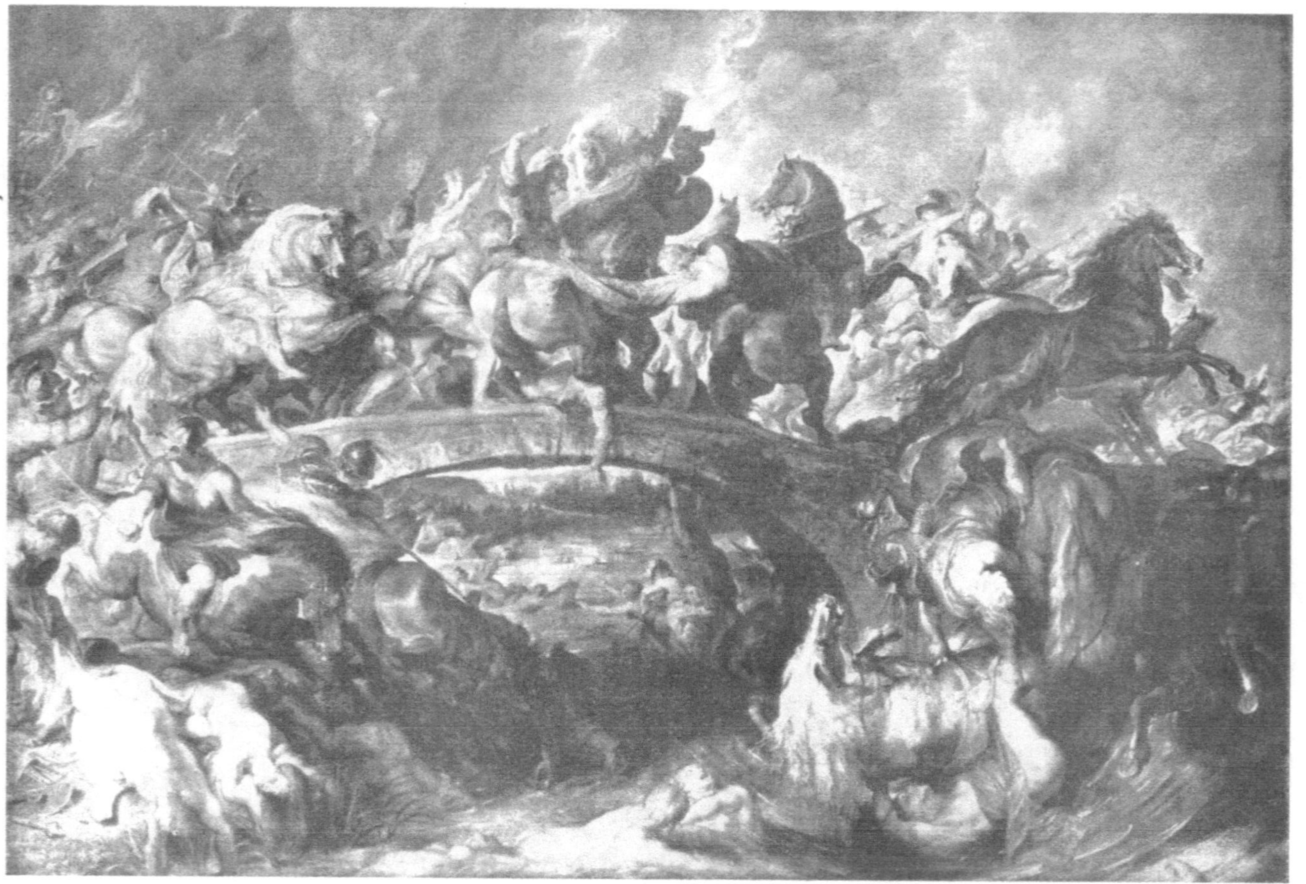

Die Amazonenschlacht

München, Alte Pinakothek. Nach Originalaufnahme von Hanfstaengl, München

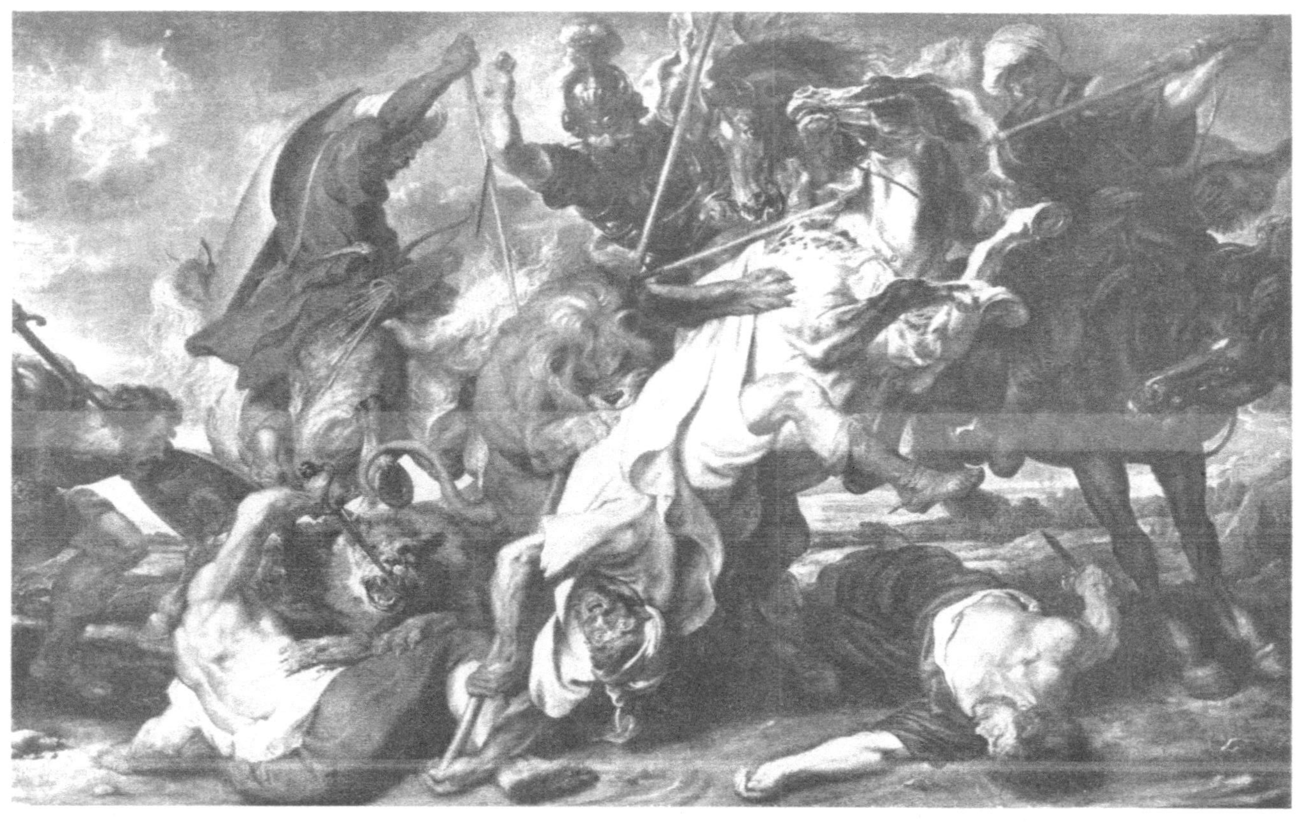

Die Löwenjagd
München, Alte Pinakothek. Nach Originalaufnahme von Hanfstaengl, München

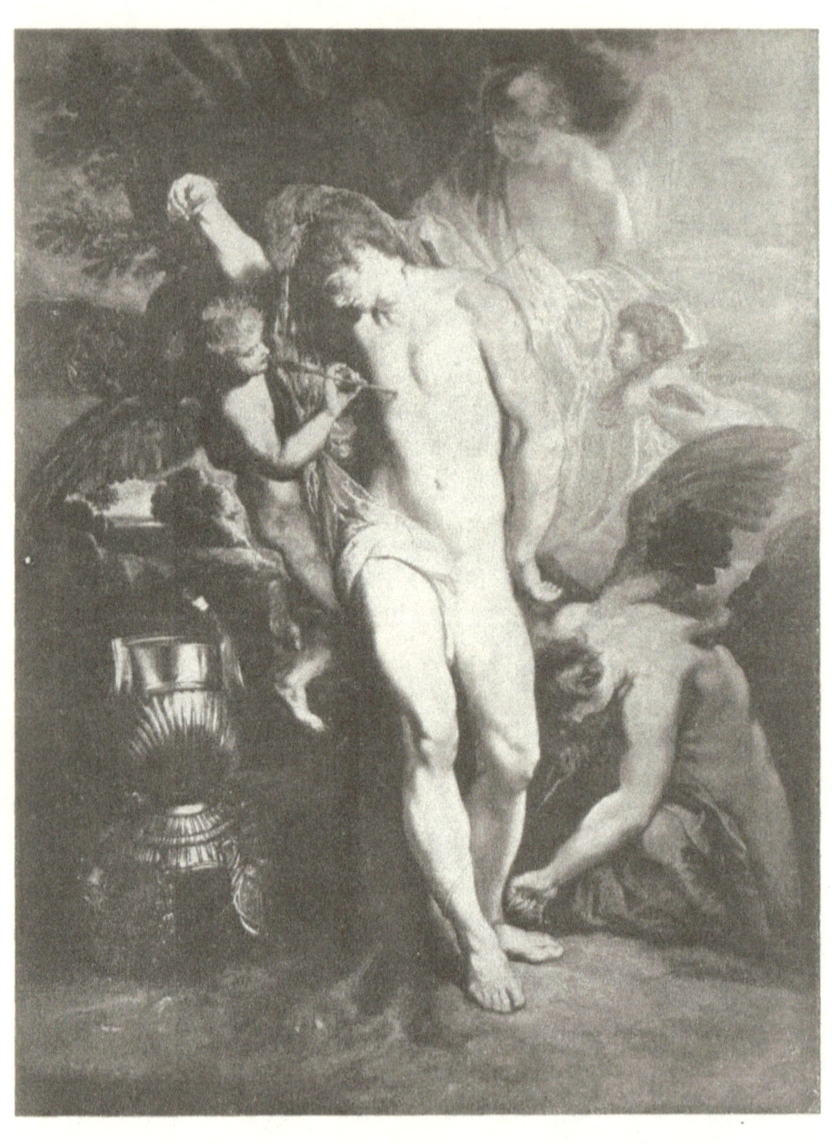

Der heilige Sebastian
Rom, Galerie Corsini

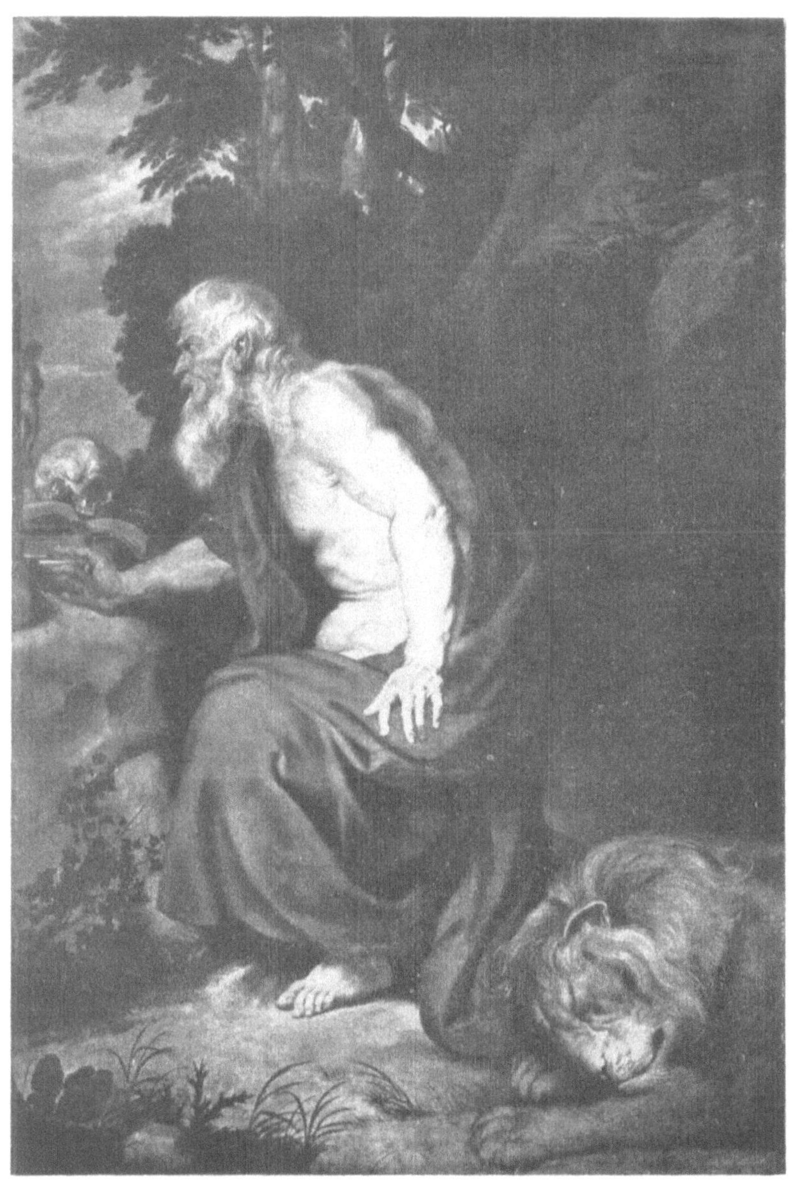

Der heilige Hieronymus
Dresden. Gemäldegalerie

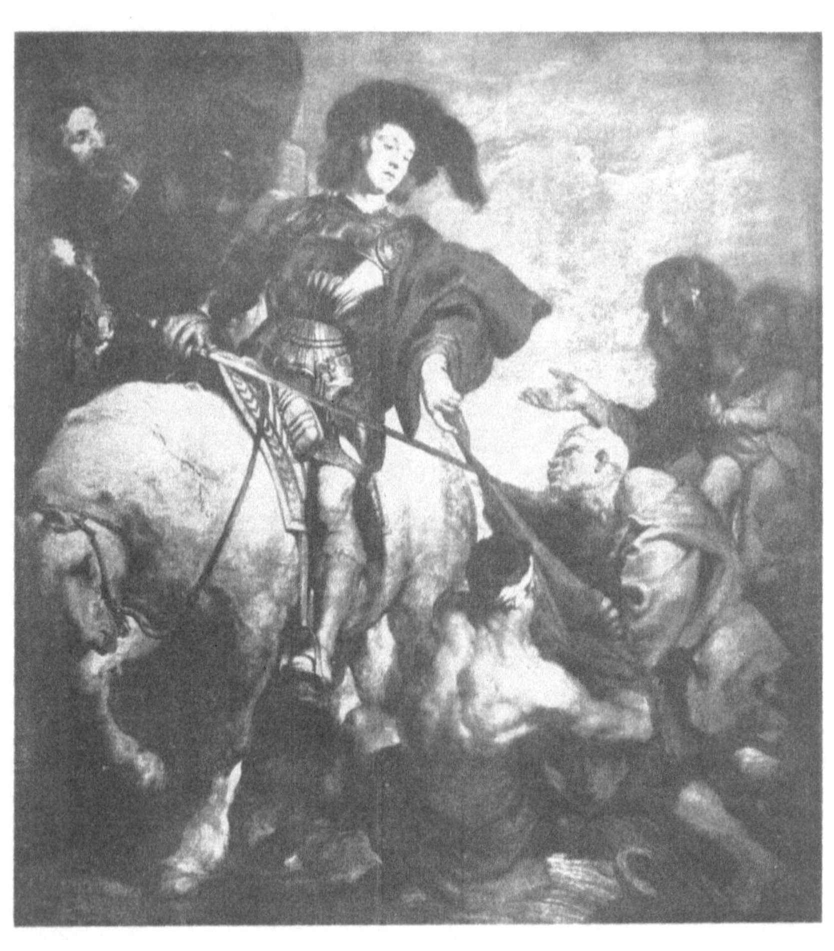

Der heilige Martin
Windsor Castle

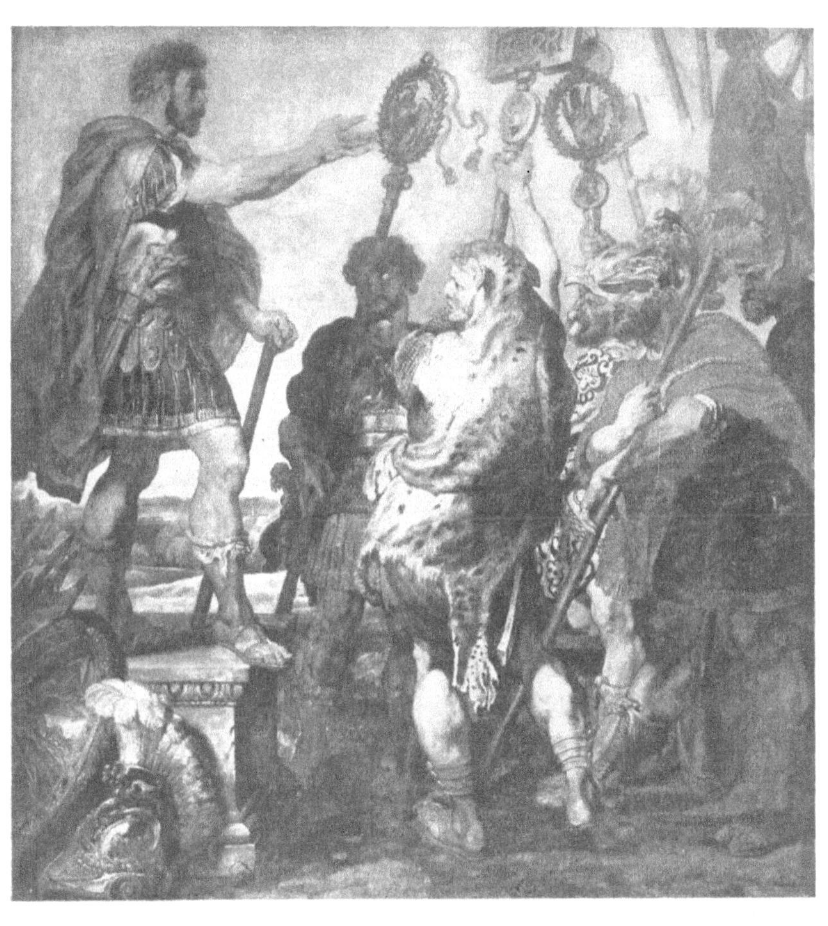

Kundmachung des Traumes, aus der Geschichte des Konsuls Decius Mus
Wien, Liechtenstein-Galerie

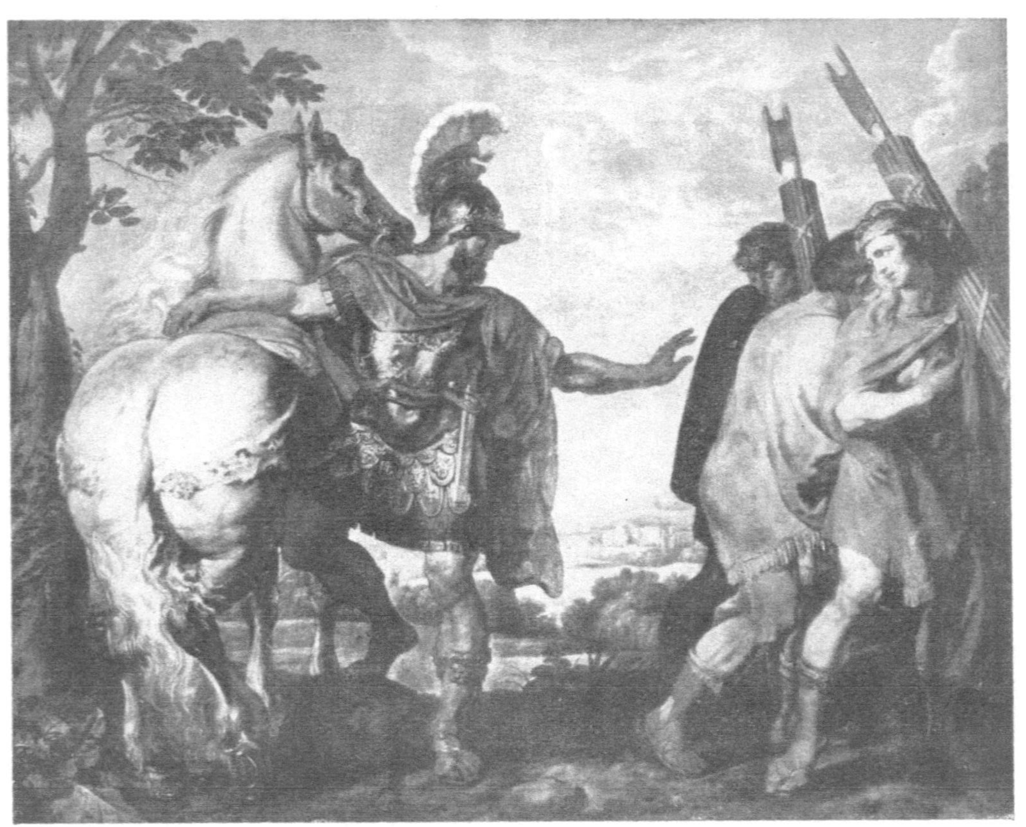

Heimsendung der Liktoren, aus der Geschichte des Konsuls Decius Mus
Wien, Liechtenstein-Galerie

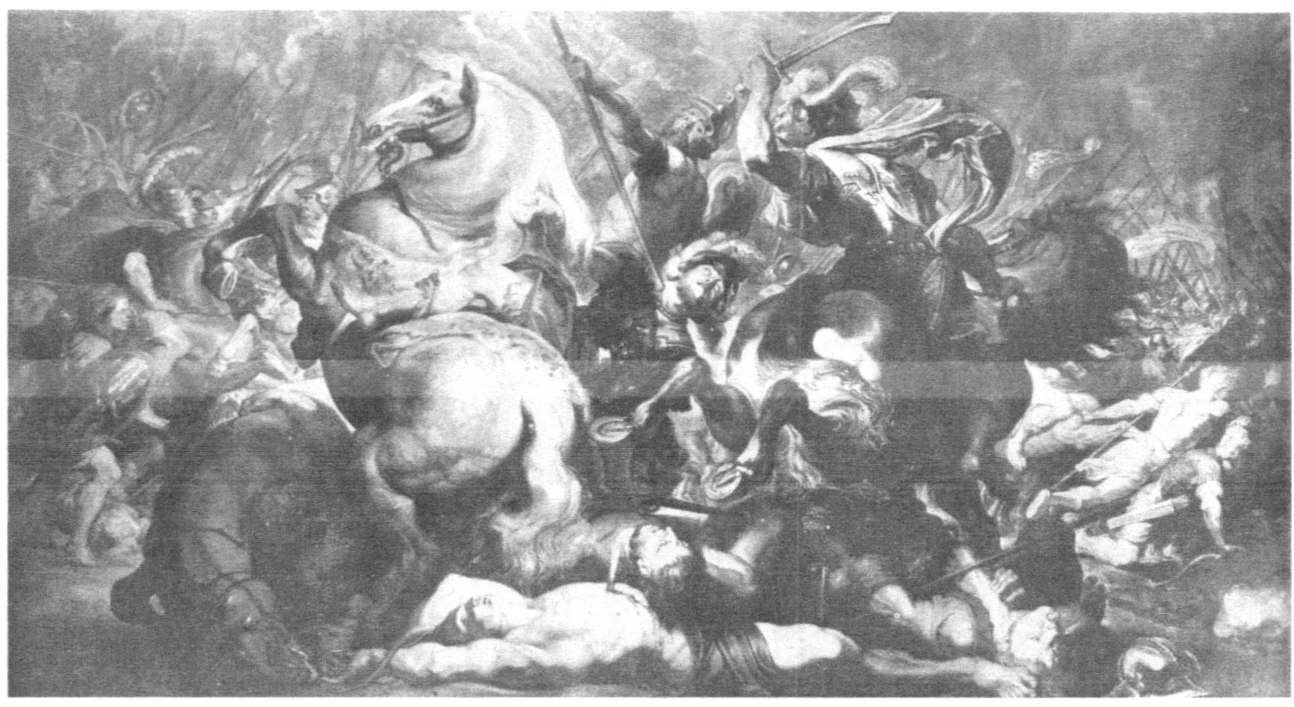

Tod des Konsuls Decius Mus
Wien, Liechtenstein-Galerie

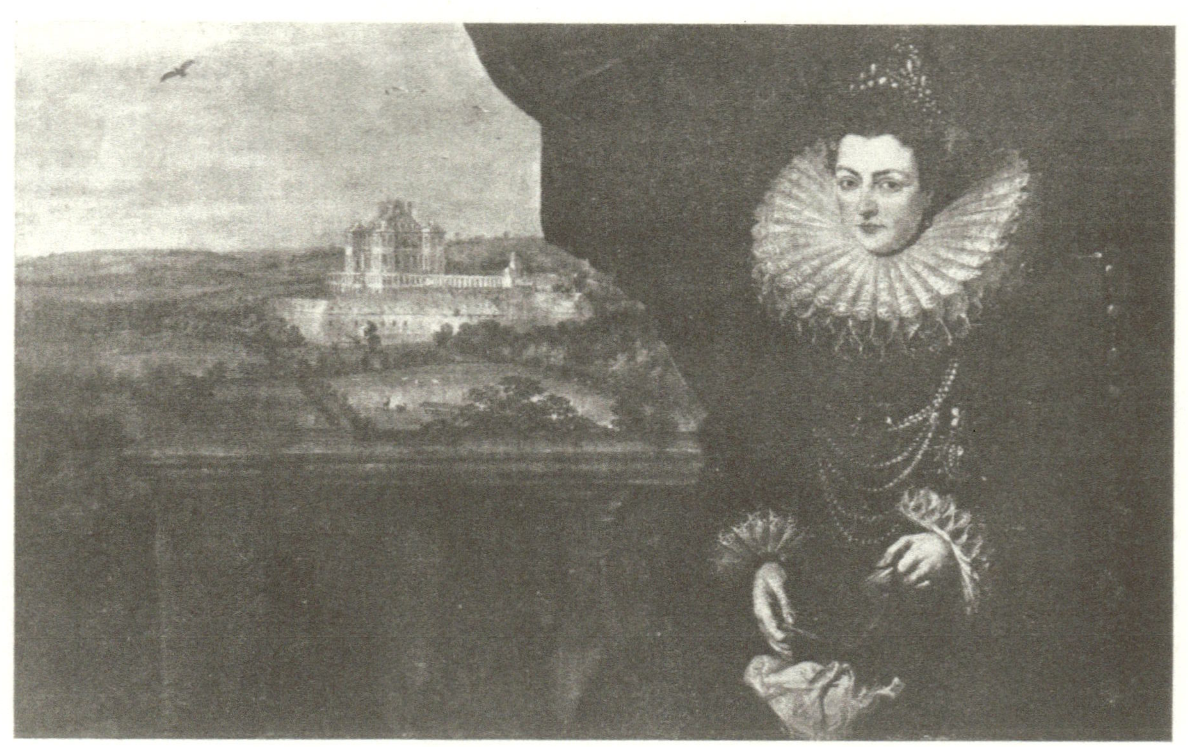

Bildnis der Infantin Isabella Klara Eugenie
Madrid, Prado

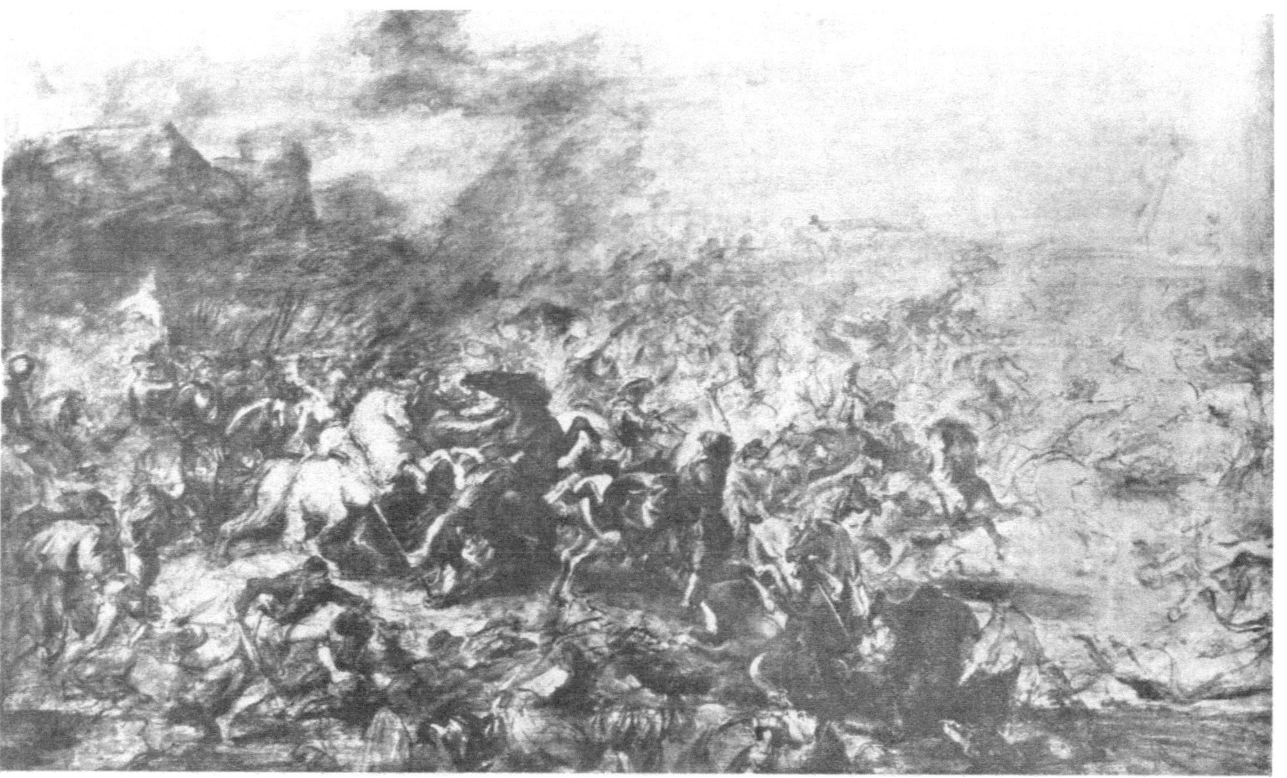

Eroberung von Tunis durch Kaiser Karl V.
Berlin, Kaiser-Friedrich-Museum

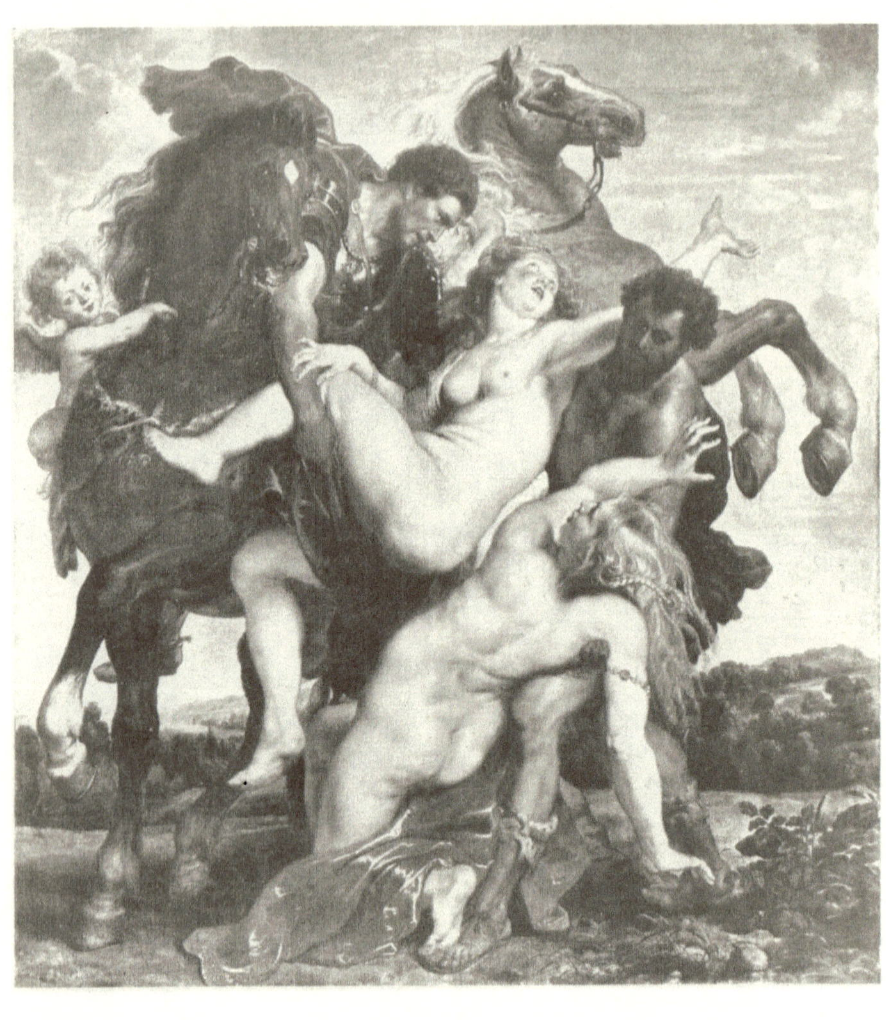

Der Raub der Töchter des Leukippos
München, Alte Pinakothek. Nach Originalaufnahme von Hanfstaengl, München

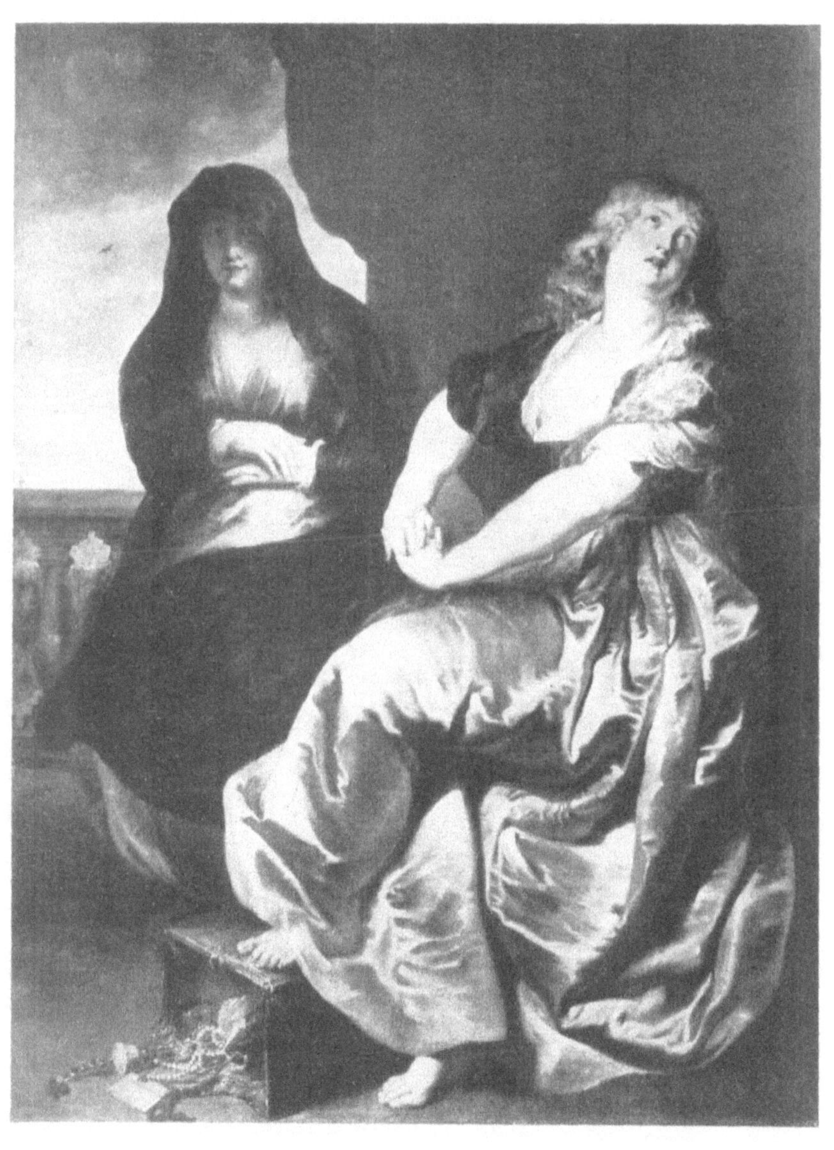

Die heilige Magdalena
Wien, Kunsthistorisches Museum

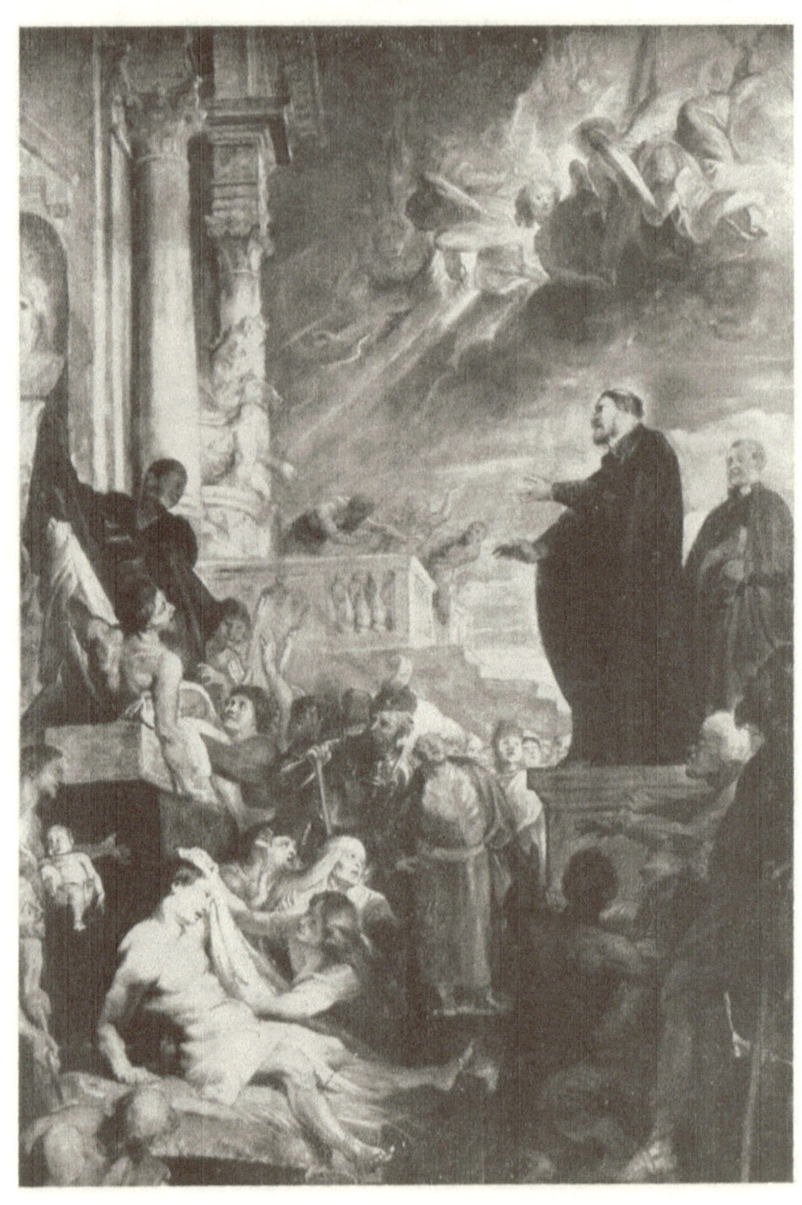

Skizze zur Predigt des heiligen Franz Xaver
Wien, Kunsthistorisches Museum

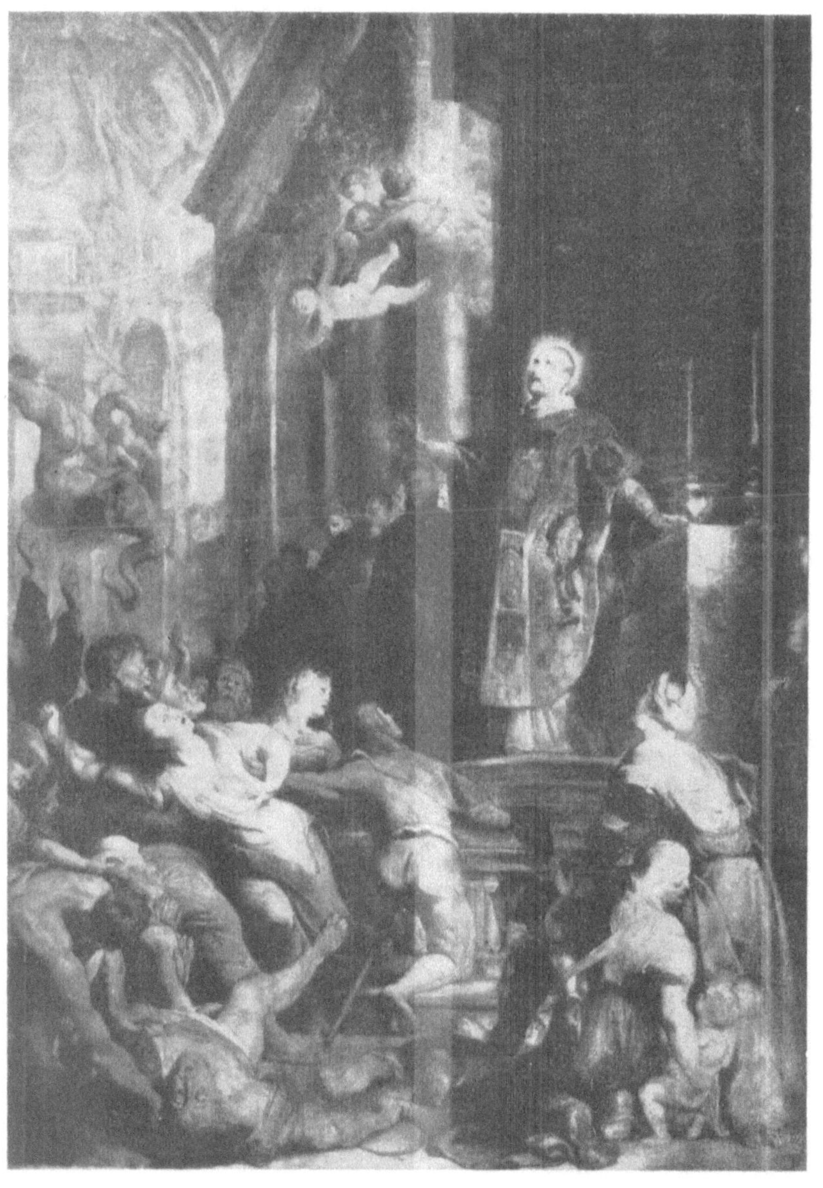

Skizze zum Wunder des heiligen Ignatius von Loyola
Wien, Kunsthistorisches Museum

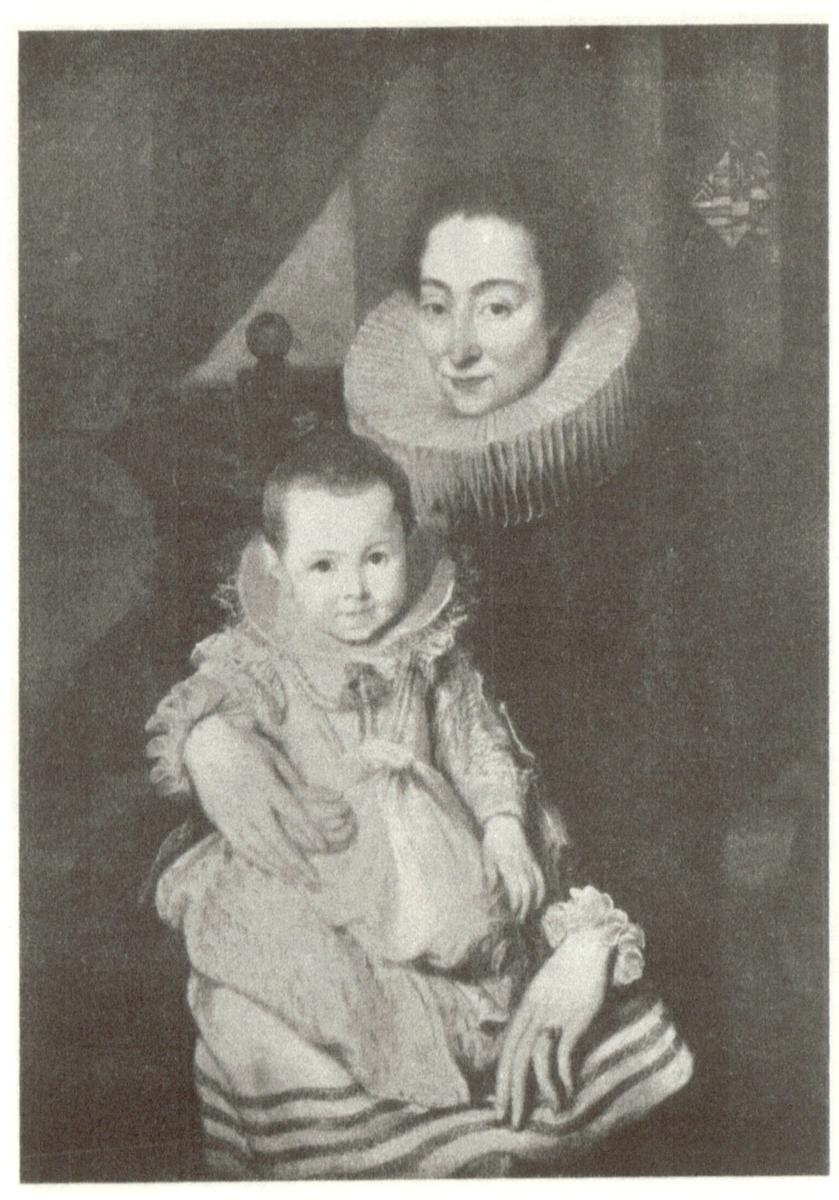

Dame mit Kind
Dresden, Gemäldegalerie

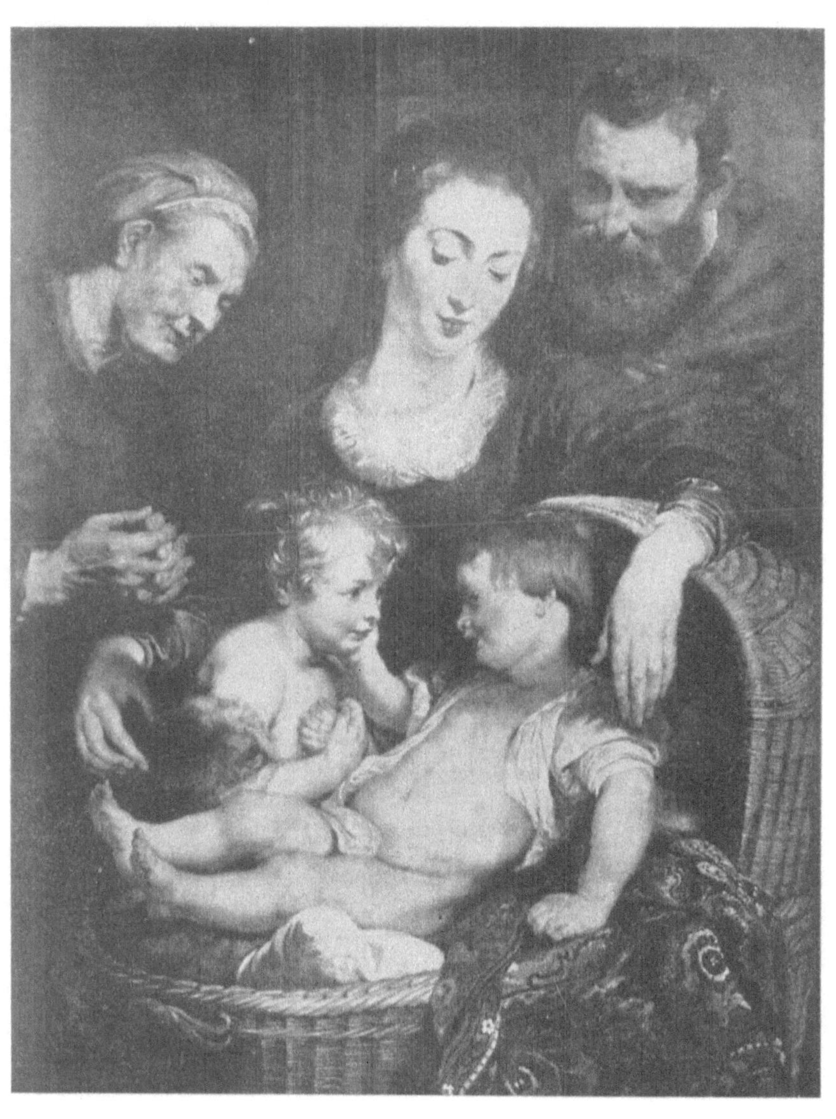

Heilige Familie
Florenz, Galerie Pitti

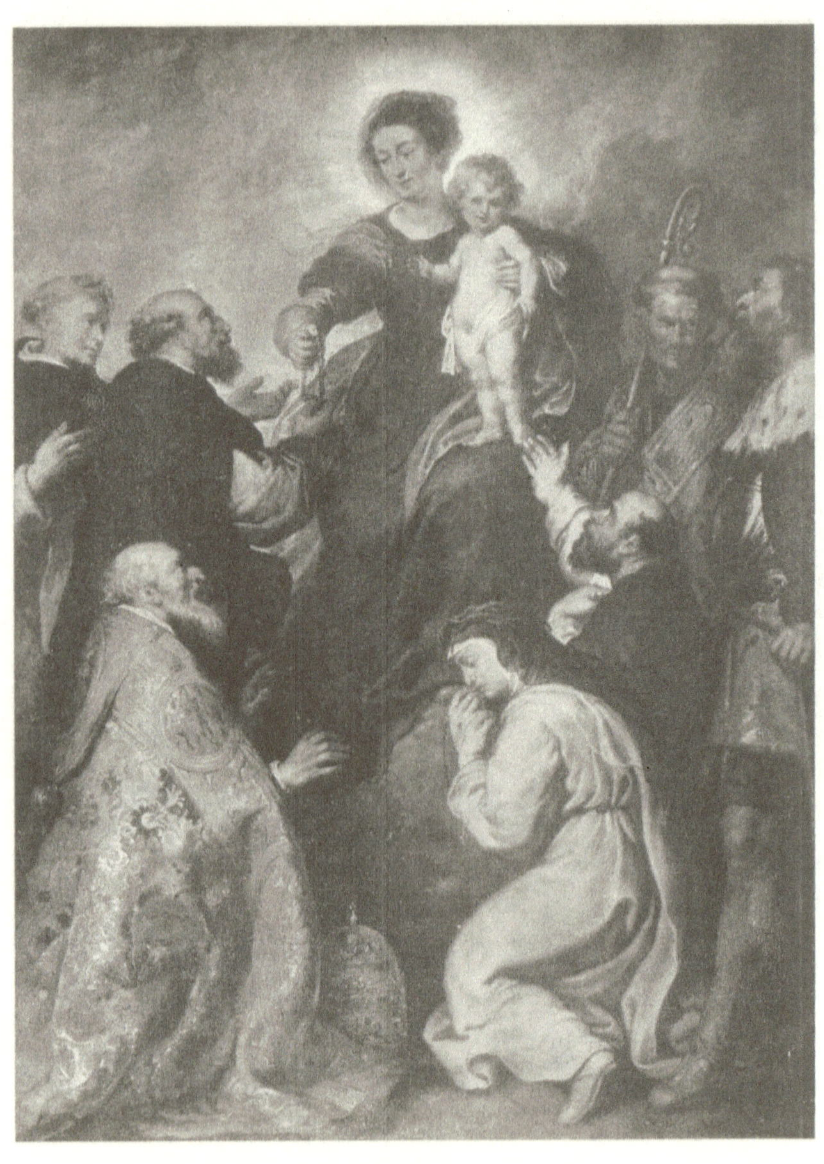

Maria mit Kind und Heilige
Leningrad, Ermitage

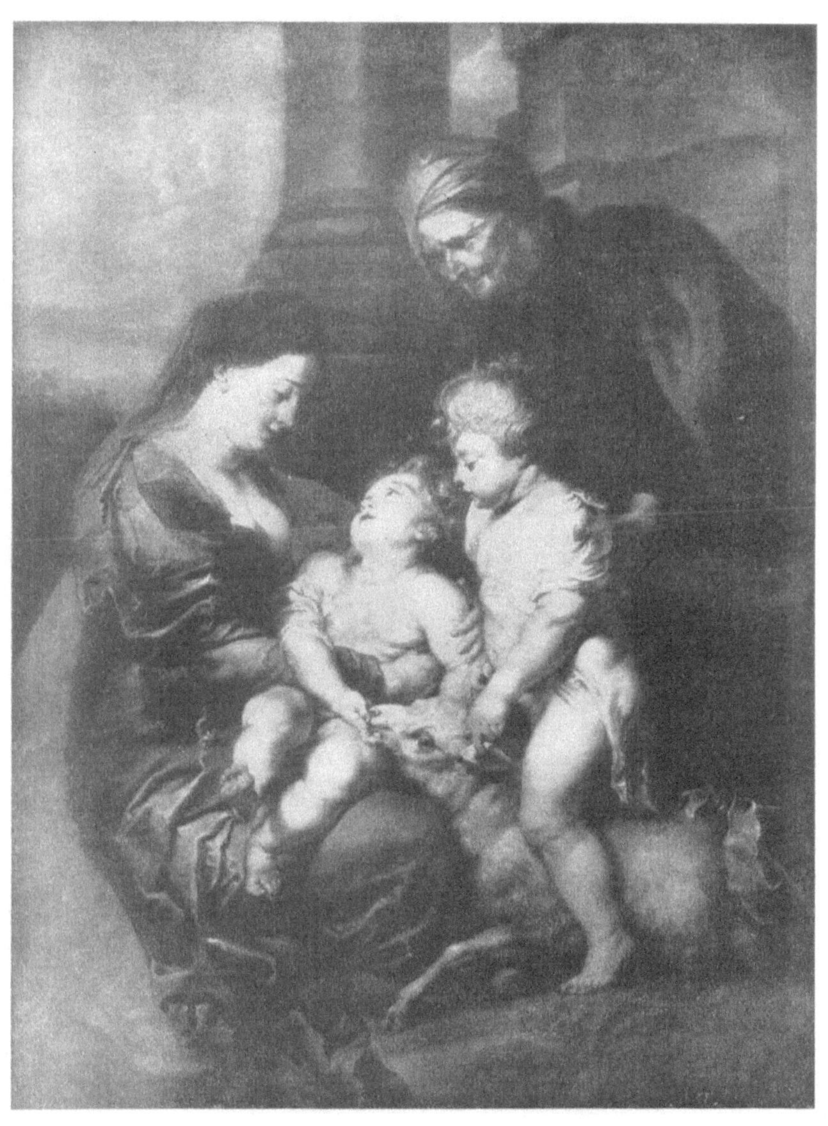

Heilige Familie
Florenz, Galerie Pitti

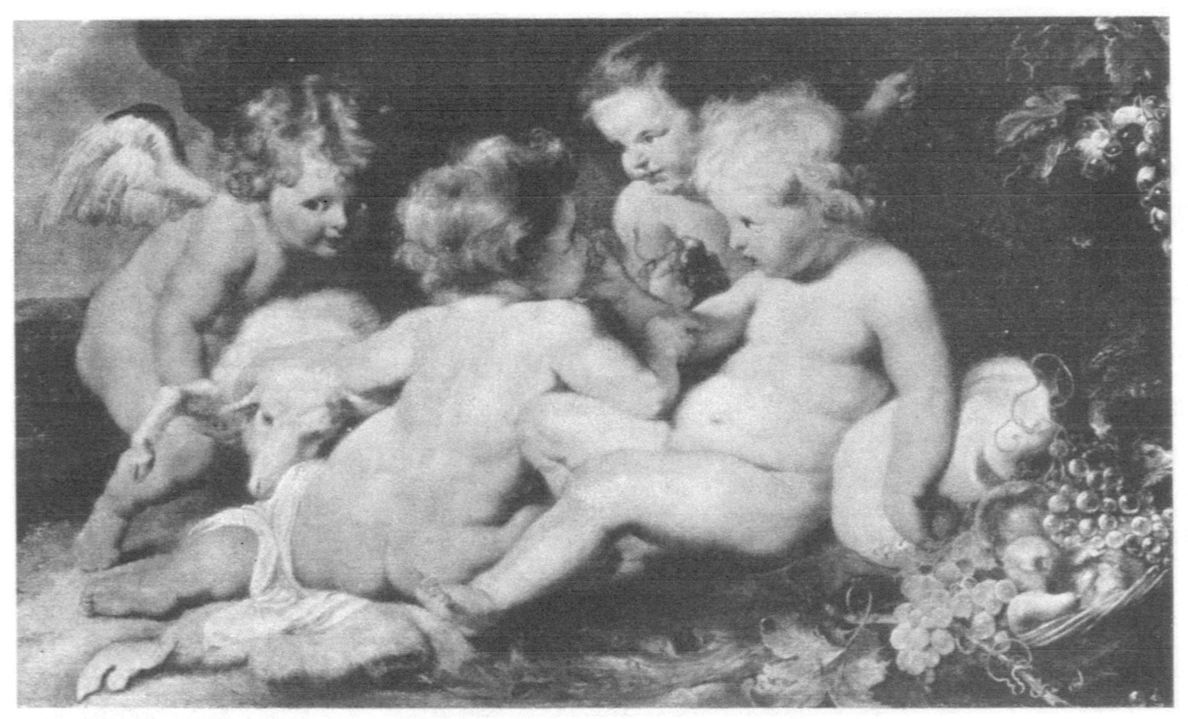

Christuskind mit dem kleinen Johannes und zwei Knaben
Wien, Kunsthistorisches Museum

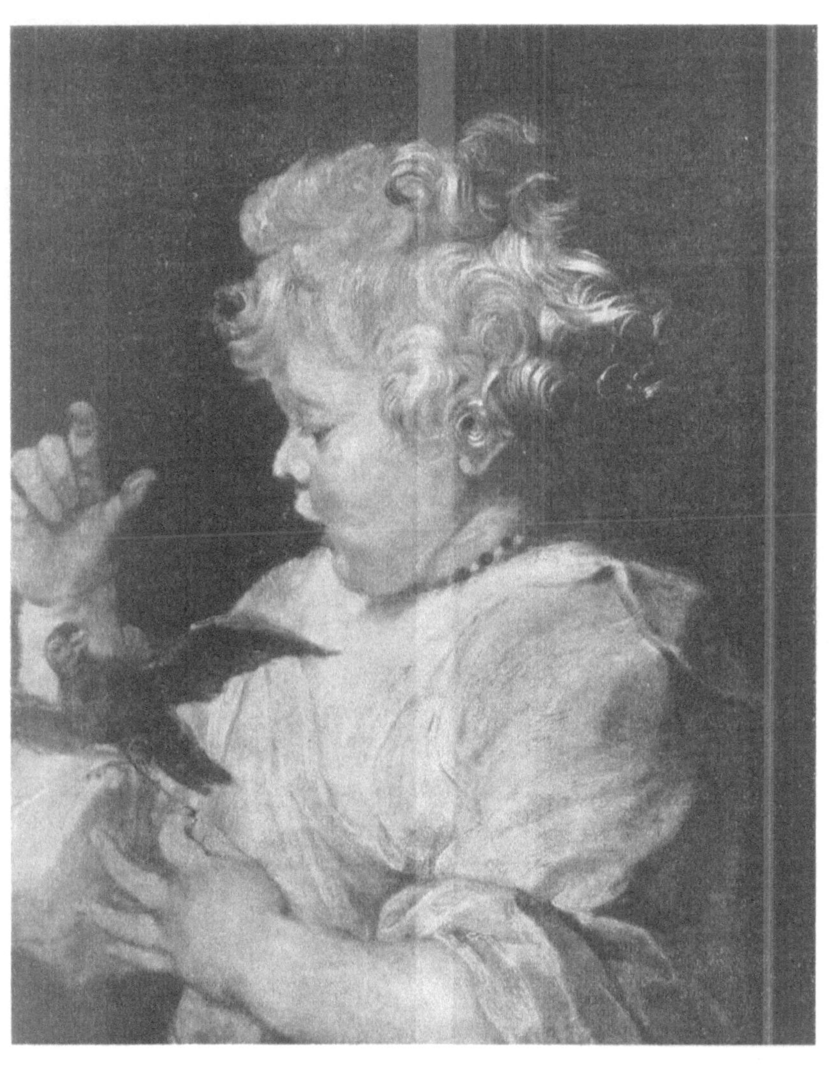

Bildnis des zweiten Knaben des Künstlers
Berlin, Kaiser-Friedrich-Museum

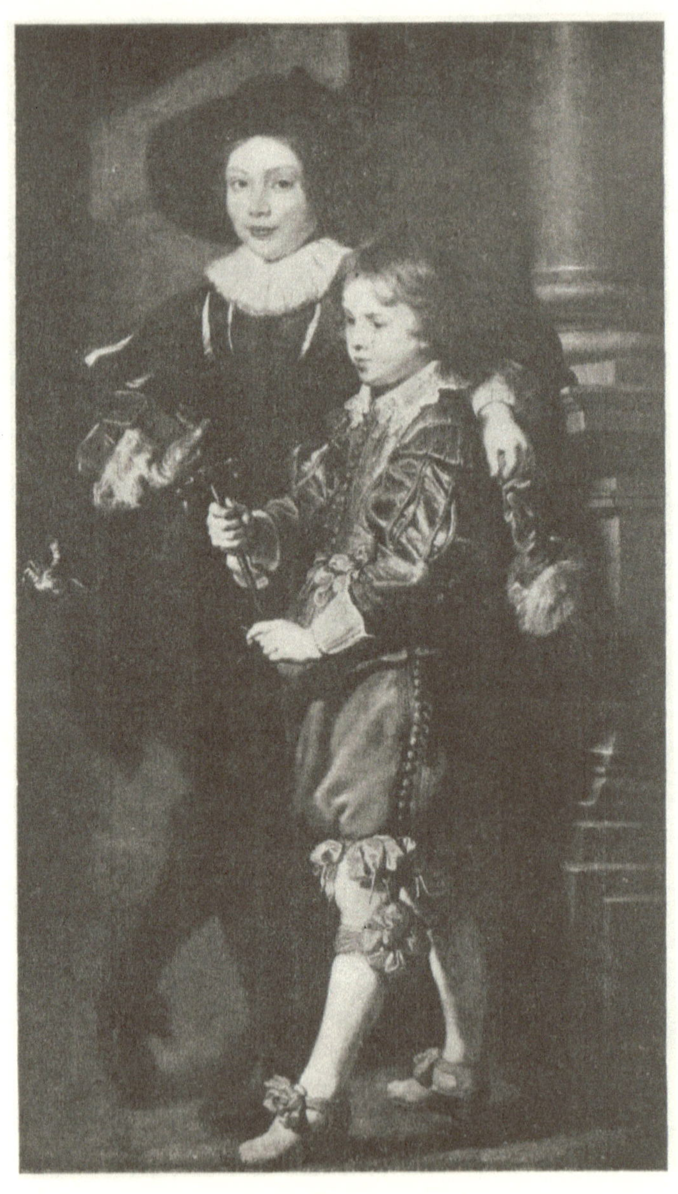

Die Söhne des Künstlers
Wien, Liechtenstein-Galerie

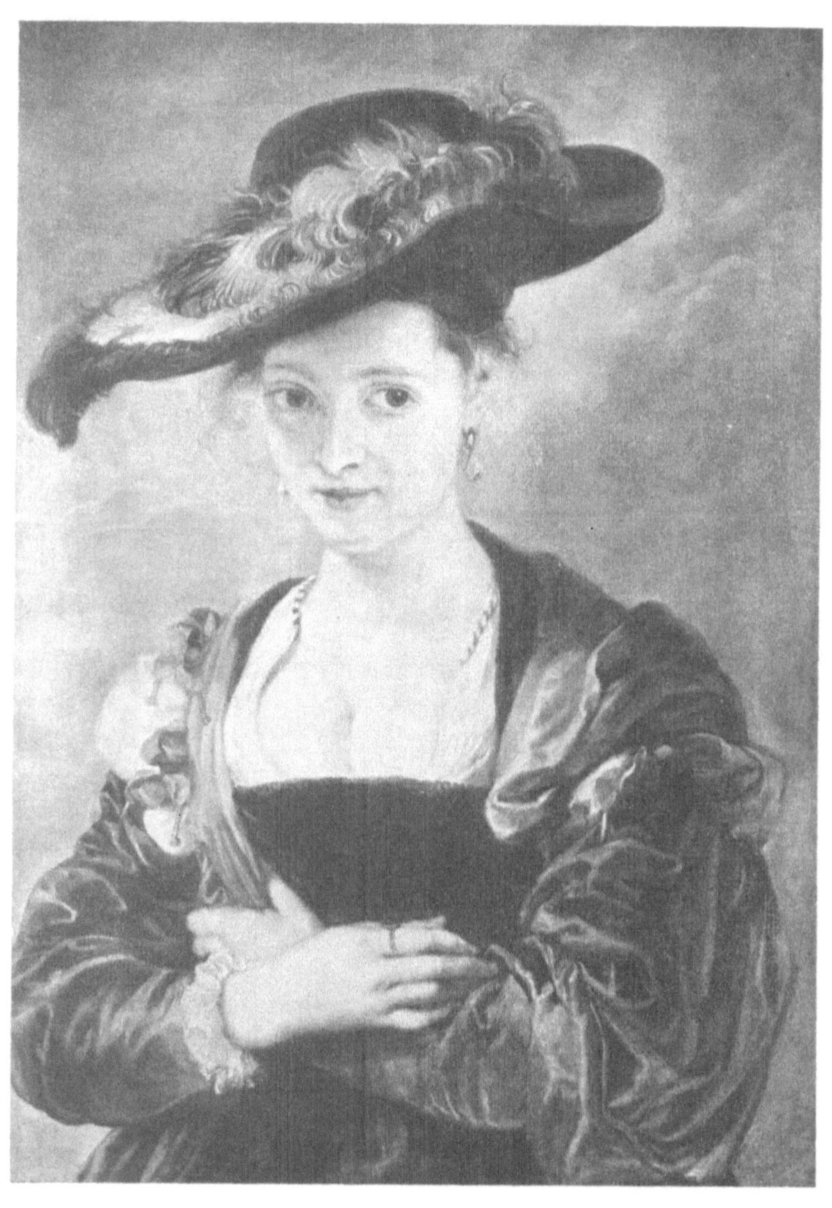

Susanna Fourment
London, National Gallery

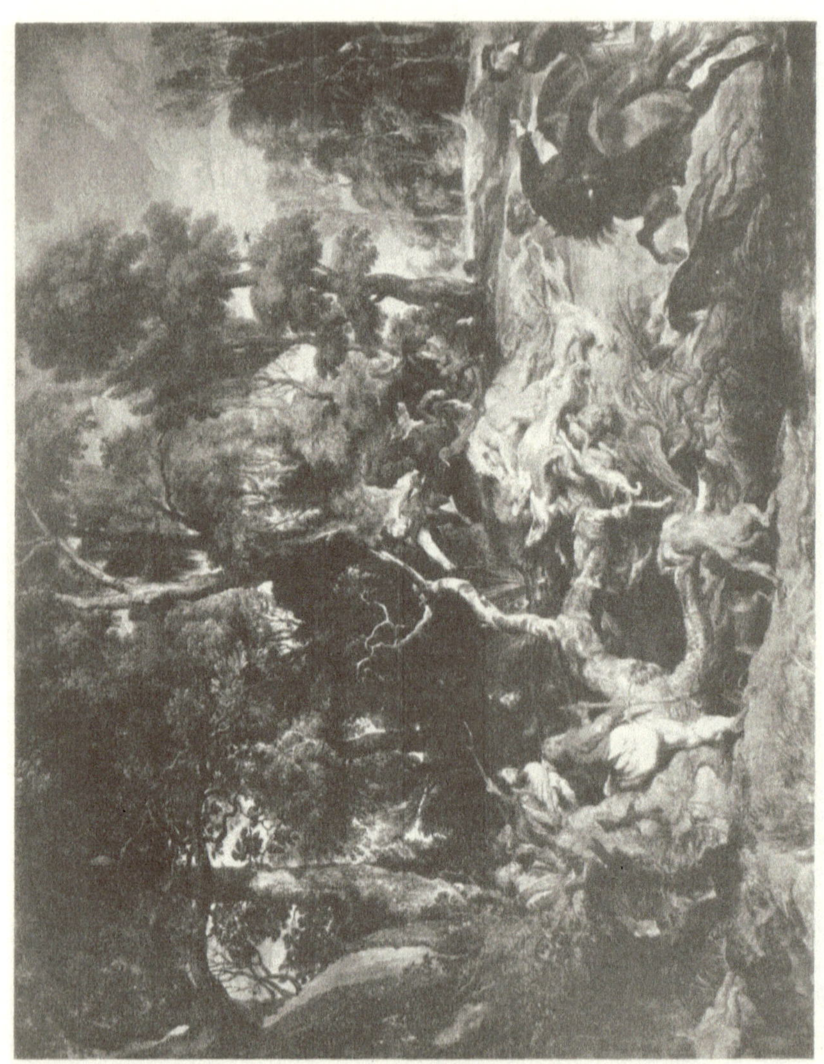

Die Wildschweinjagd
Dresden, Gemäldegalerie

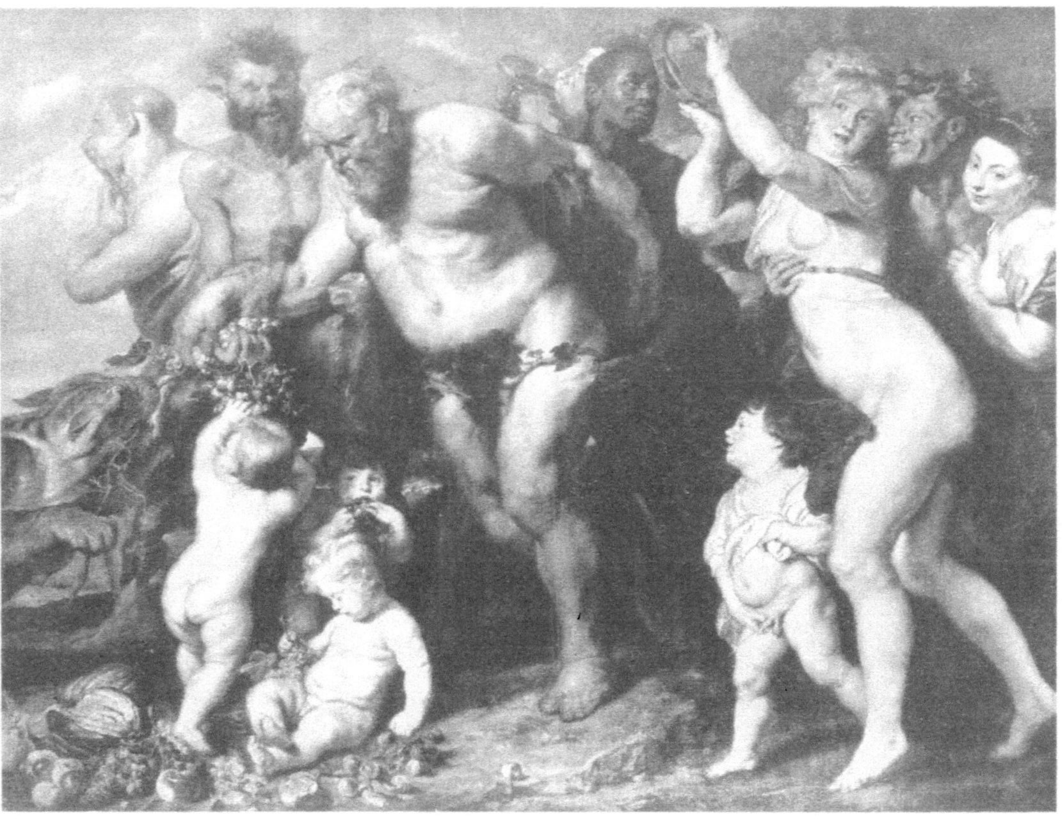

Bacchanale
Berlin, Kaiser-Friedrich-Museum

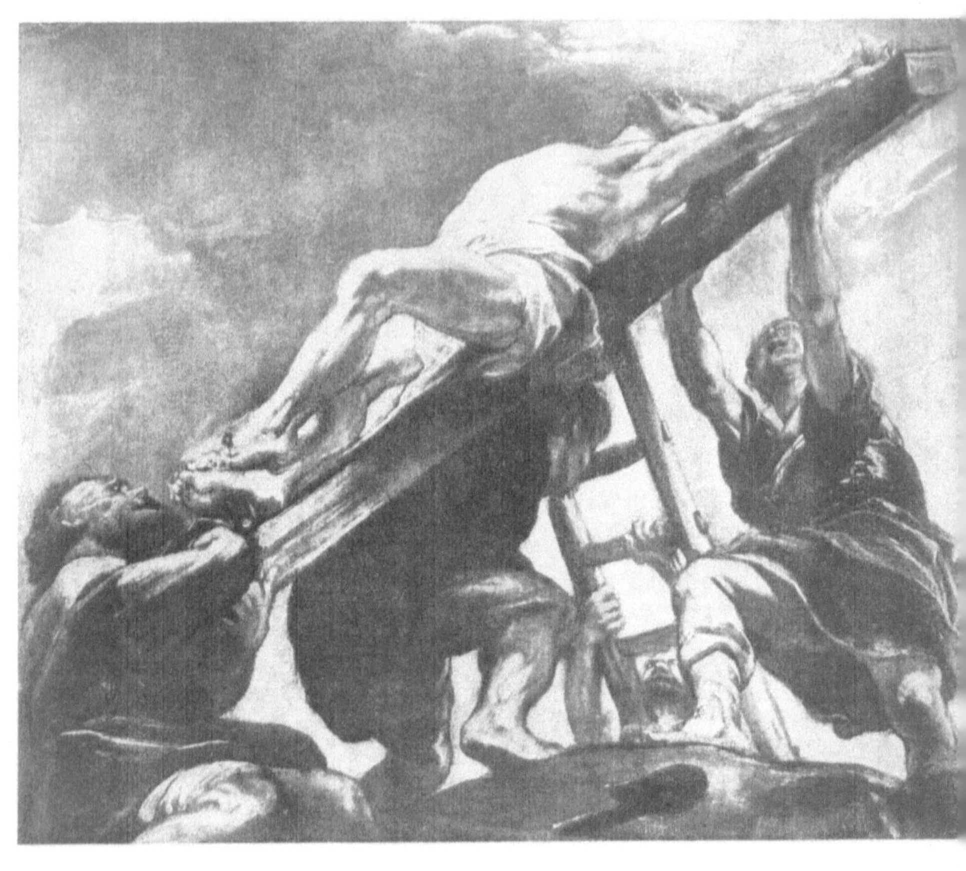

Kreuzaufrichtung
Paris, Louvre

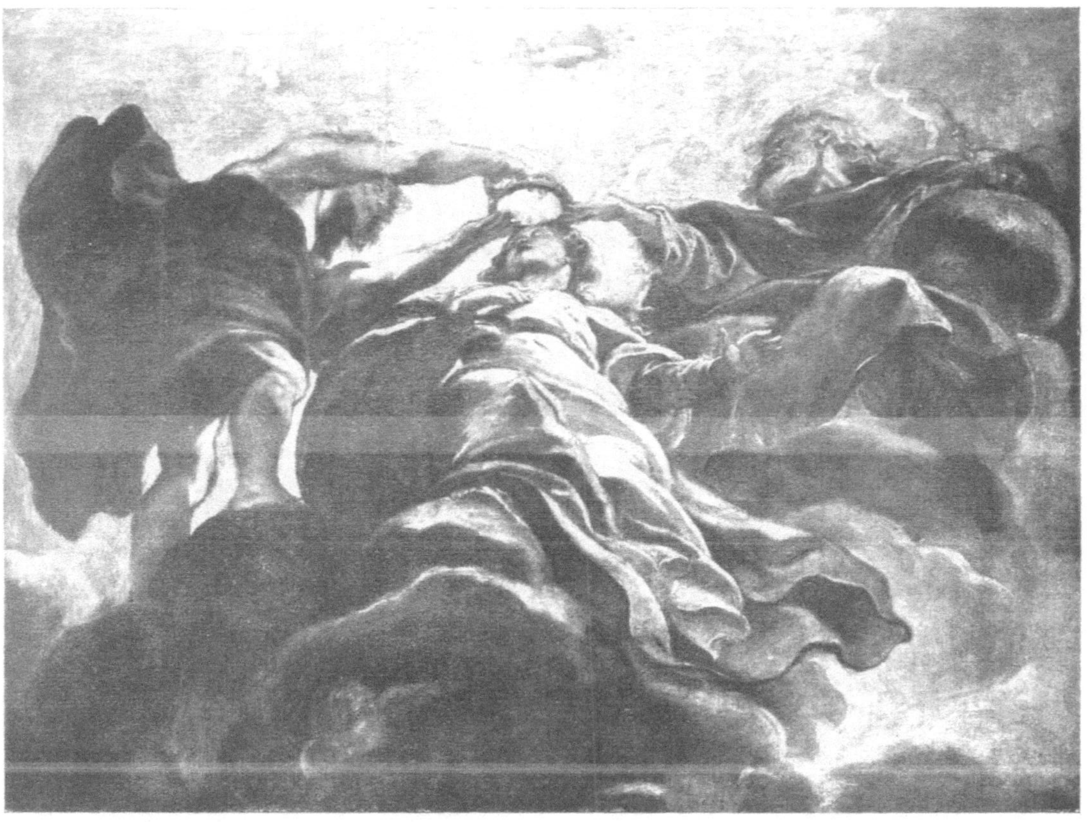

Krönung der Maria
Paris, Louvre

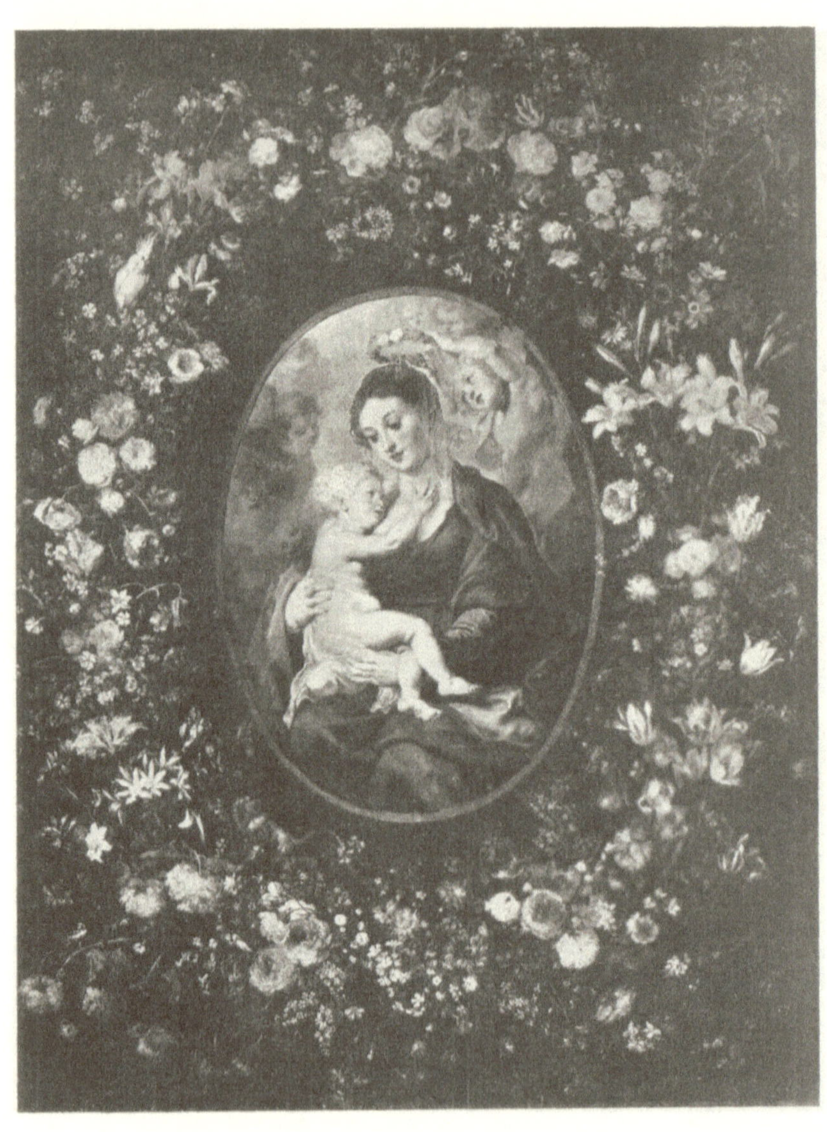

Maria mit Kind
Paris, Louvre

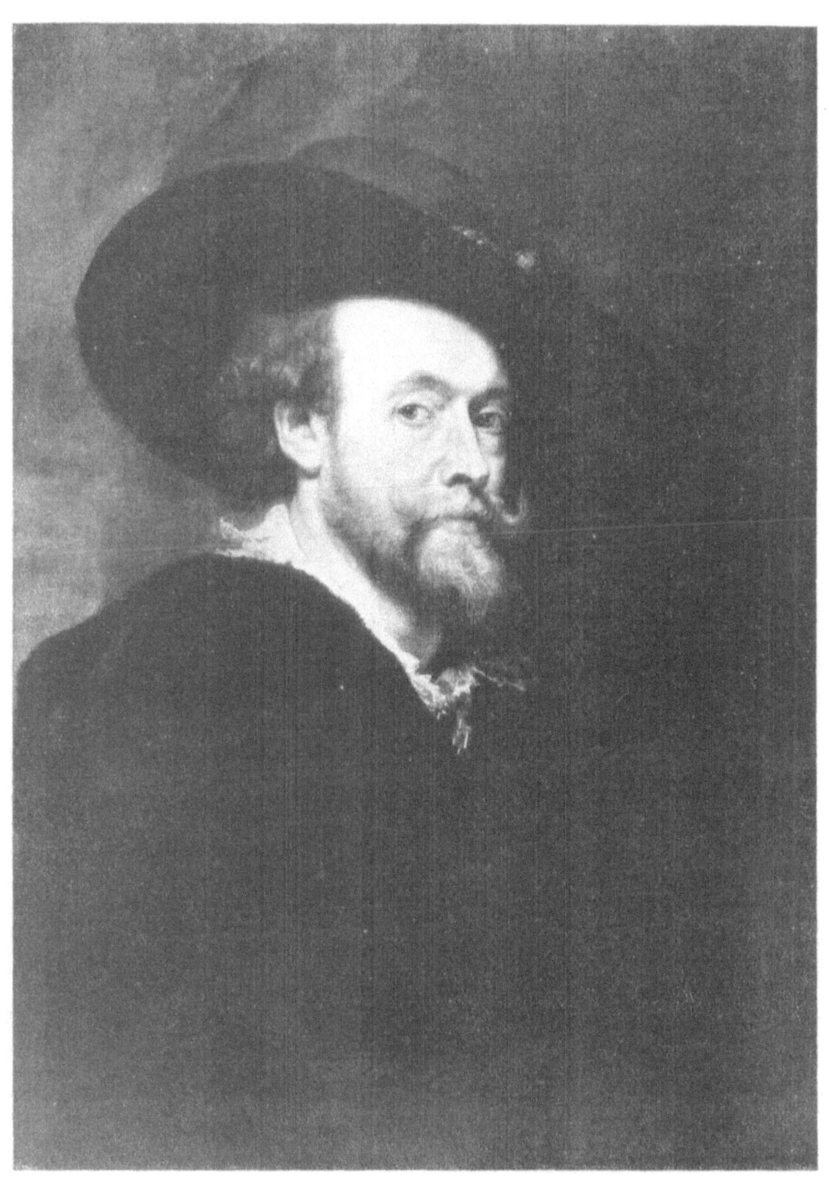

Selbstbildnis des Künstlers
Windsor Castle

209

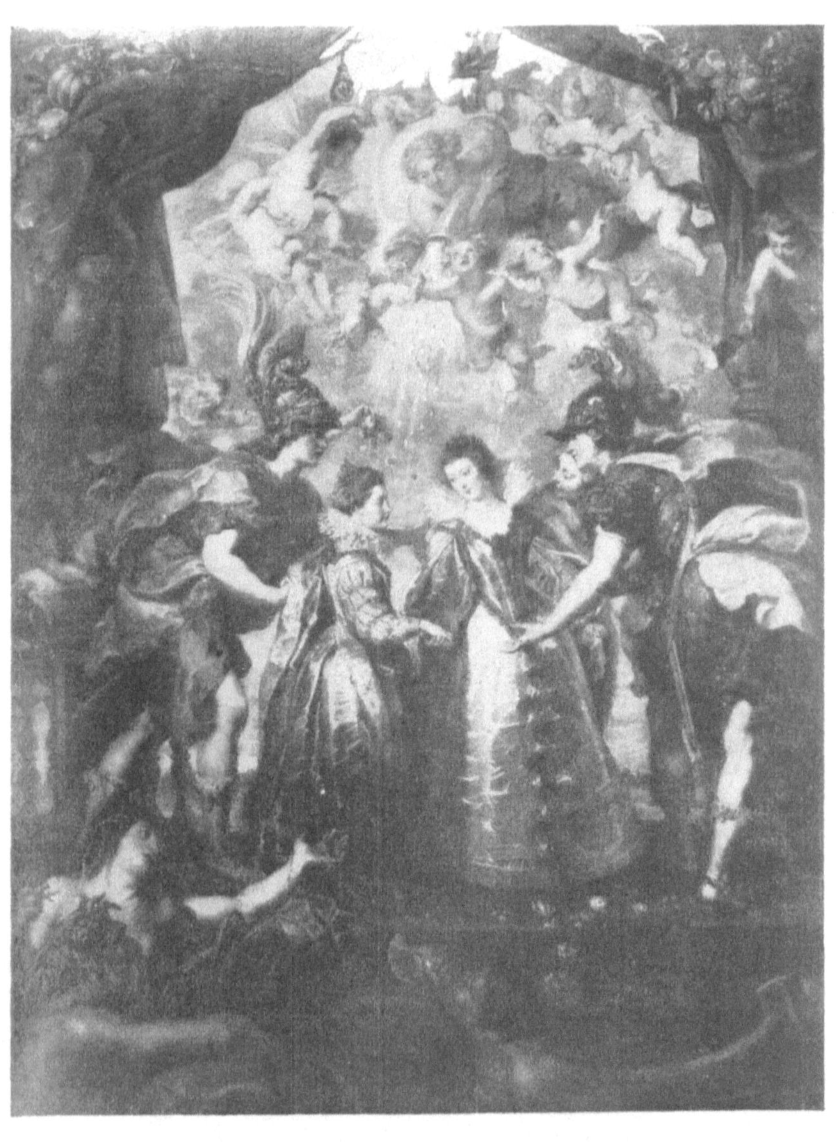

Geschichte der Maria von Medici
„Auswechslung der beiden Prinzessinnen auf dem Andaye-Flusse"
Paris, Louvre

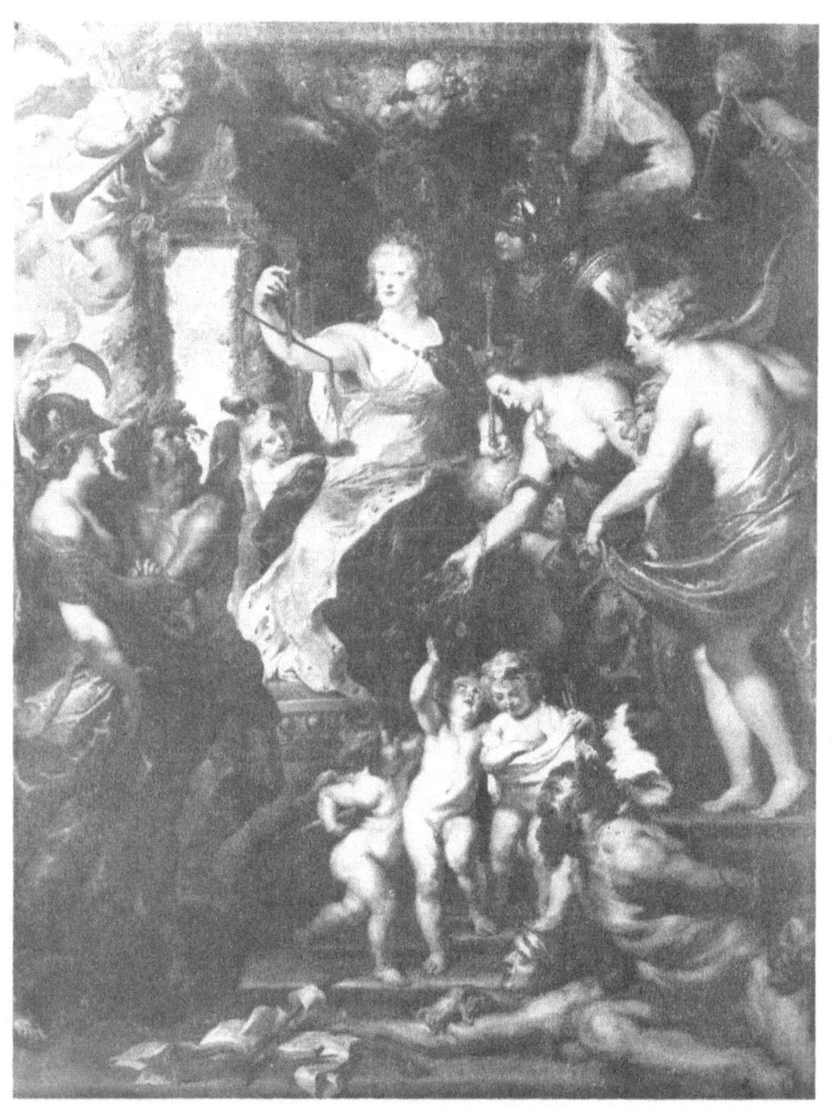

Geschichte der Maria von Medici
„Die glückliche Regierung“
Paris, Louvre

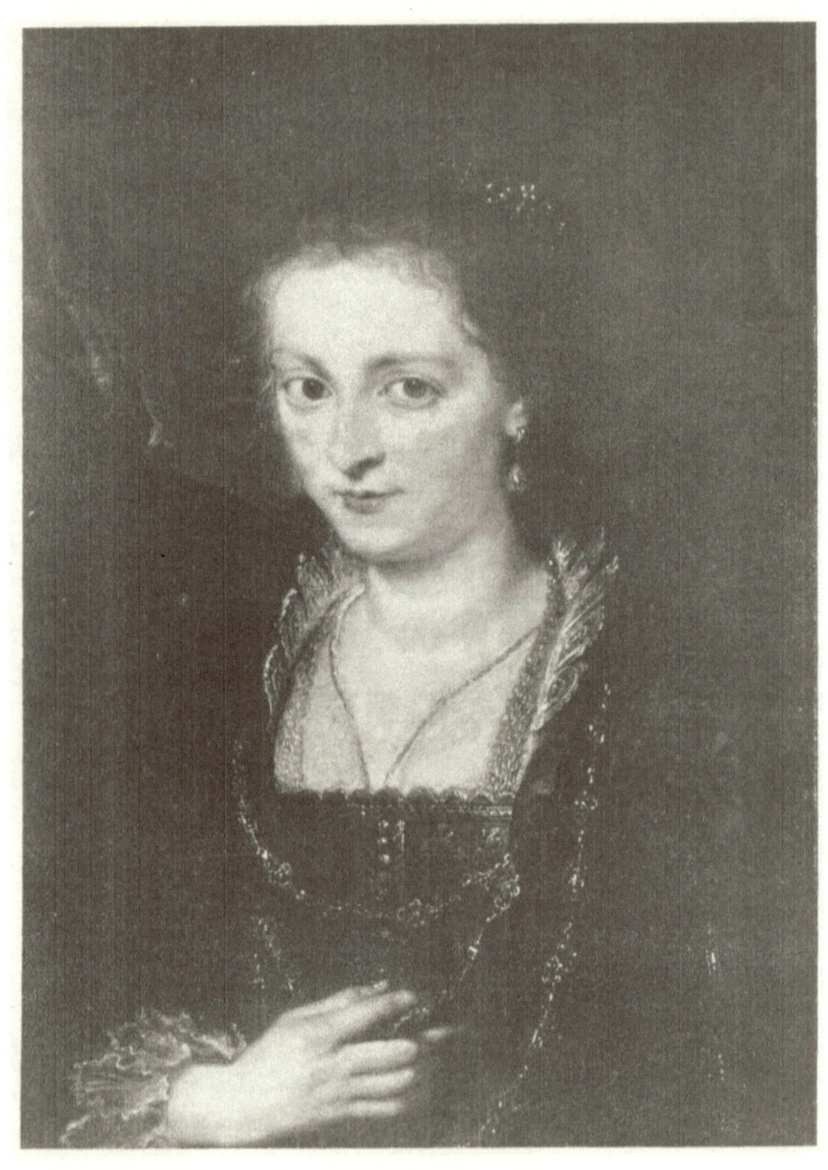

Susanna Fourment
Paris, Louvre

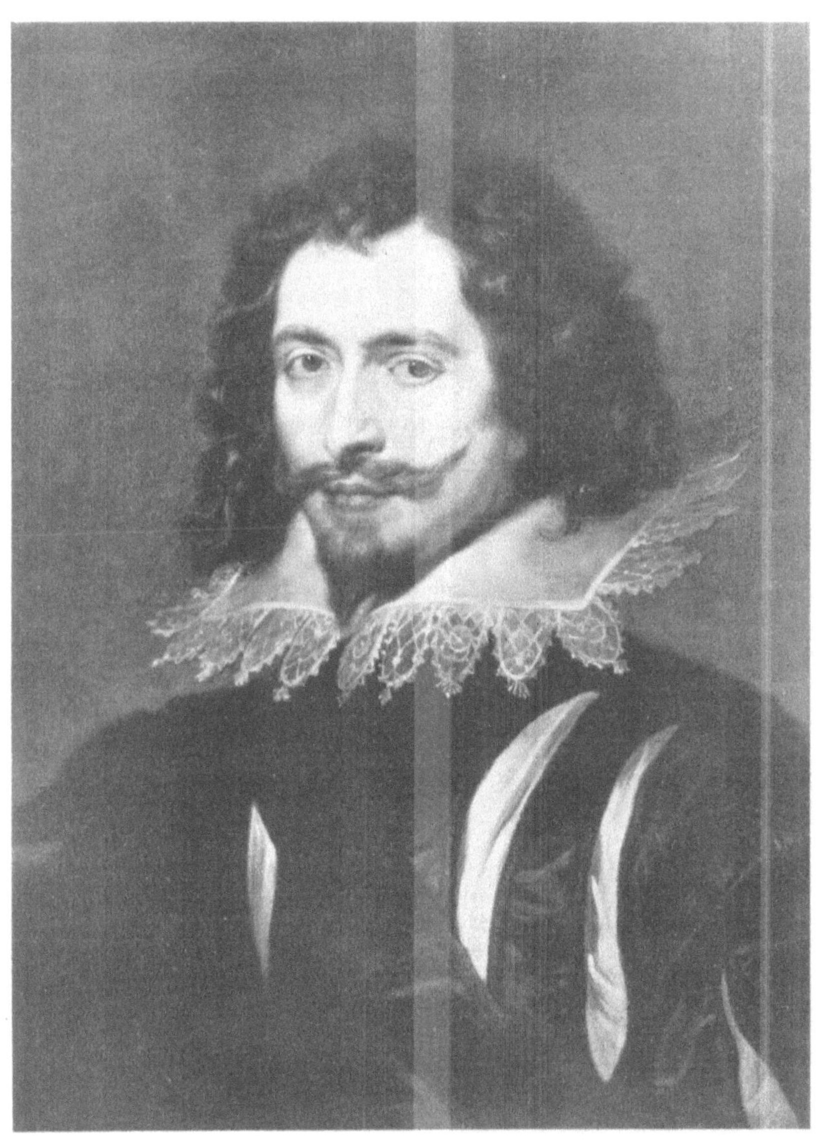

Bildnis des Herzogs von Buckingham
Florenz, Galerie Pitti

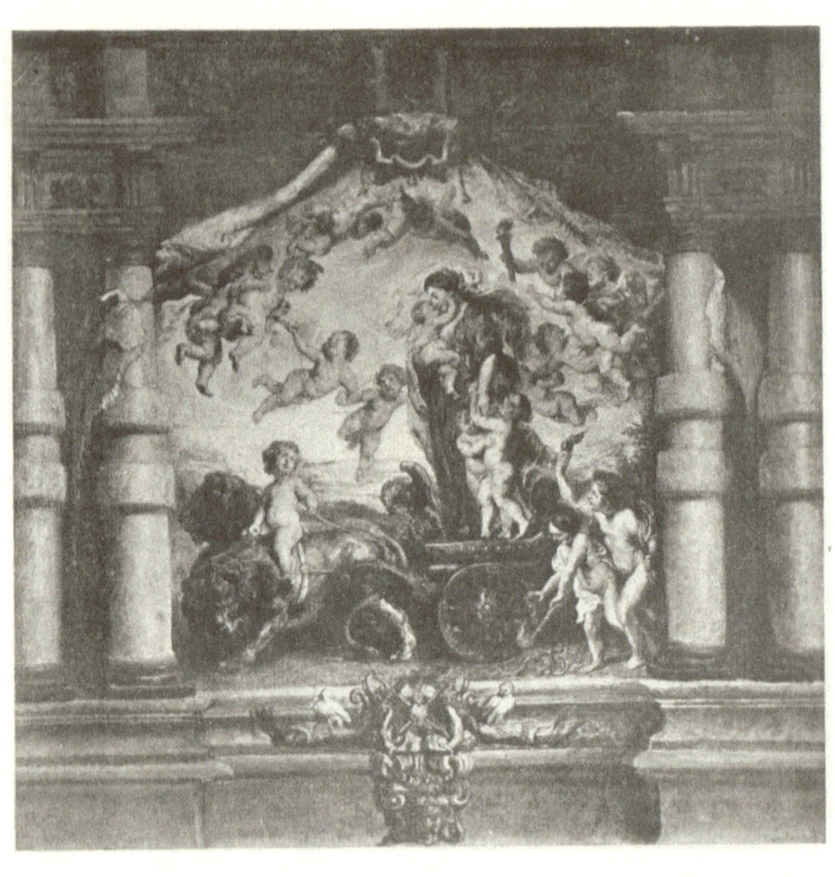

Triumph der göttlichen Liebe
Madrid, Prado

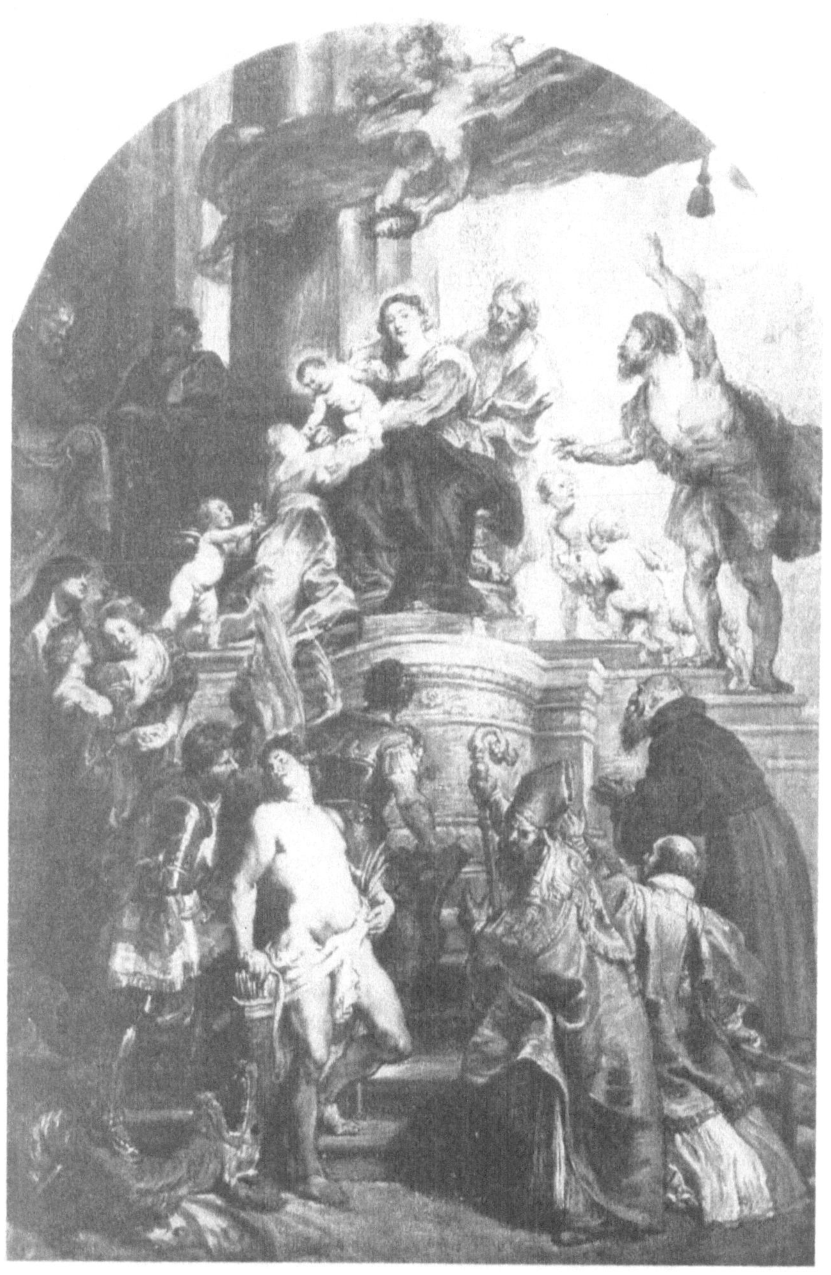

Maria mit Kind und Heilige
Leningrad, Ermitage

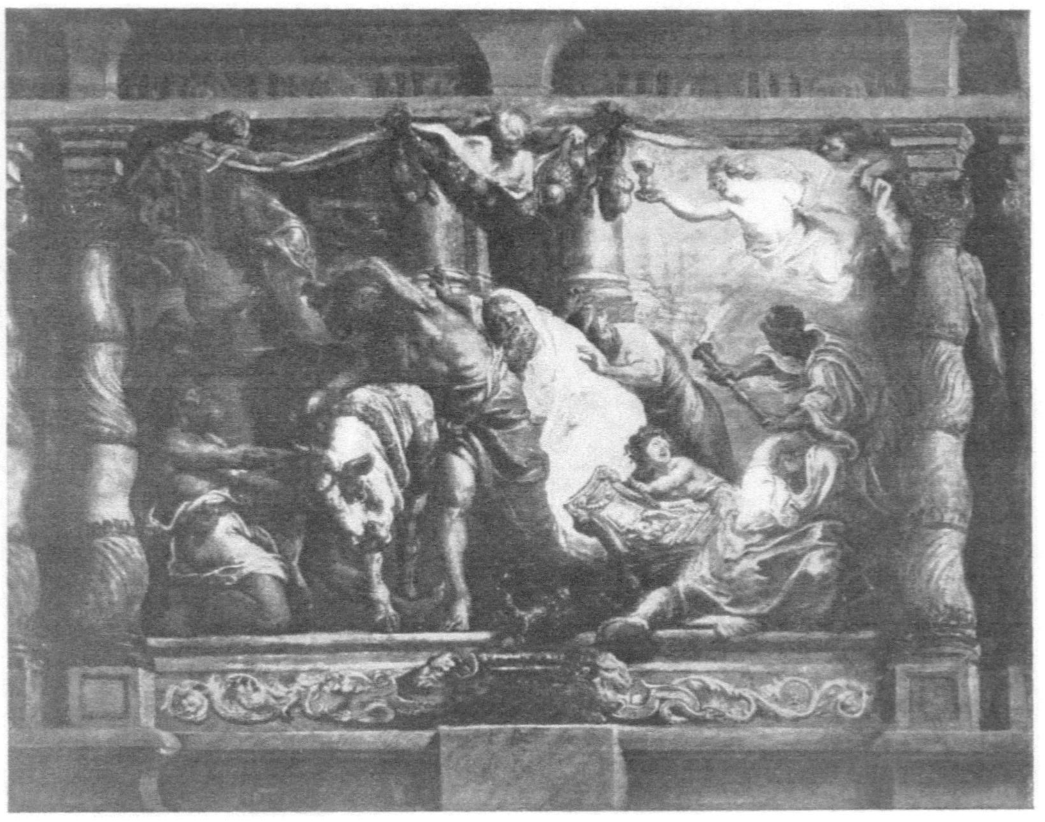

Triumph des Abendmahles über den Götzendienst
Madrid, Prado

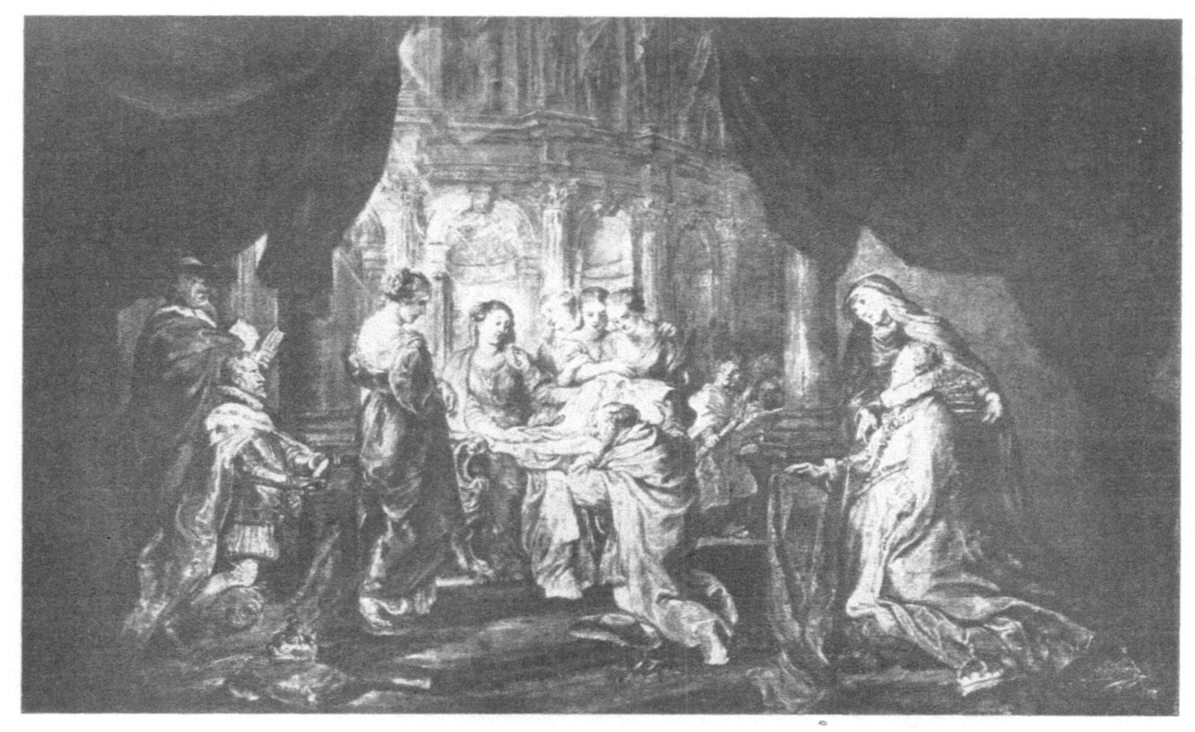

Maria gibt dem heiligen Ildefonso einen Chormantel
Leningrad, Ermitage

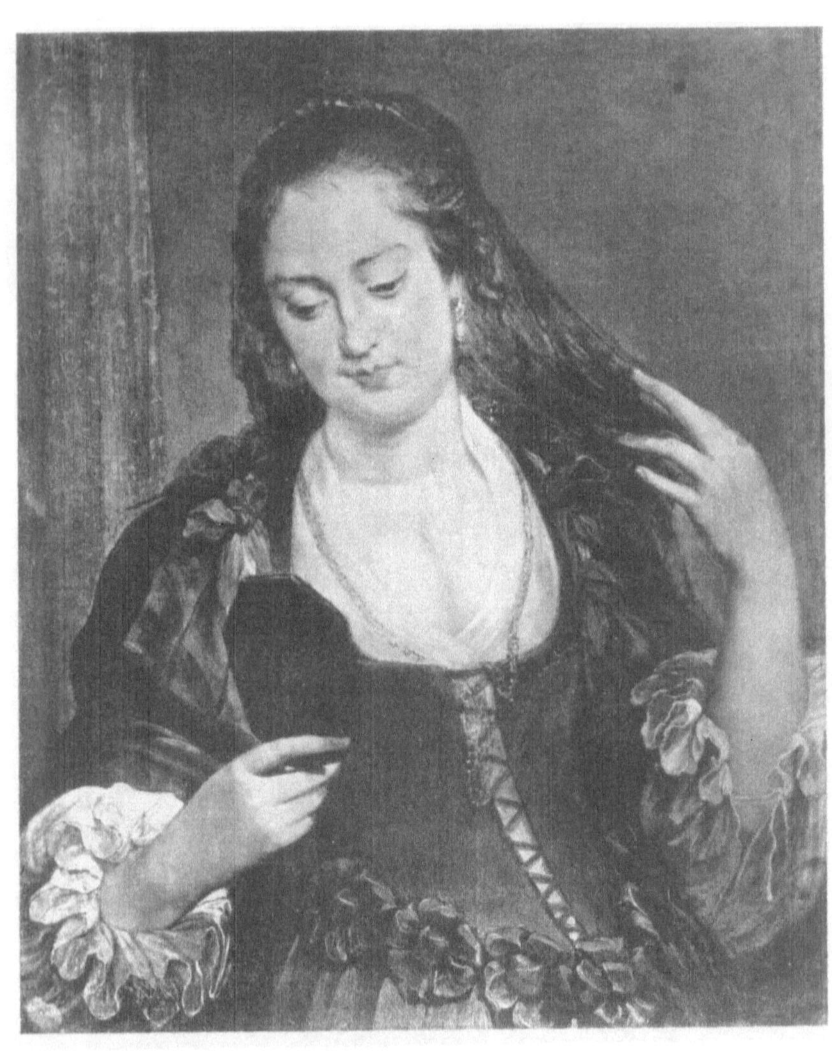

Frau mit Spiegel
Kassel, Gemäldegalerie

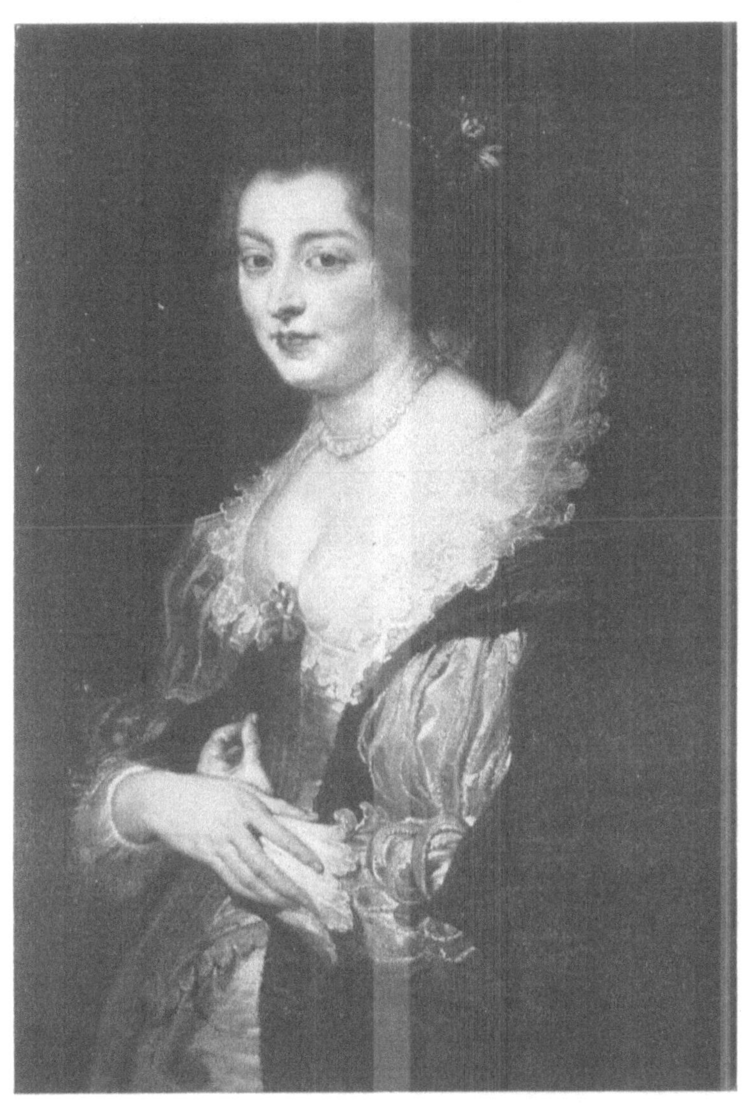

Bildnis der Helene Fourment ·
Windsor Castle

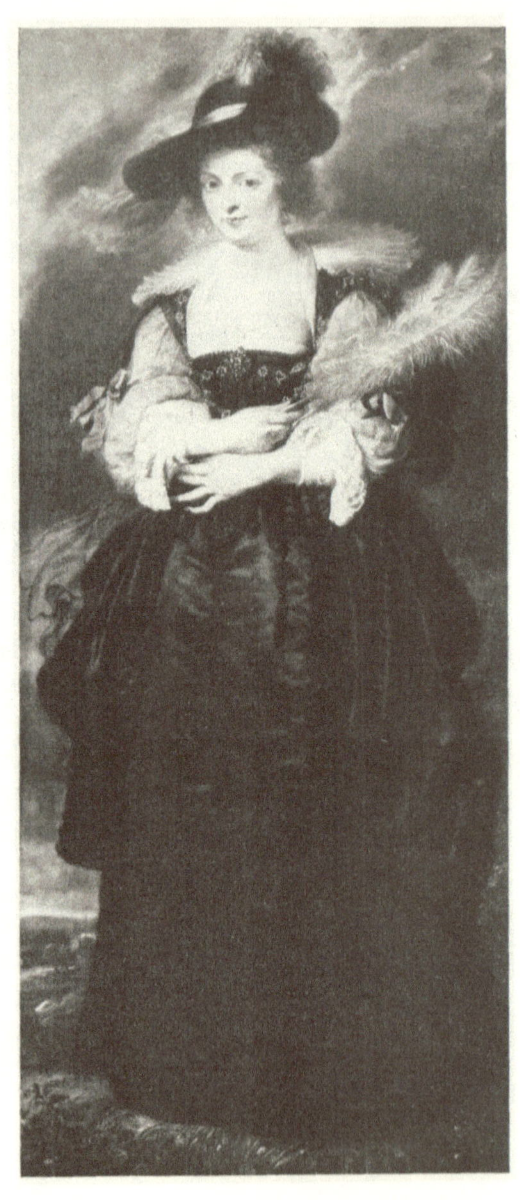

Helene Fourment
Leningrad, Ermitage

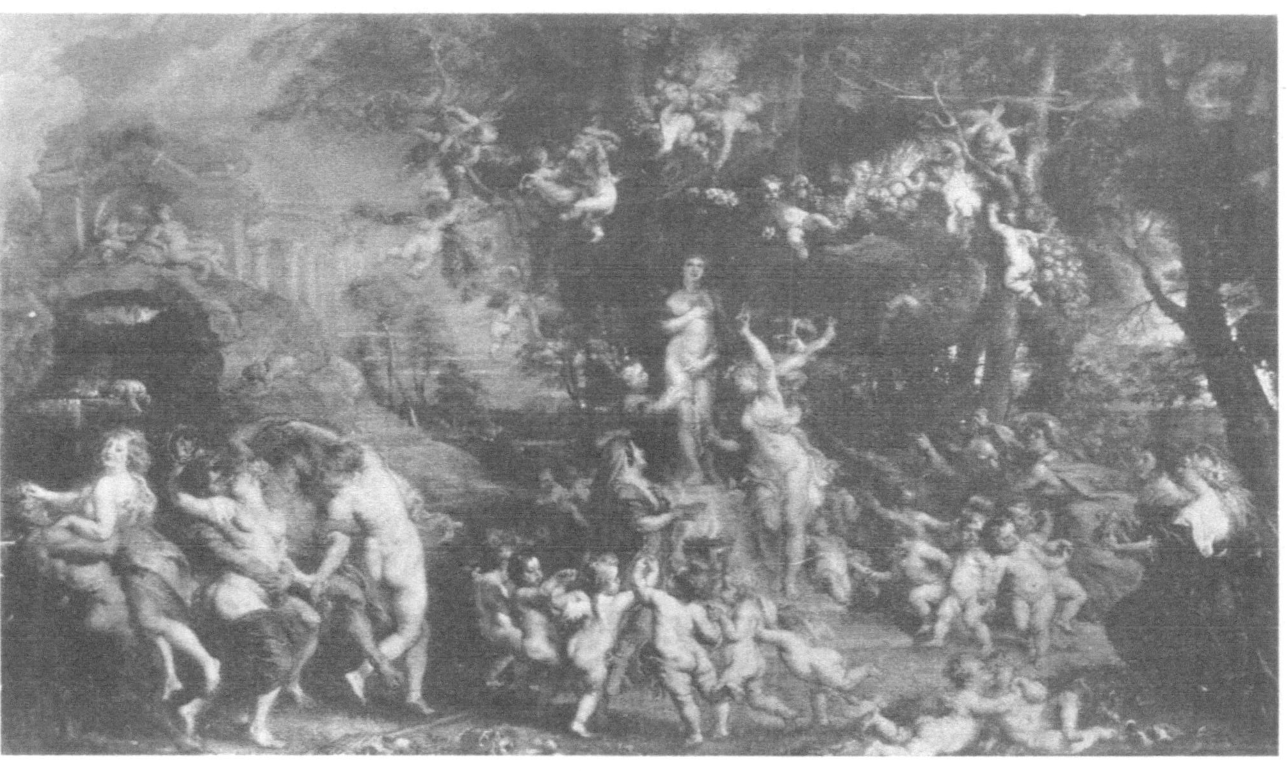

Das Venusfest
Wien, Kunsthistorisches Museum

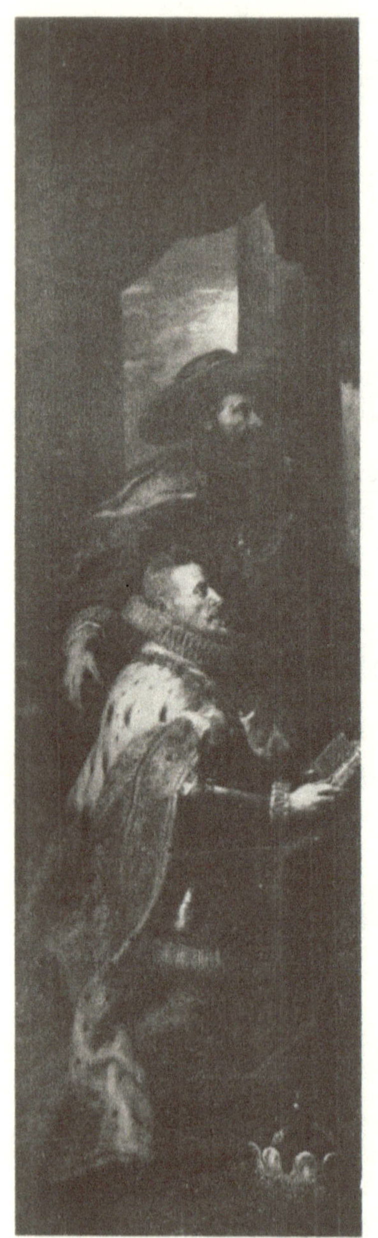
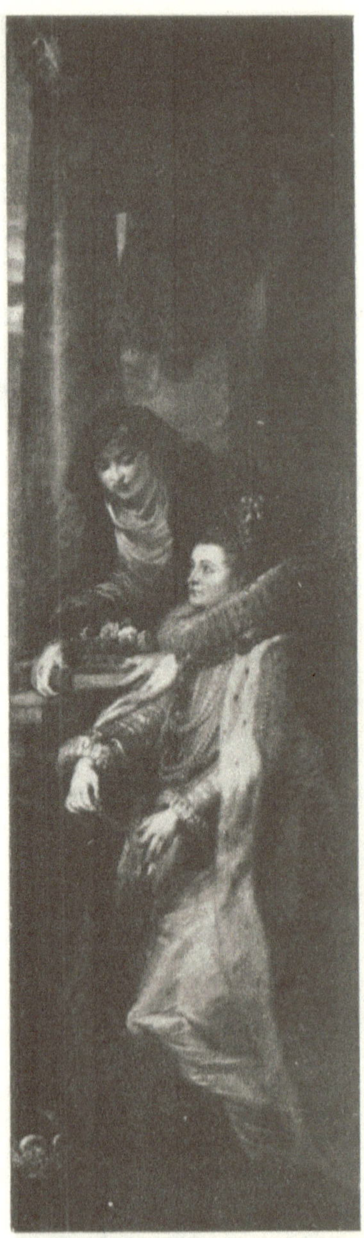

Seitenflügel des Altars des heiligen Ildefonso
Wien, Liechtenstein-Galerie

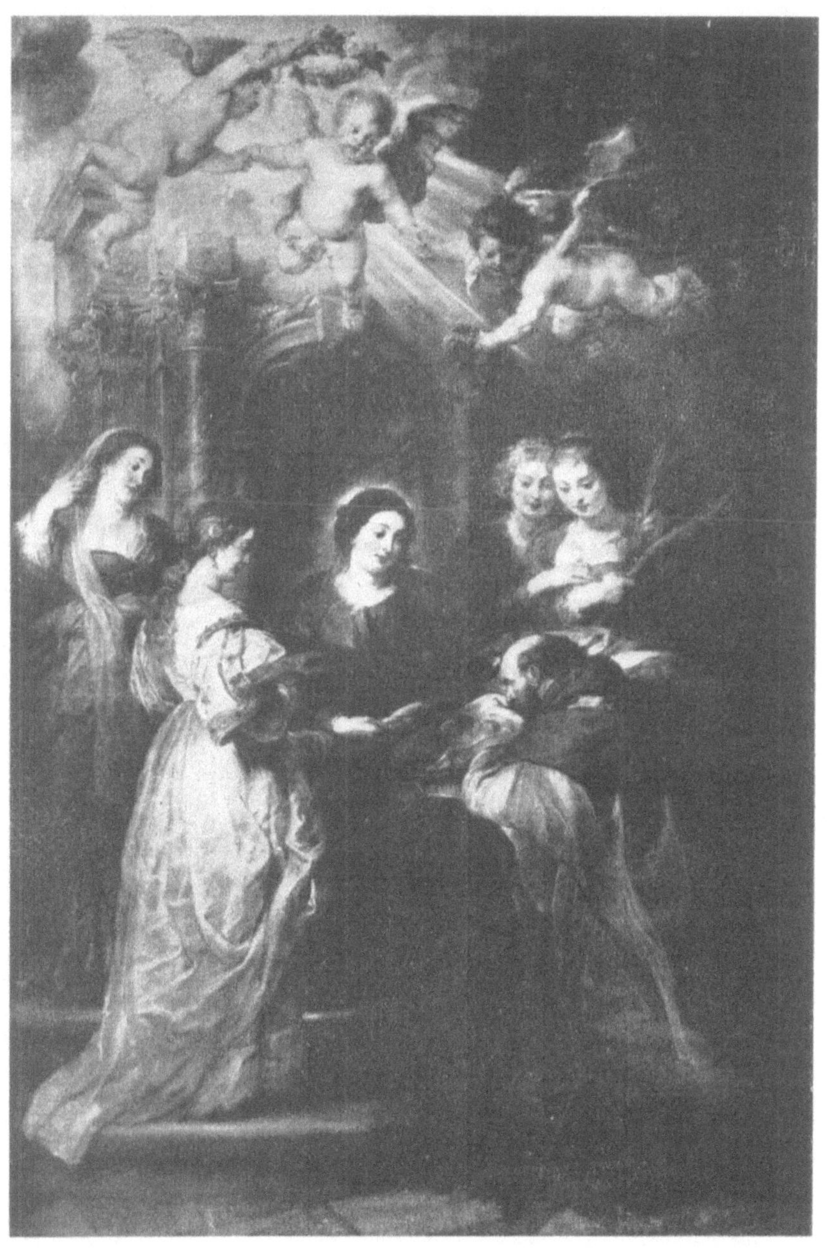

Mittelstück des Altars des heiligen Ildefonso
Wien, Kunsthistorisches Museum

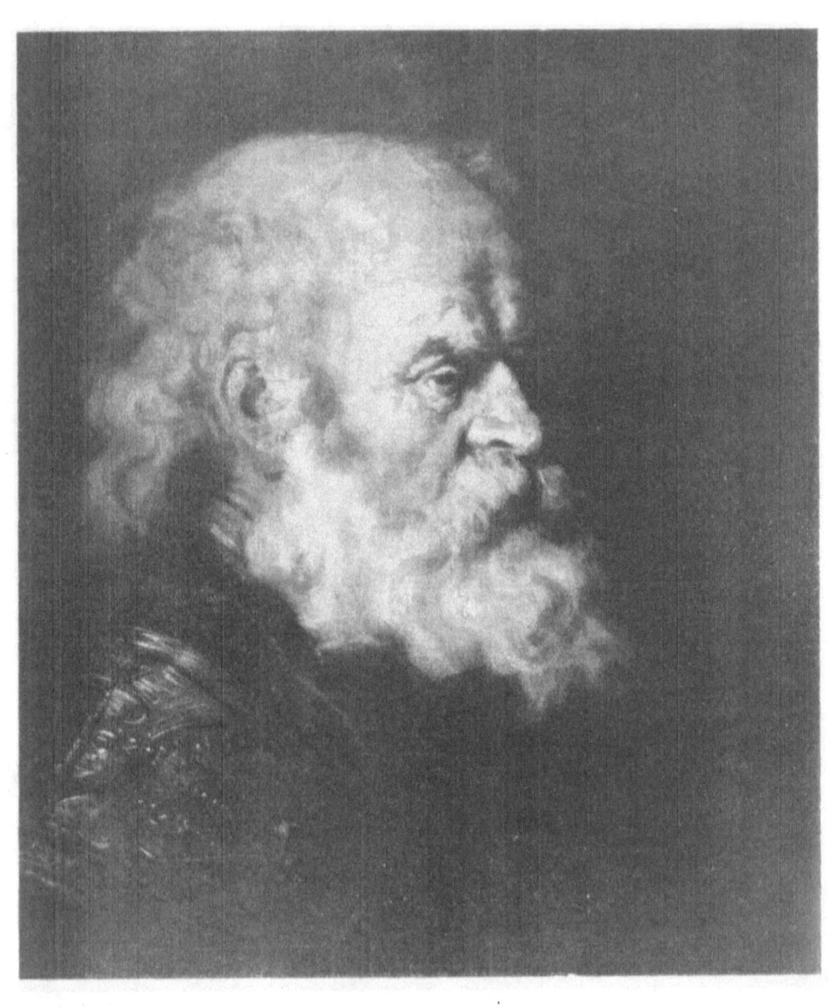

Bischofskopf
Dresden, Gemäldegalerie

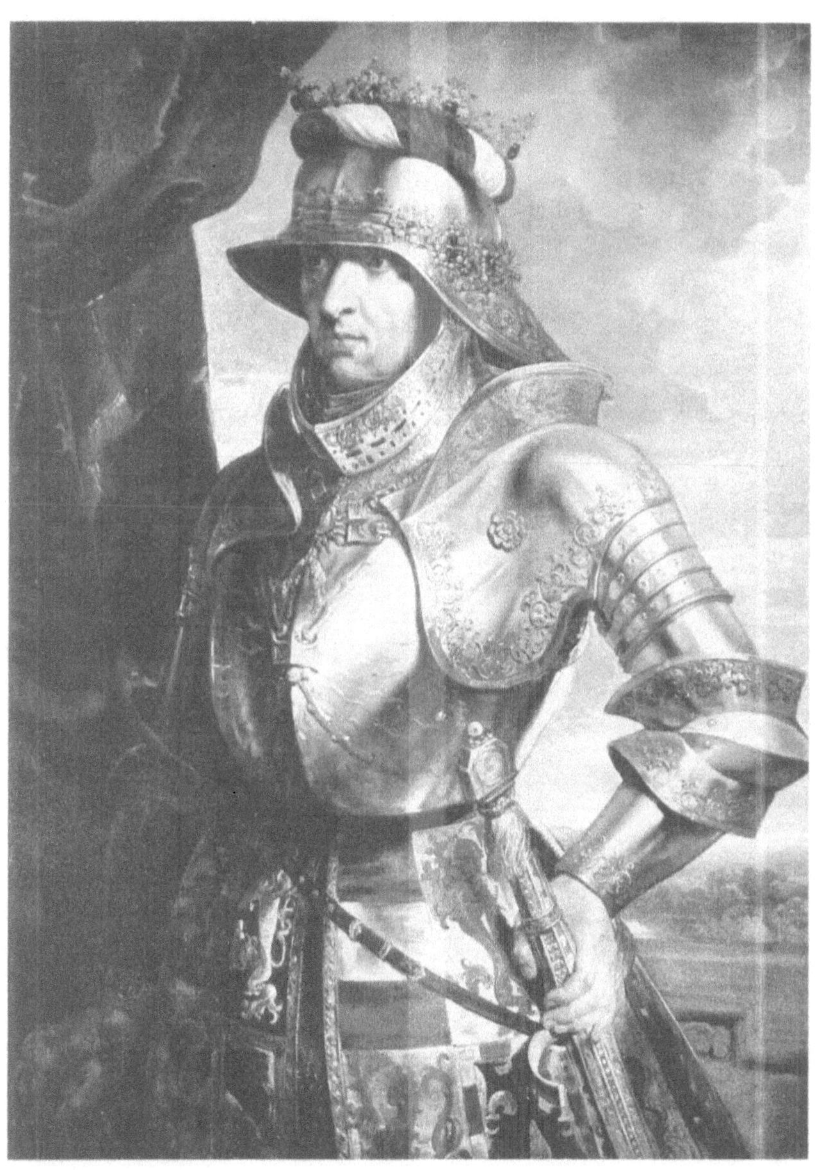

Kaiser Maximilian I.
Wien, Kunsthistorisches Museum

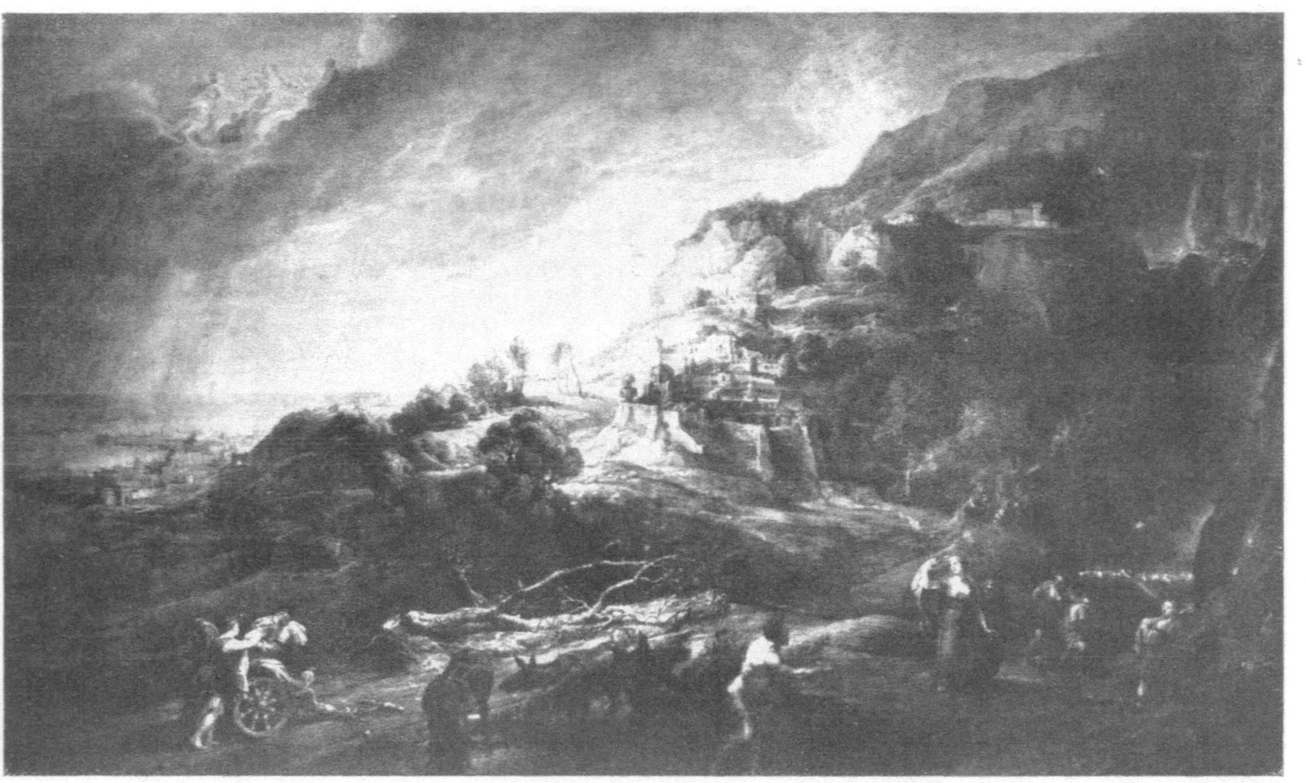

Odysseus bei den Phäaken
Florenz, Galerie Pitti

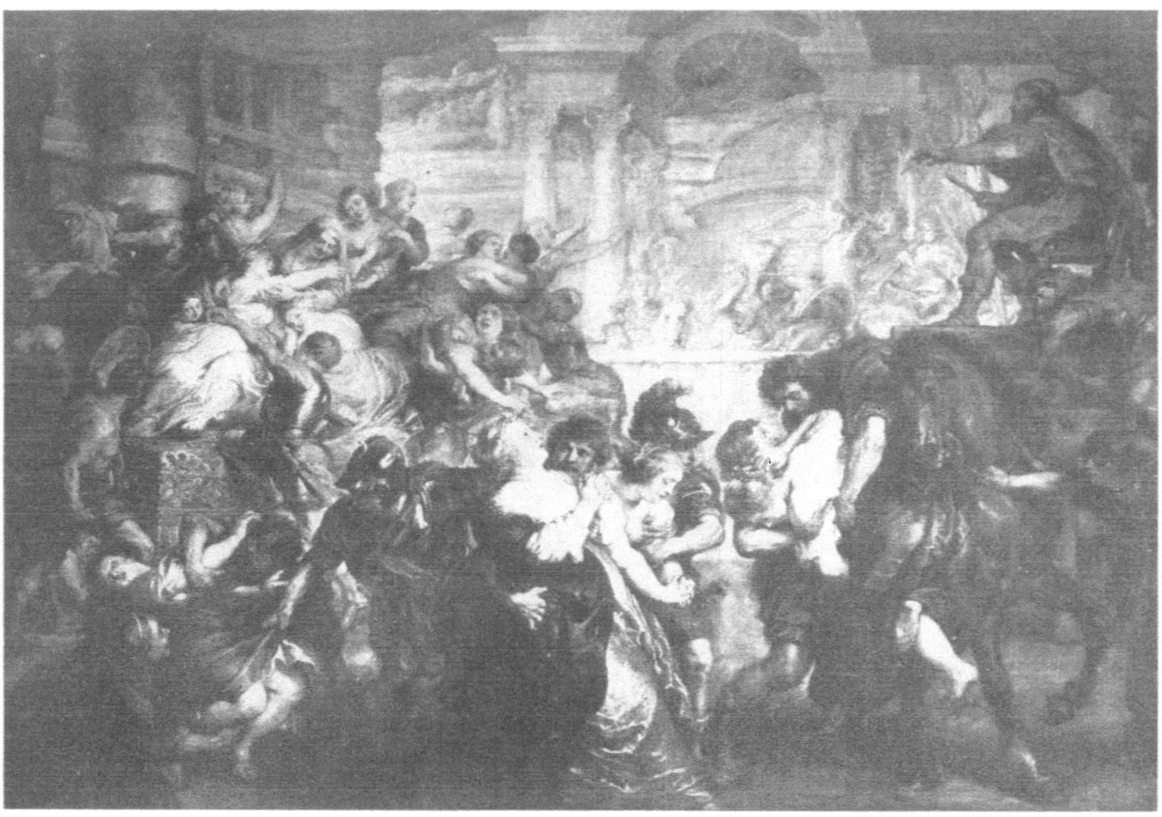

Raub der Sabinerinnen
London, National Gallery

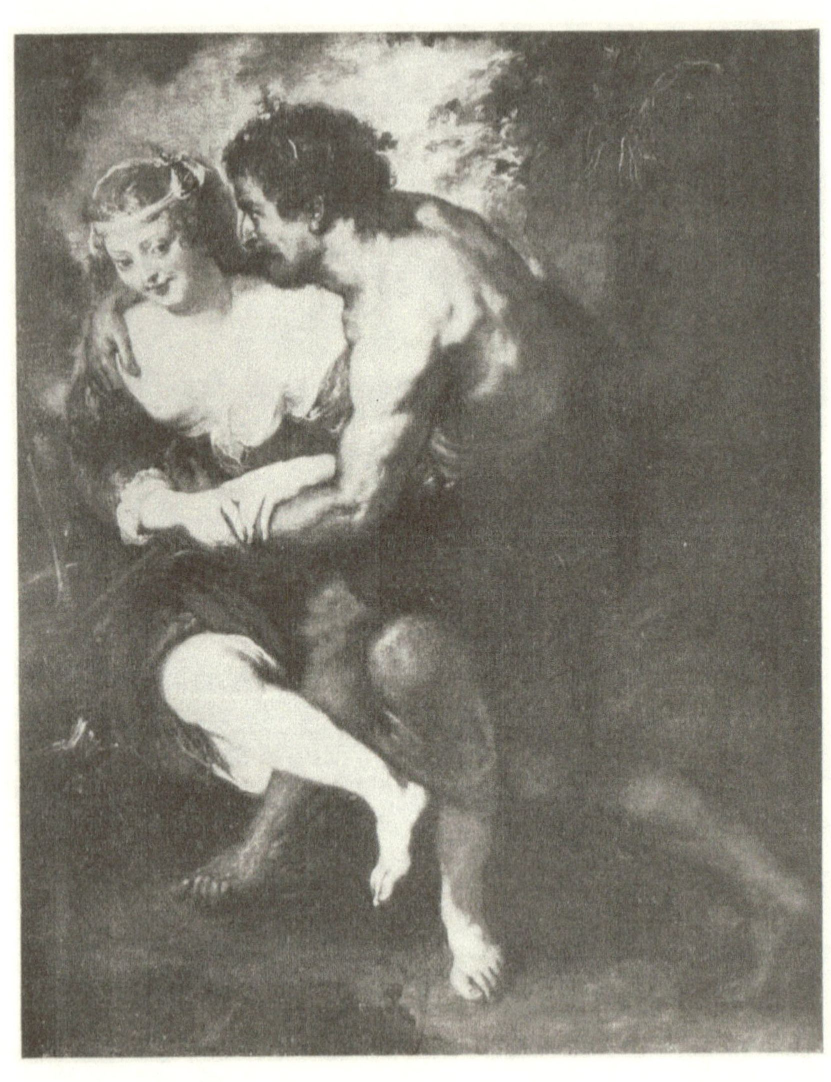

Hirte und Schäferin
Leningrad, Ermitage

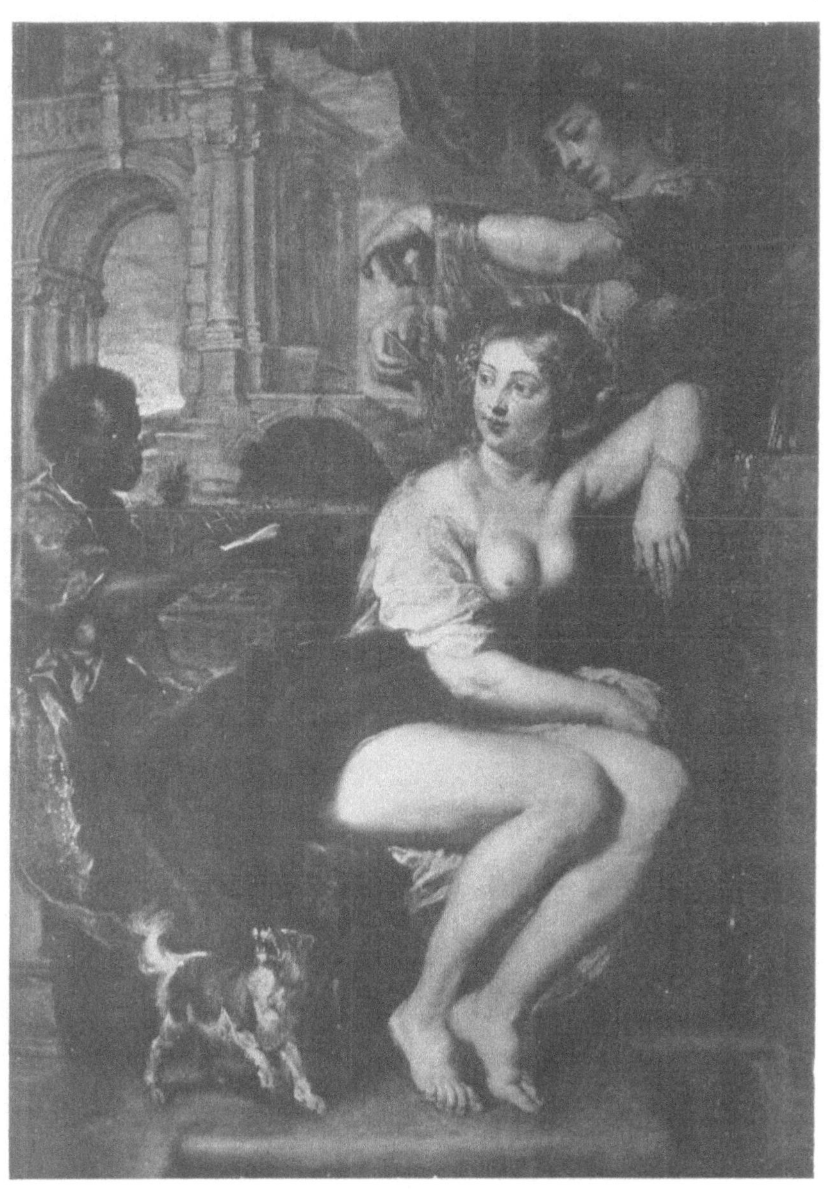

Bathseba am Brunnen
Dresden. Gemäldegalerie

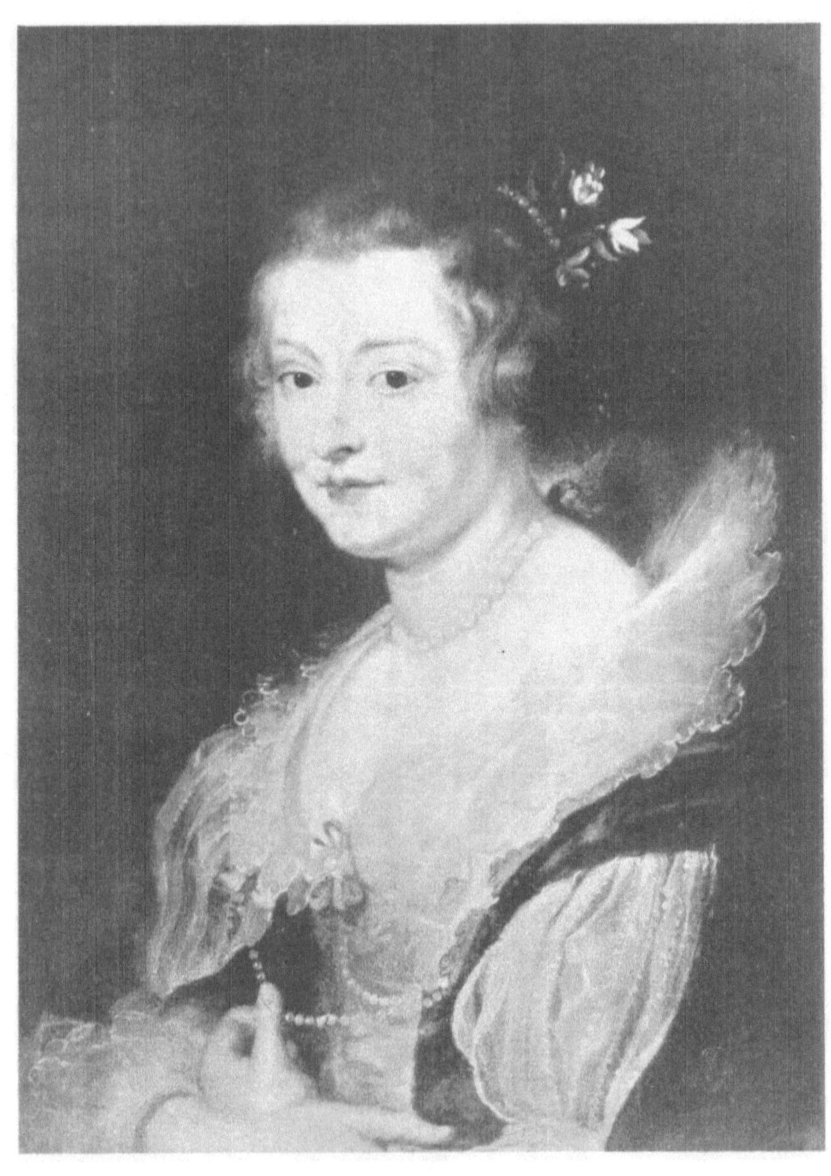

Bildnis der Helene Fourment
Florenz, Uffizien

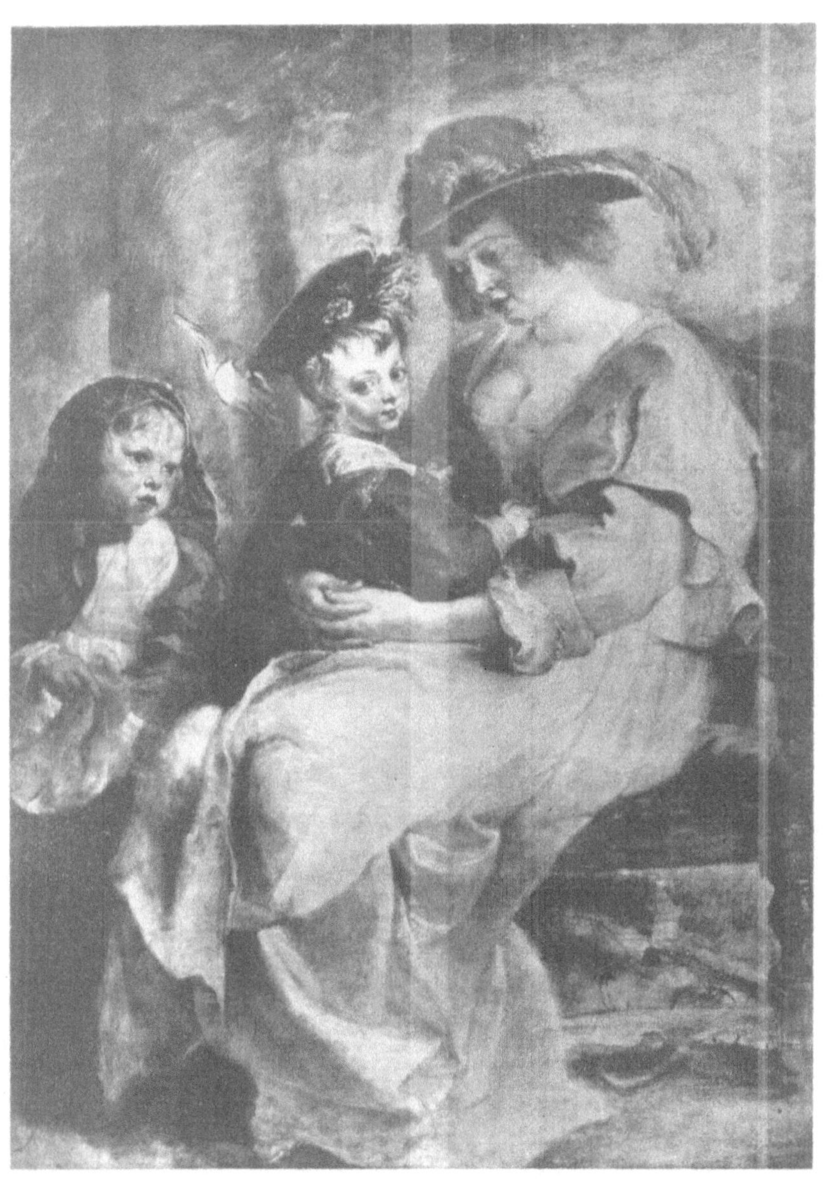

Familie des Künstlers
Paris, Louvre

231

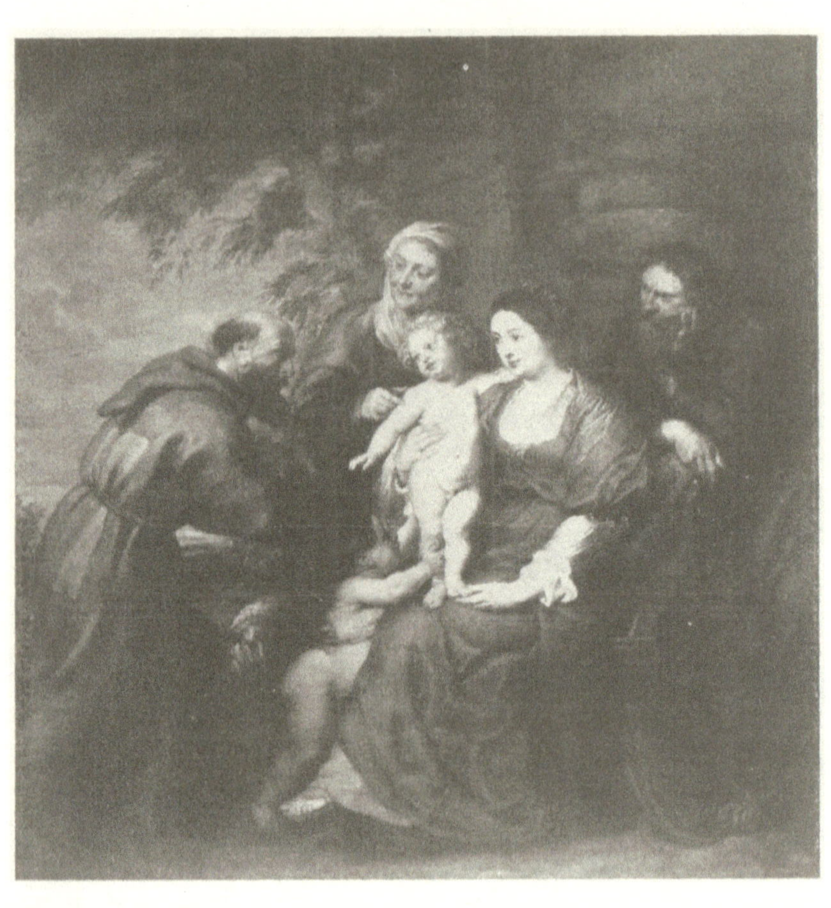

Heilige Familie und der heilige Franz
Windsor Castle

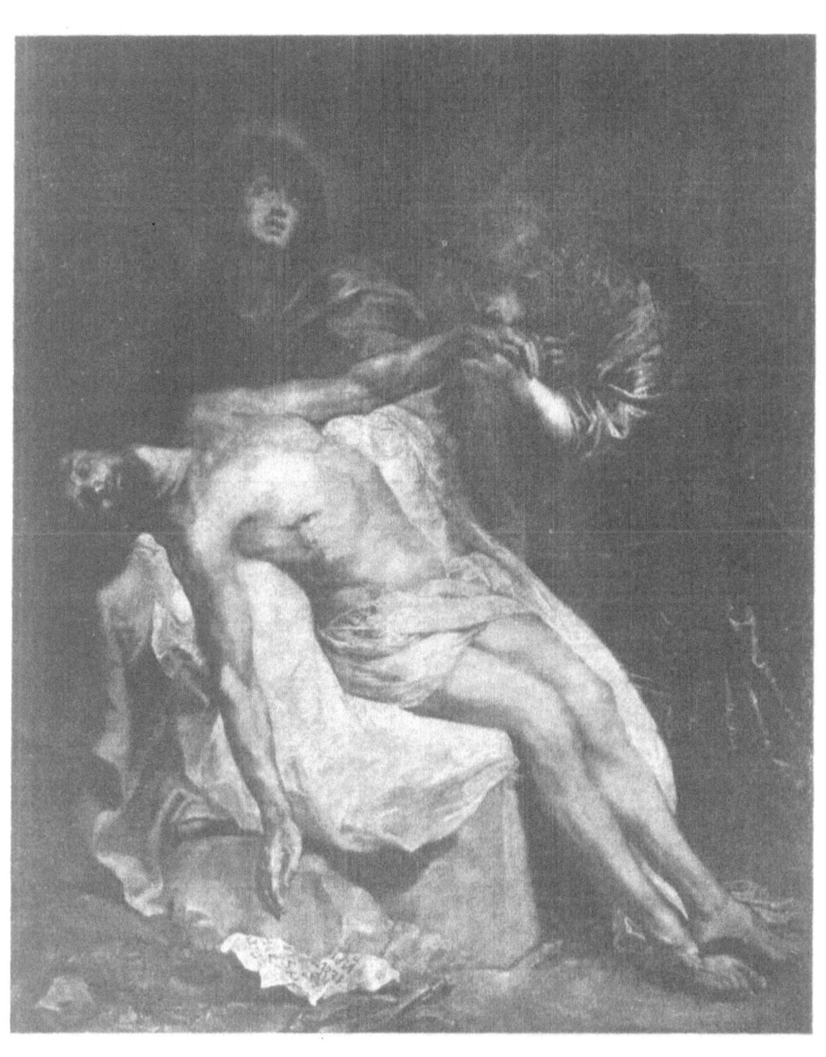

Der tote Christus
Madrid, Prado

233

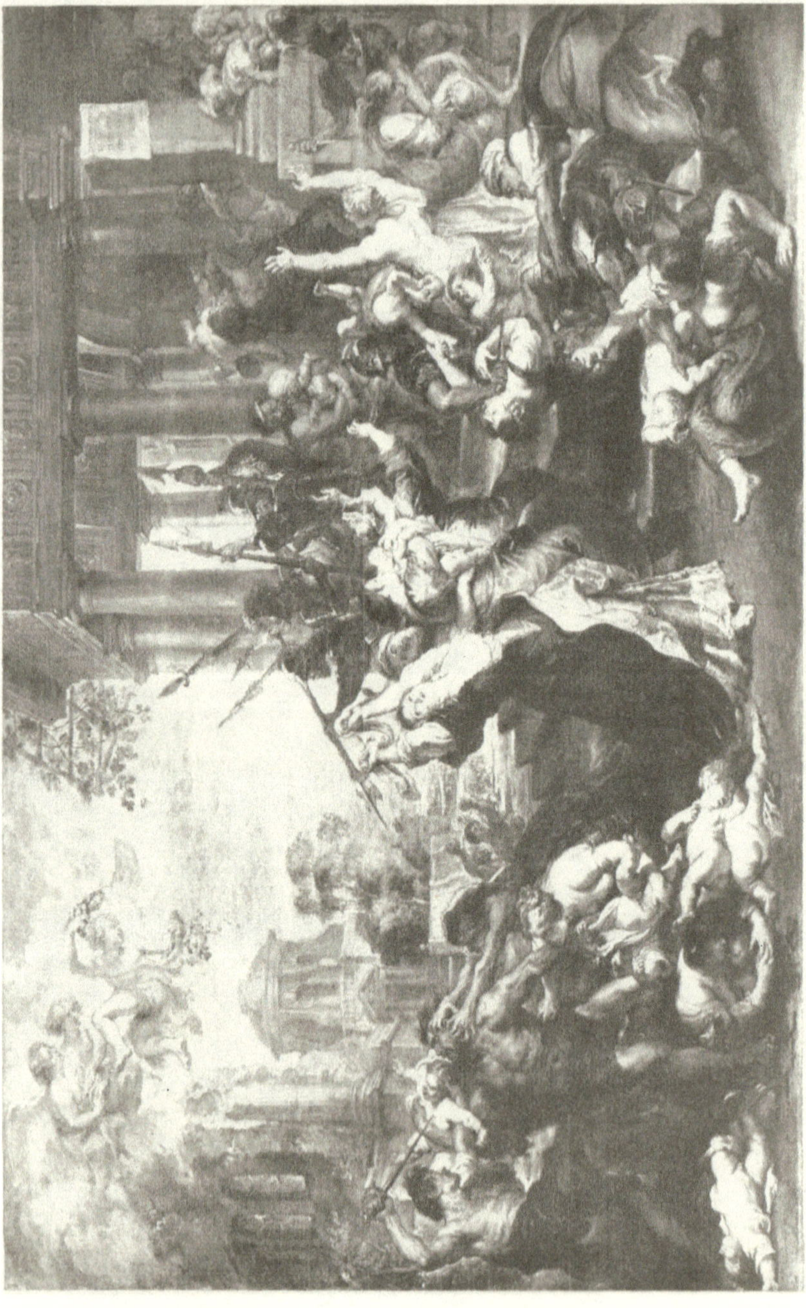

Der Kindermord zu Bethlehem

München, Alte Pinakothek. Nach Originalaufnahme von Hanfstaengl, München

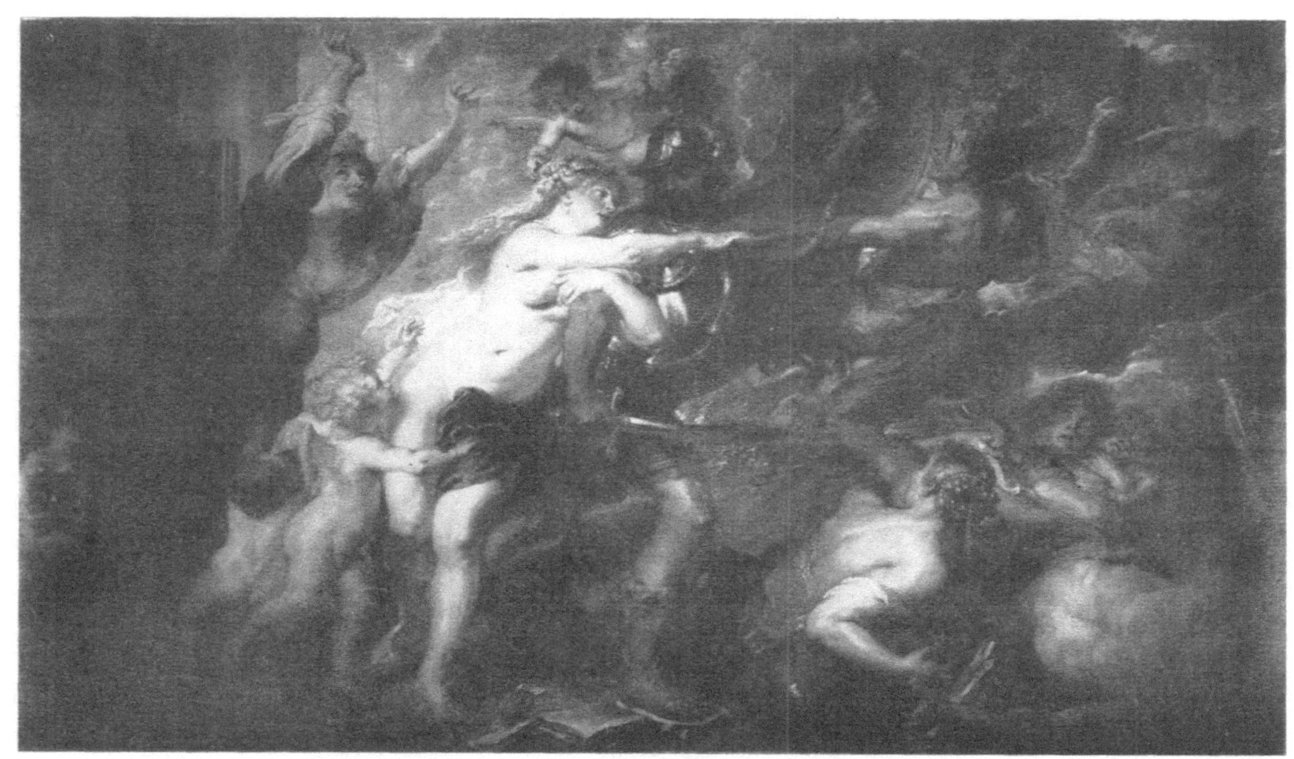

Die Folgen des Krieges

Florenz, Galerie Pitti. Nach Originalaufnahme von Franz Hanfstaengl, München

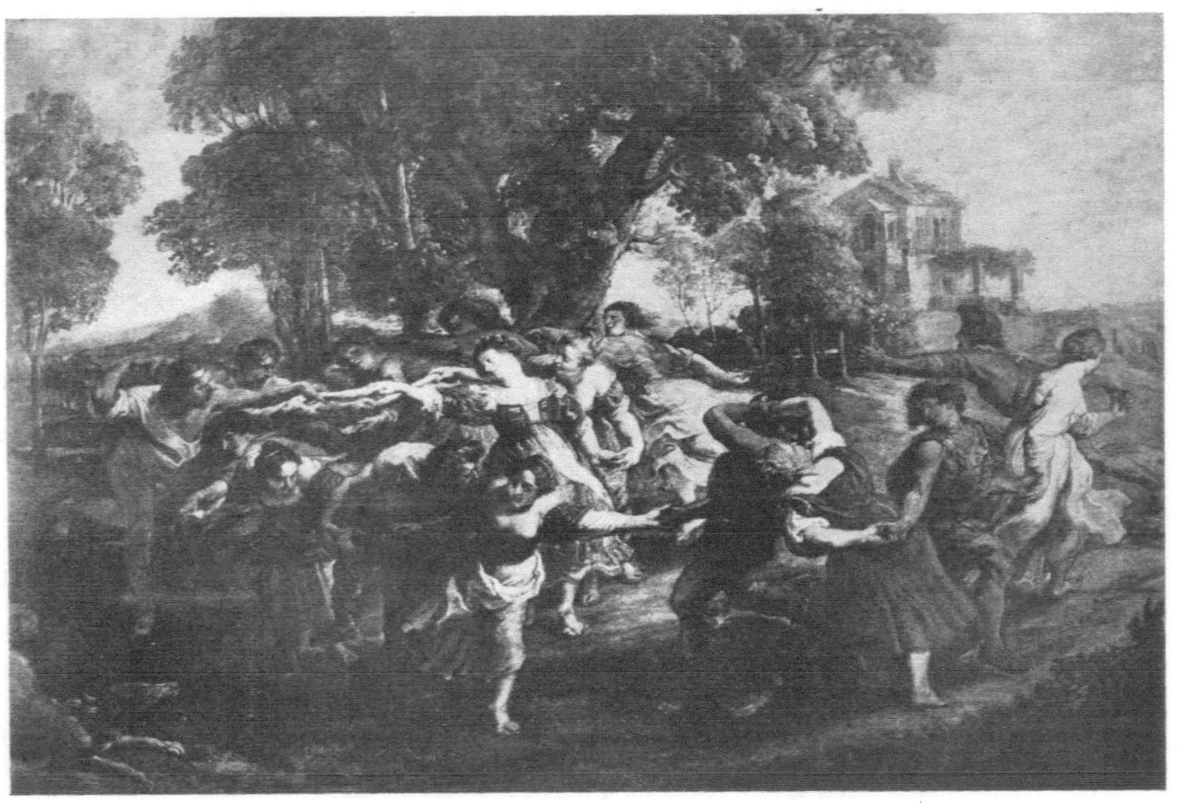

Bauerntanz
Madrid, Prado

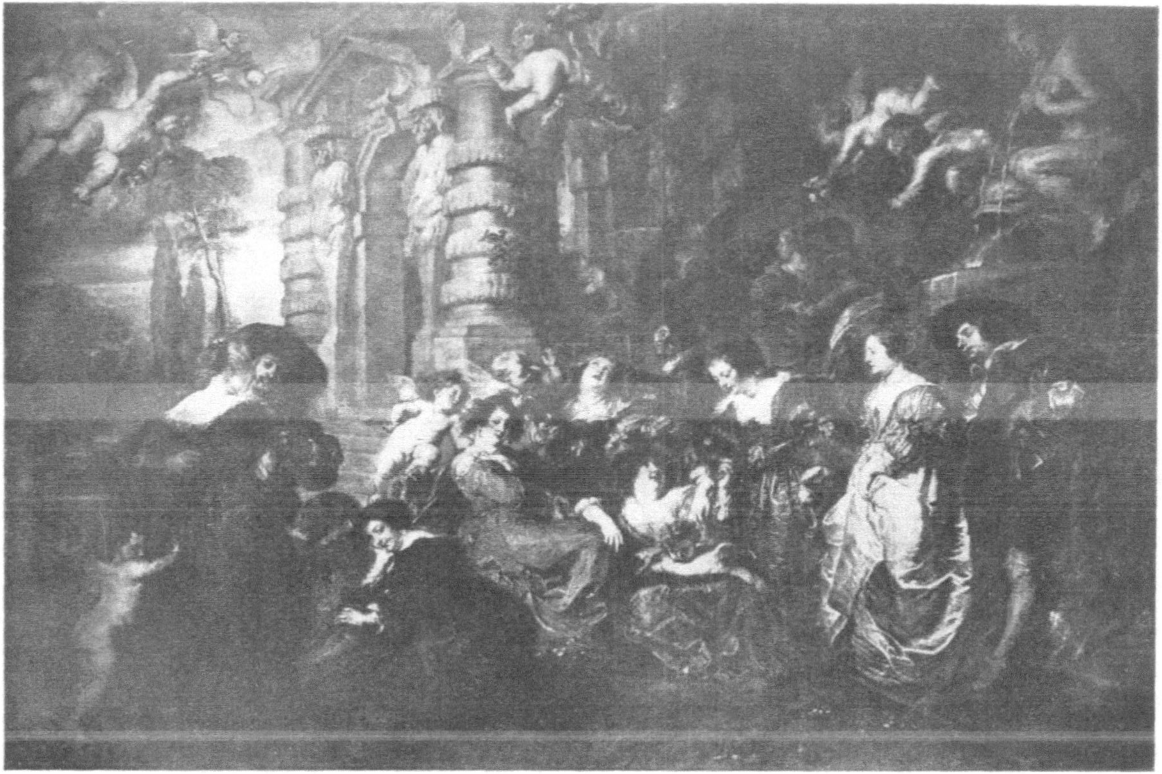

Liebesgarten
Madrid, Prado

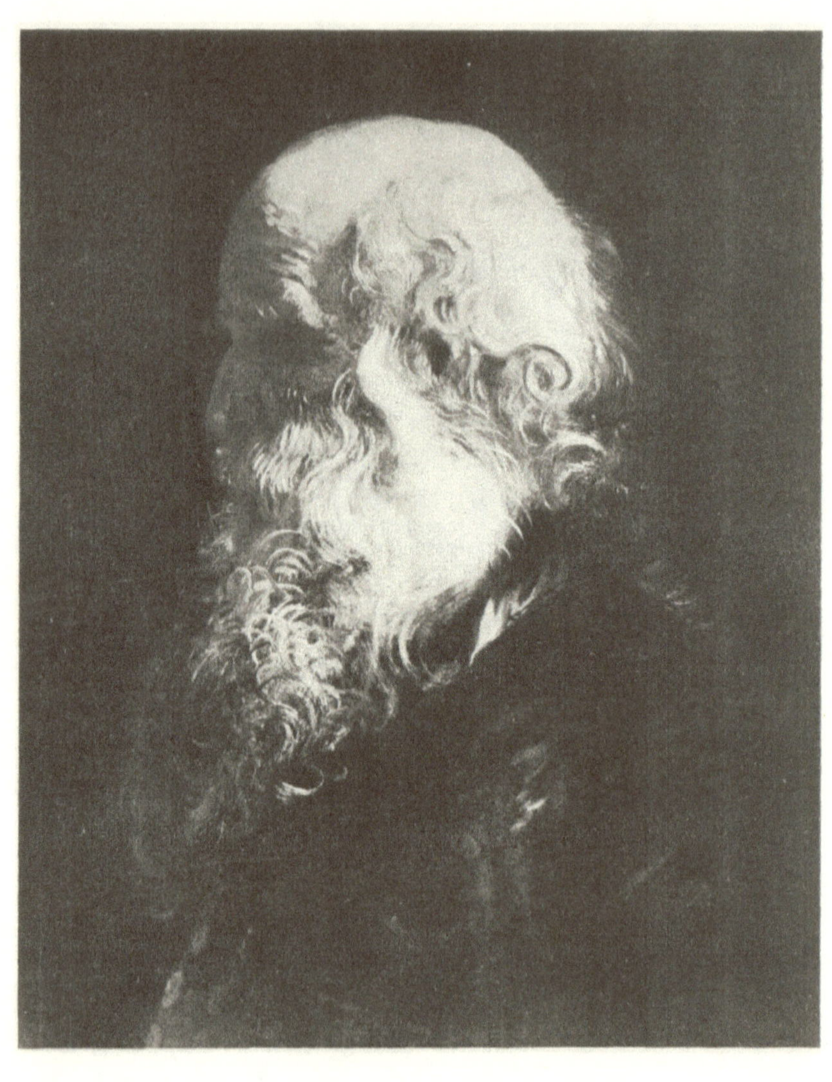

Kopf eines alten Mannes
Wien, Kunsthistorisches Museum

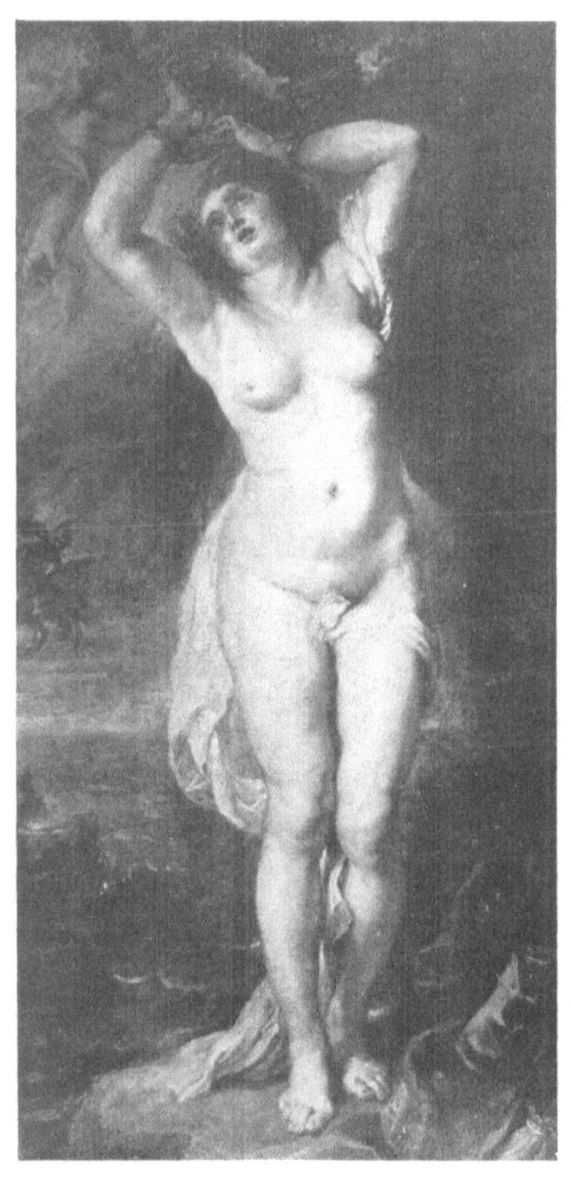

Andromeda
Berlin, Kaiser-Friedrich-Museum

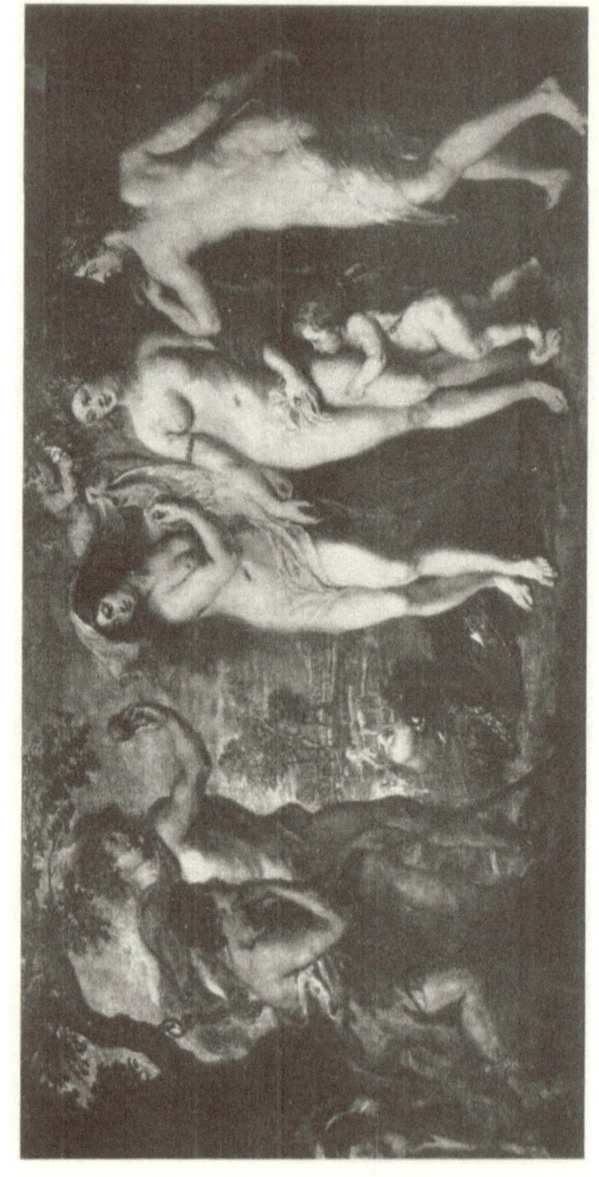

Urteil des Paris
Paris, Louvre

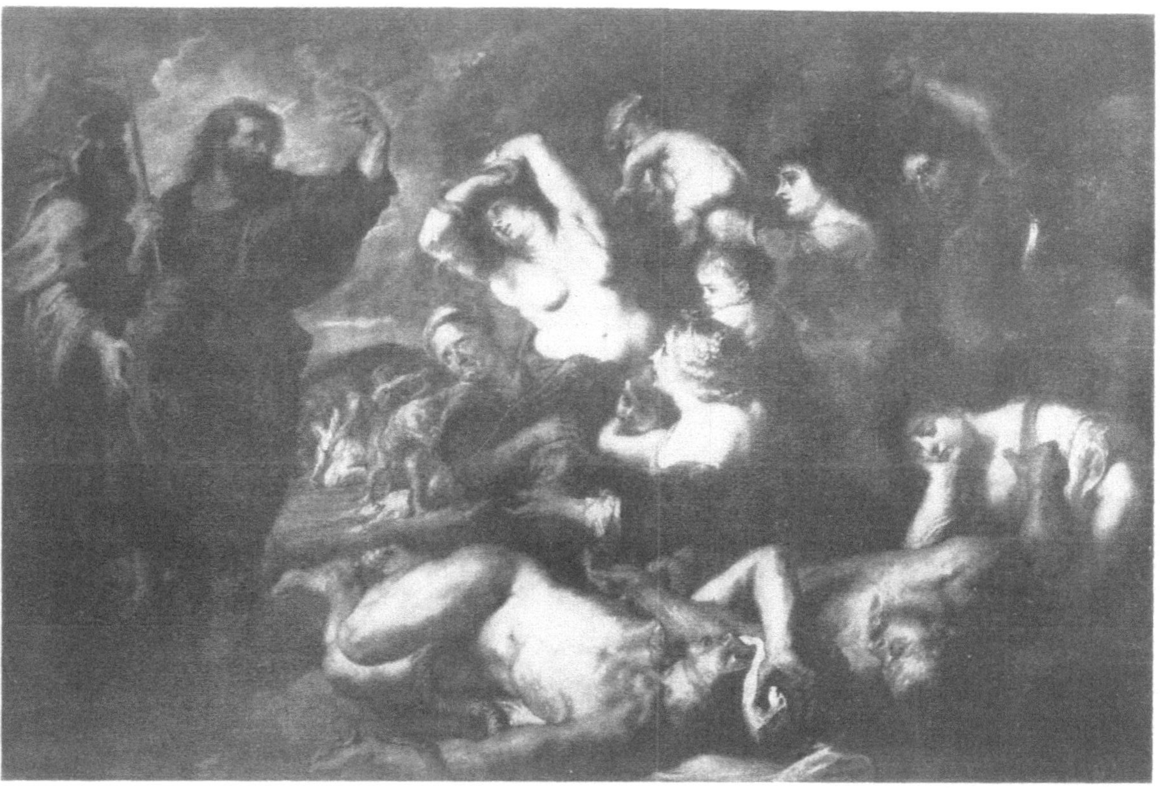

Die eherne Schlange
London, National Gallery

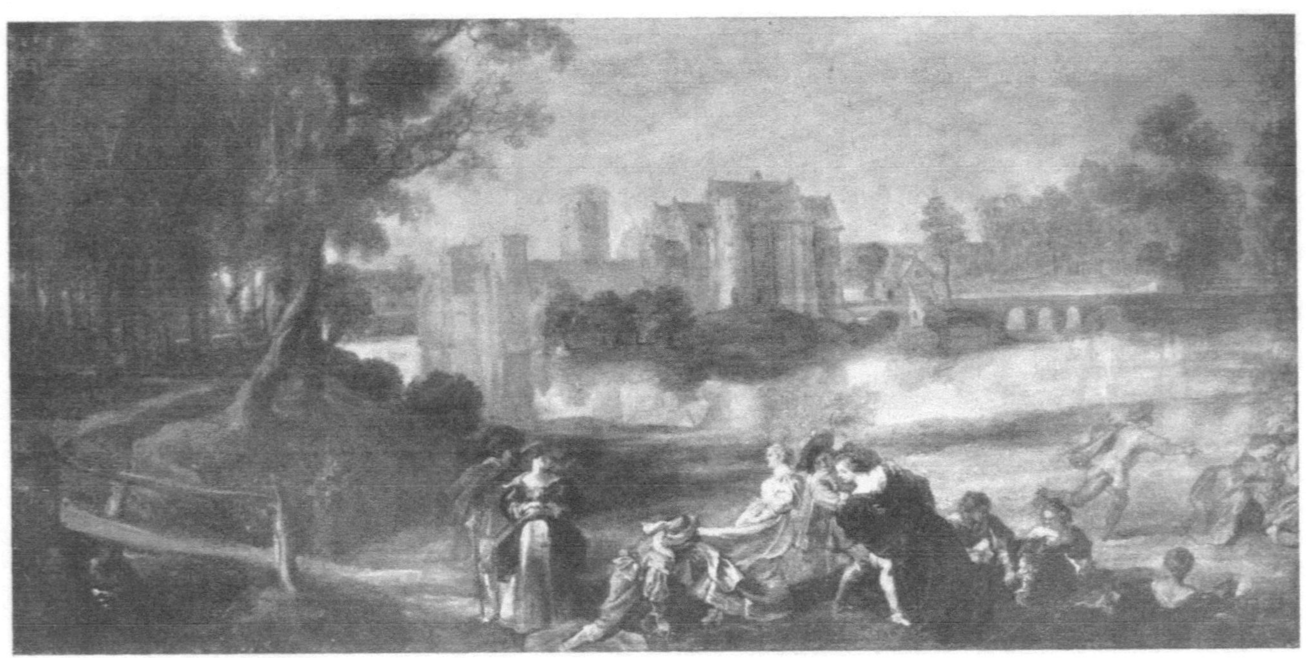

Schloßpark
Wien, Kunsthistorisches Museum

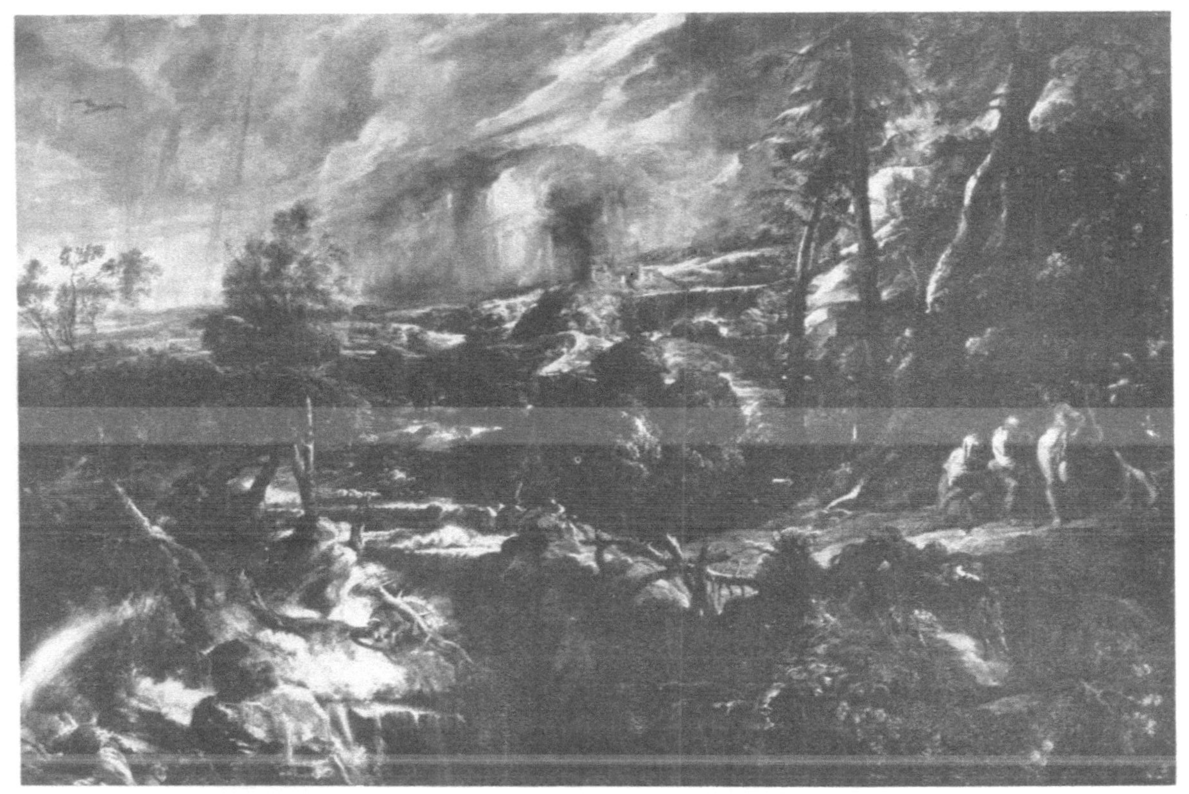

Landschaft mit Jupiter, Merkur, Philemon und Baucis
Wien, Kunsthistorisches Museum

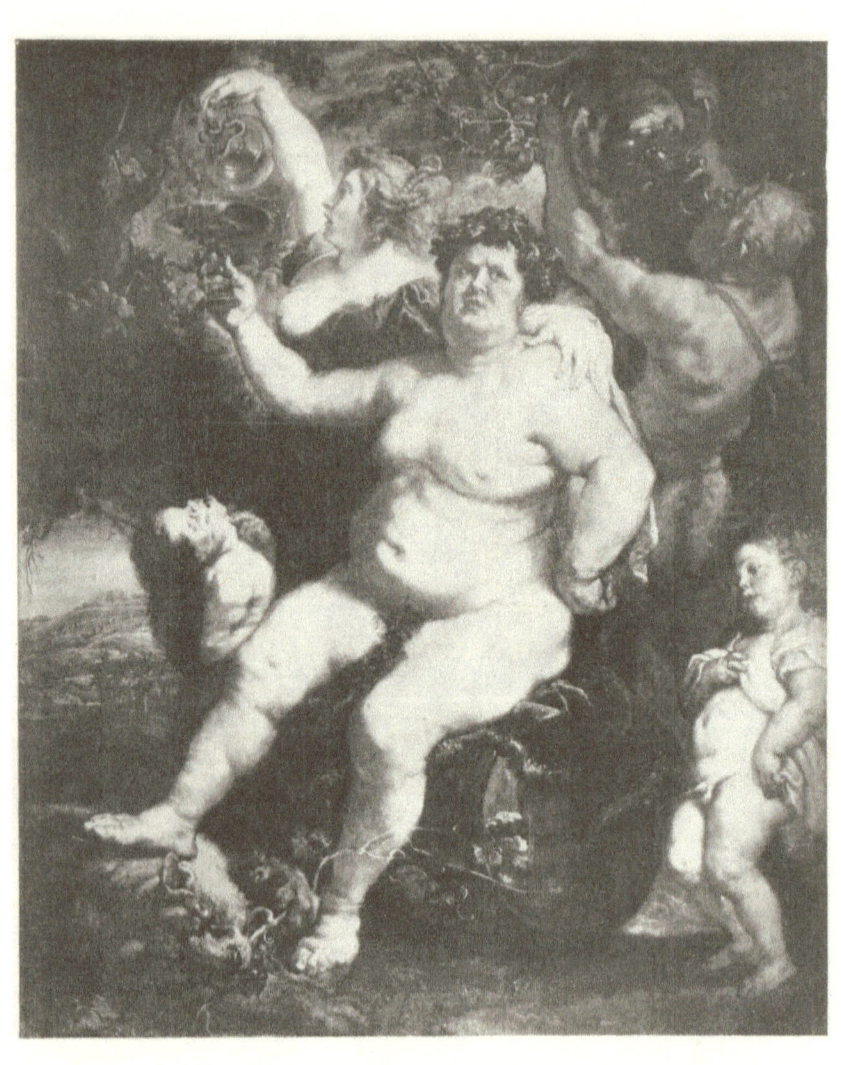

Bacchanale
Leningrad, Ermitage

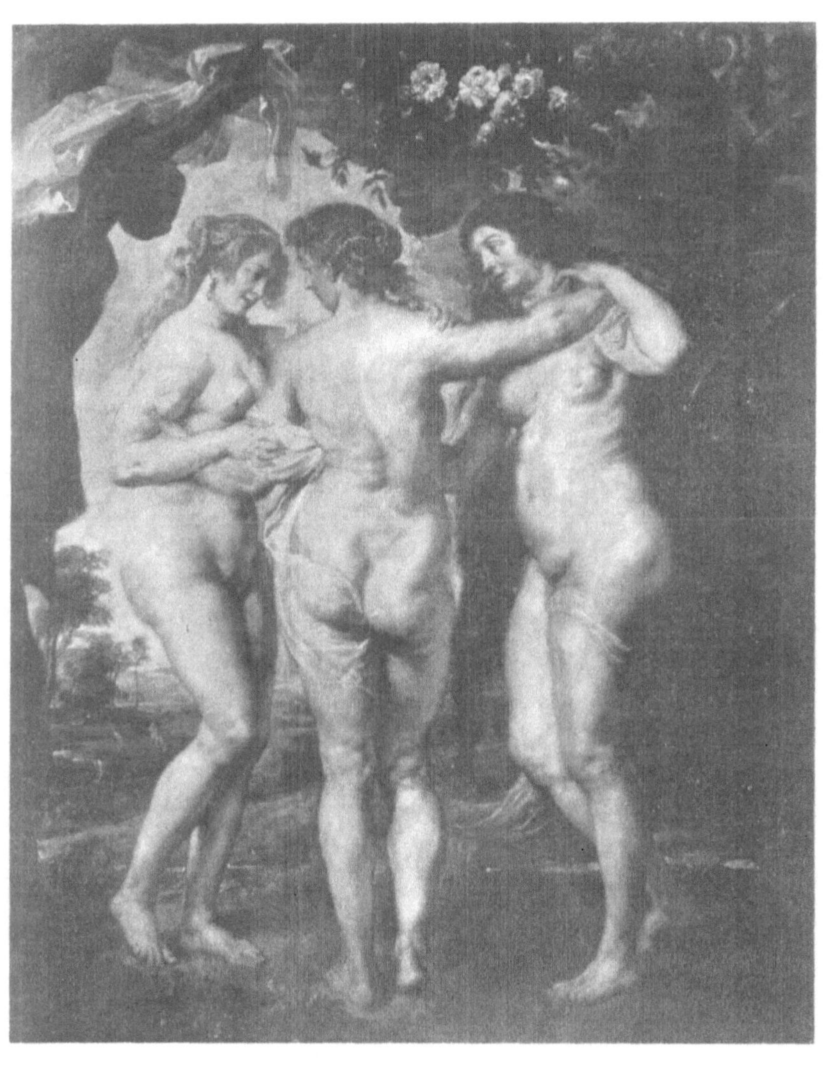

Drei Grazien
Madrid, Prado

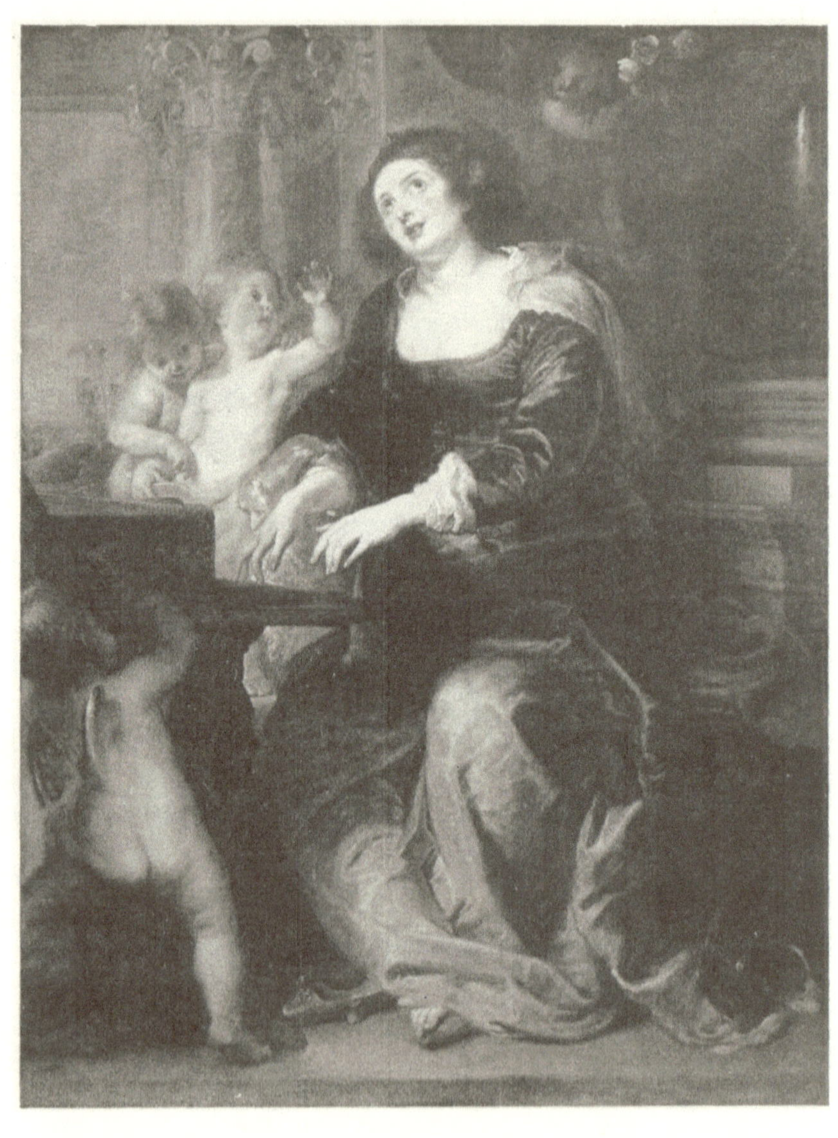

Die heilige Cäcilie
Berlin, Kaiser-Friedrich-Museum. Nach Originalaufnahme von Franz Hanfstaengl, München

Selbstbildnis des Künstlers
Wien, Kunsthistorisches Museum

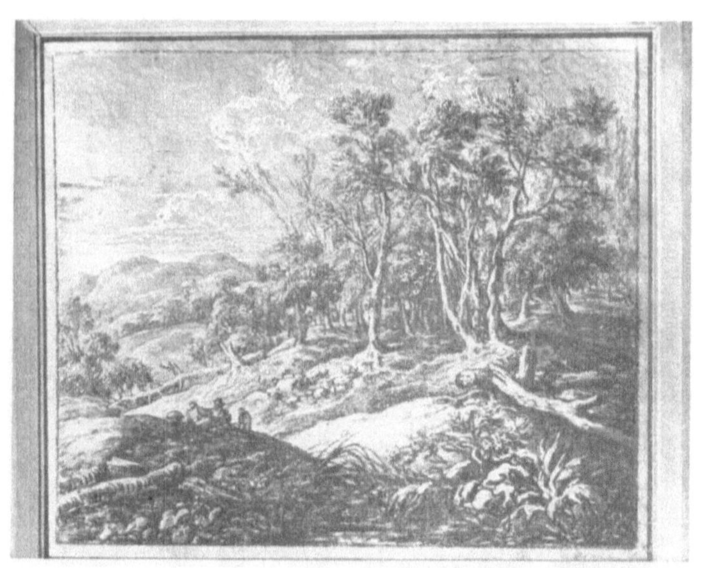

Landschaft
Kreidezeichnung (Rubens-Werkstatt). Wien. Albertina

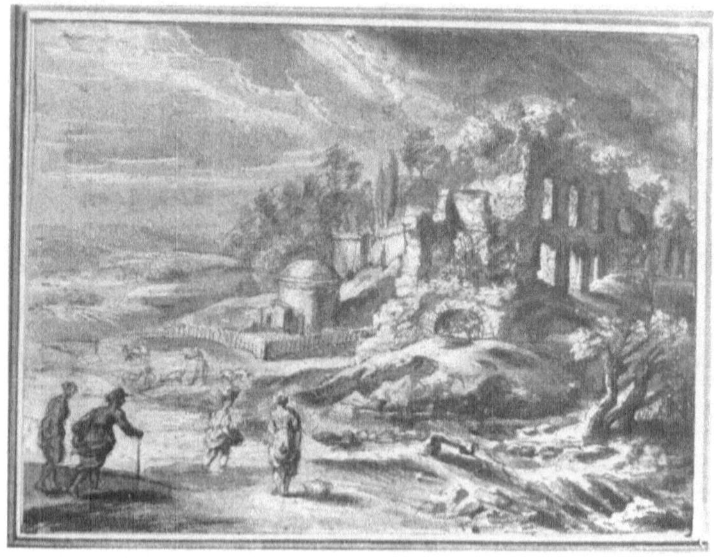

Palatinlandschaft
Kreidezeichnung. Wien. Albertina

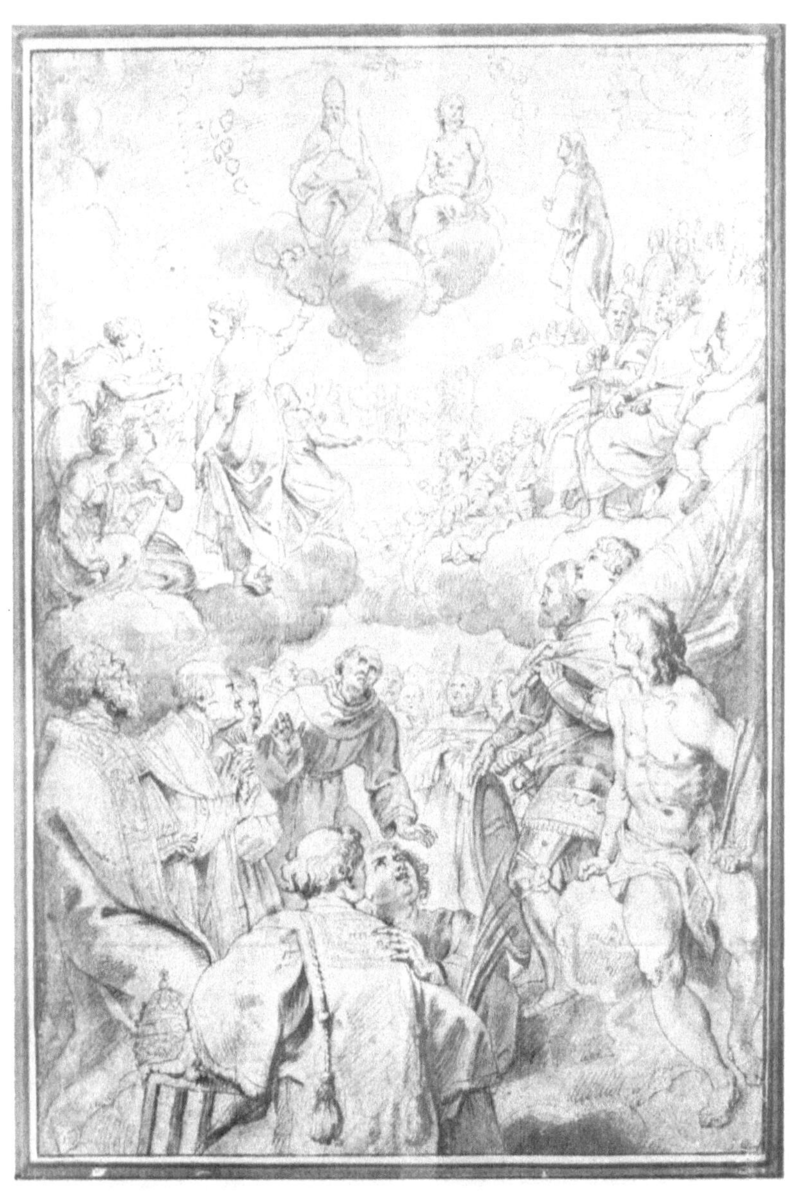

Die Heilige Dreifaltigkeit
Wien, Albertina

249

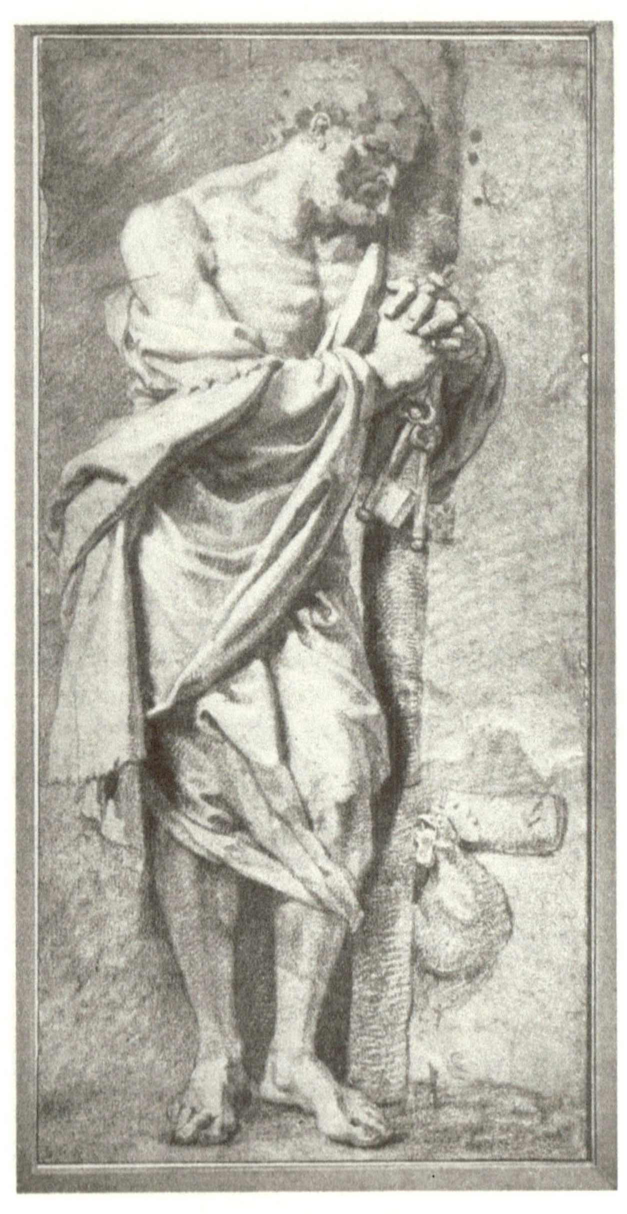

Alter Mann
Zeichnung. Wien, Albertina

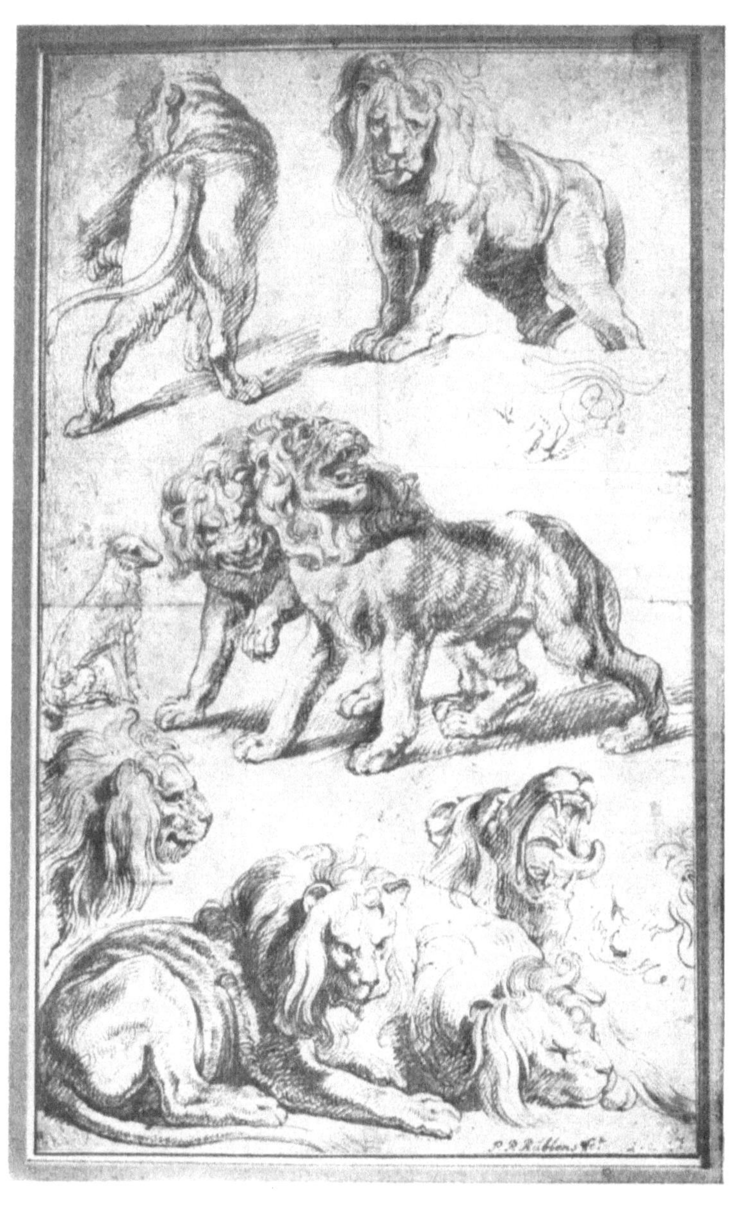

Lowenskizzen
Zeichnung. Wien, Albertina

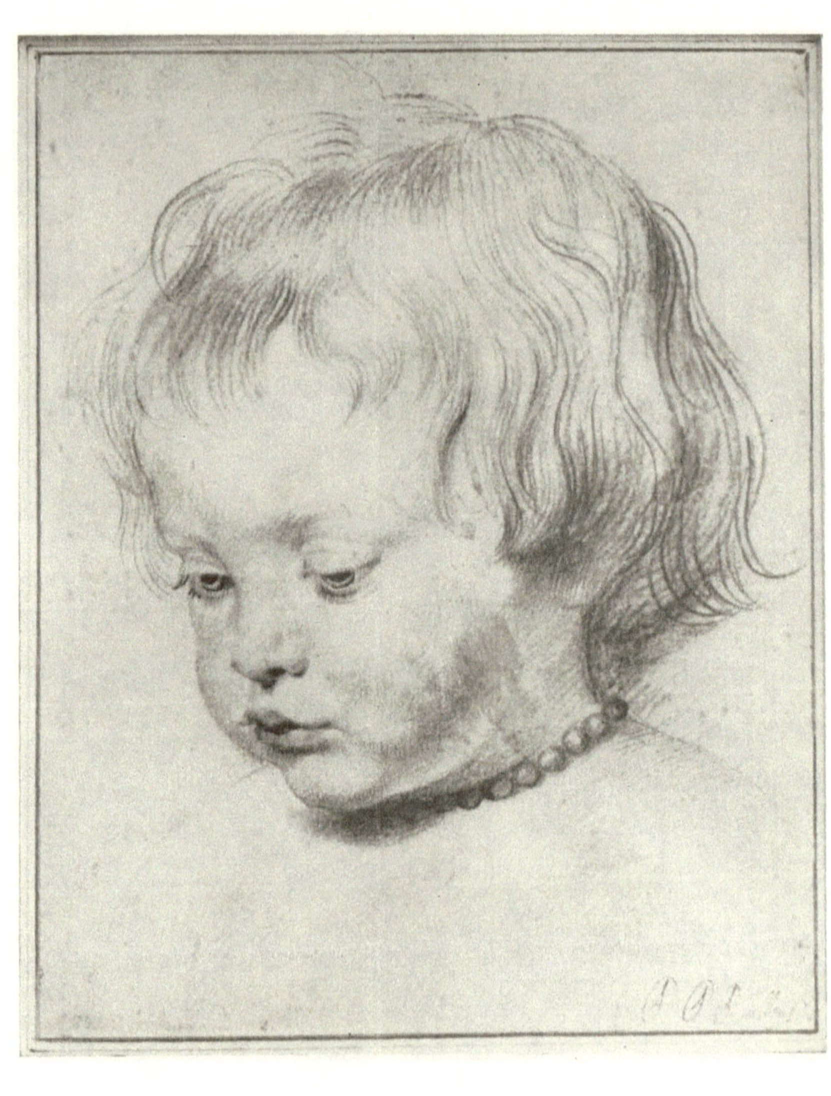

Kinderkopf
Zeichnung, Wien, Albertina

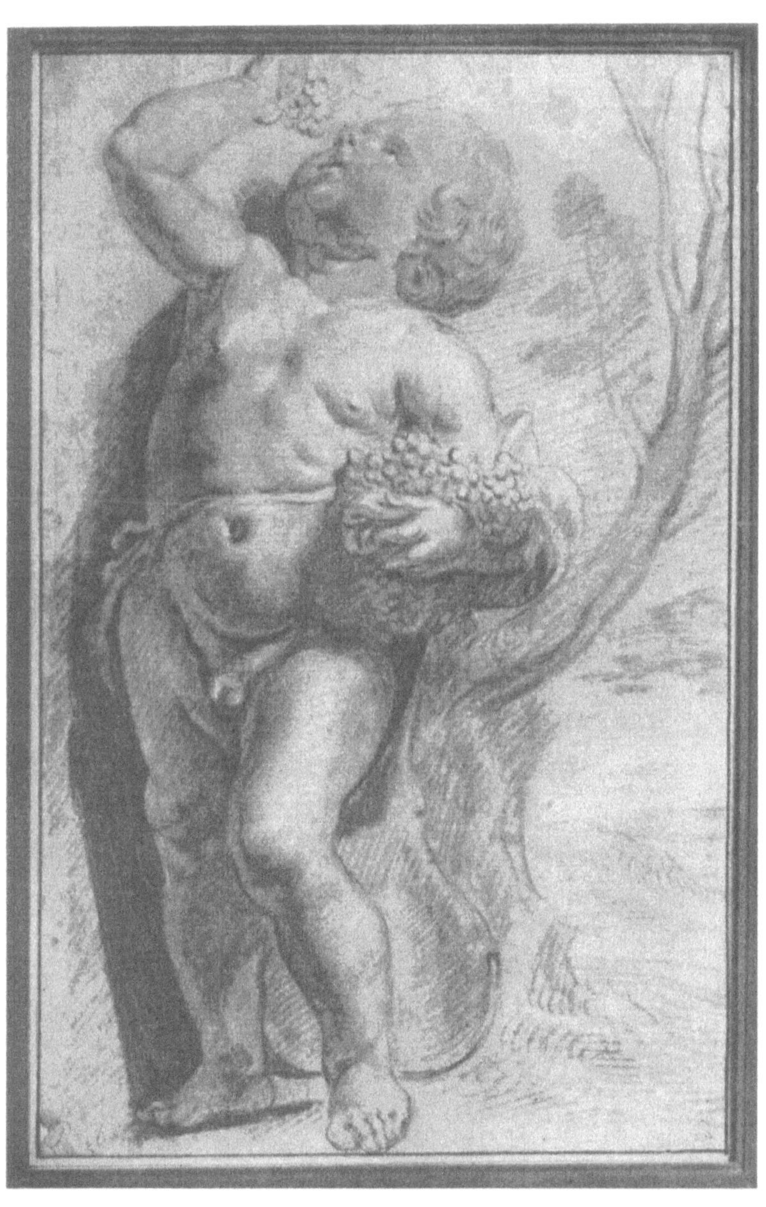

Putto
Zeichnung. Wien, Albertina

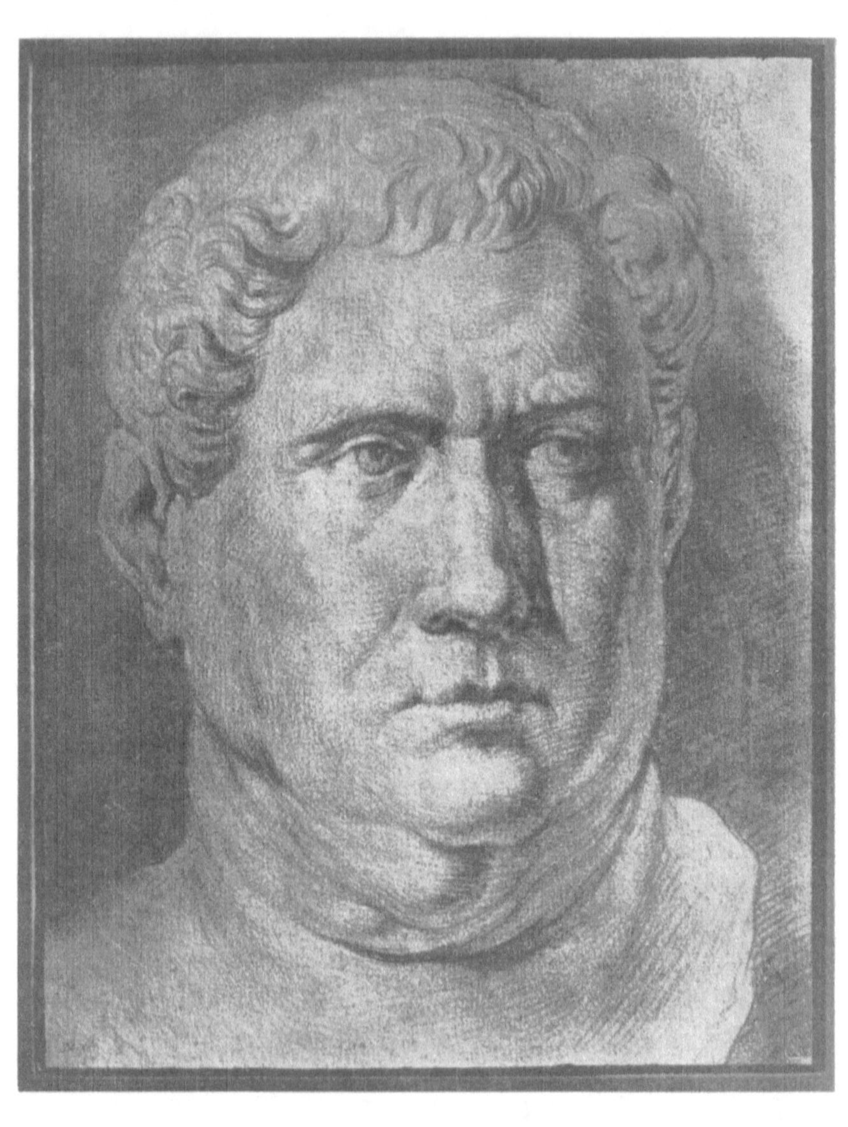

Vitellius
Kreidezeichnung. Wien, Albertina

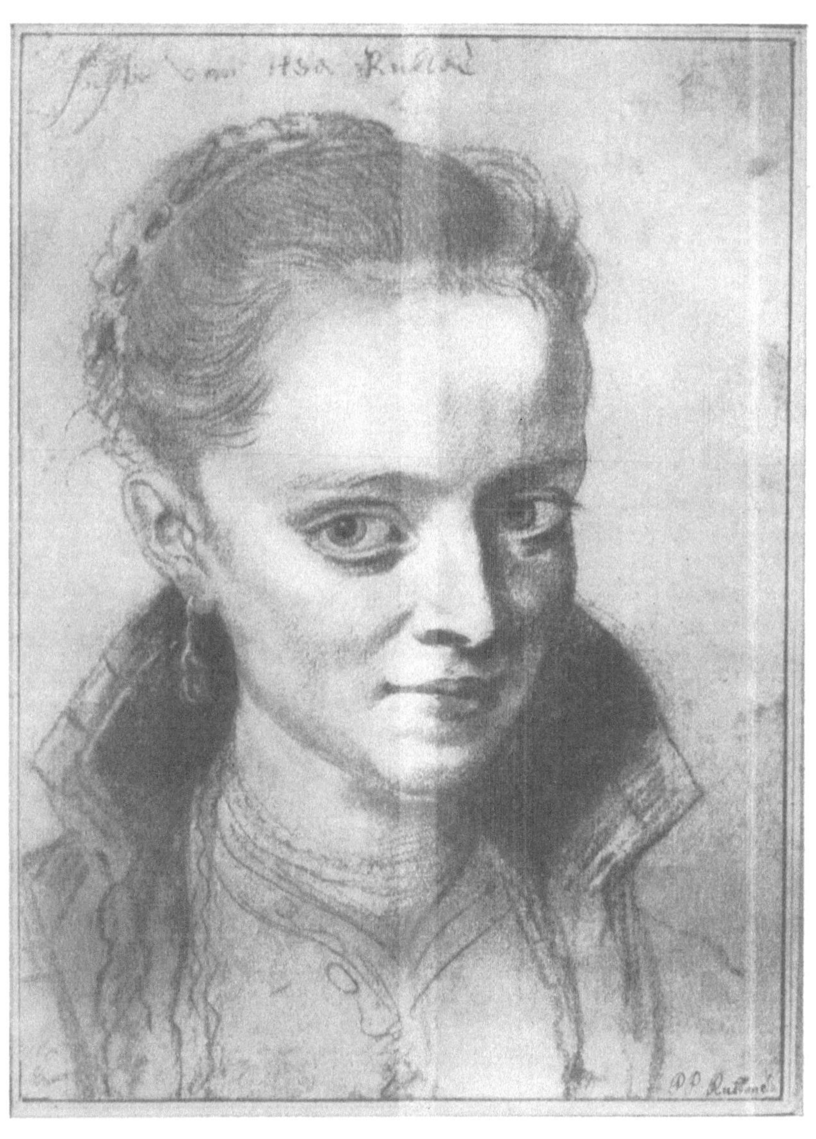

Susanna Fourment
Rötelzeichnung. Wien, Albertina

www.ingramcontent.com/pod-product-compliance
Lightning Source LLC
La Vergne TN
LVHW091123080826
845145LV00008B/2024
* 9 7 8 3 8 6 3 4 7 4 5 4 6 *